2019

::: 宁夏文化发展报告

宁夏蓝皮书系列丛书编委会

主　任　张　廉
副主任　段庆林
委　员　郑彦卿　杨巧红　李保平
　　　　李文庆　鲁忠慧　杨永芳
　　　　王林伶

《宁夏文化发展报告（2019）》

执行主编　鲁忠慧

宁夏蓝皮书
BLUE BOOK OF NINGXIA

宁夏文化发展报告
ANNUAL REPORT ON CULTURAL DEVELOPMENT OF NINGXIA

（2019）

宁夏社会科学院 编

图书在版编目(CIP)数据

宁夏文化发展报告. 2019 / 宁夏社会科学院编. —银川：宁夏人民出版社，2019.1

(宁夏蓝皮书)

ISBN 978-7-227-07026-9

Ⅰ.①宁… Ⅱ.①宁… Ⅲ.①文化发展—研究报告—宁夏—2019 Ⅳ.①G127.743

中国版本图书馆 CIP 数据核字(2019)第 009638 号

宁夏蓝皮书
宁夏文化发展报告(2019)   宁夏社会科学院 编

责任编辑	管世献	赵学佳
责任校对	白 雪	
封面设计	张 宁	
责任印制	肖 艳	

黄河出版传媒集团
宁夏人民出版社 出版发行

地　　址	宁夏银川市北京东路 139 号出版大厦(750001)
网　　址	http://www.yrpubm.com
网上书店	http://www.hh-book.com
电子信箱	nxrmcbs@126.com
邮购电话	0951-5052104　5052106
经　　销	全国新华书店
印刷装订	宁夏精捷彩色印务有限公司
印刷委托书号	(宁)0012171

开本	720 mm×980 mm　1/16
印张	16　　字数　250 千字
版次	2019 年 1 月第 1 版
印次	2019 年 1 月第 1 次印刷
书号	ISBN 978-7-227-07026-9
定价	49.00 元

版权所有　侵权必究

目 录

总 报 告

2018年宁夏文化发展态势与发展趋势报告 …………… 鲁忠慧 牛学智(3)

领 域 篇

精神文明

2018年宁夏乡风文明培育与践行发展报告 …………………… 徐 哲(25)
宁夏推进意识形态工作的调查研究 …………………………… 狄国忠(32)
宁夏未成年人思想道德建设工作调研报告 …… 宁夏回族自治区文明办(40)
银川市培育职工社会主义核心价值观的调研报告 ……………… 程利云(47)

文化事业

宁夏农村基层公共文化服务体系建设发展报告 ………………… 鲁忠慧(55)
宁夏公共文化服务体系建设转型升级的重要途径
　　——以吴忠市创建国家公共文化服务体系示范区为例
　　　　　　　　　　　　　　　　　　　　　　　杨玉洲 丁晓军(67)
将培育社会主义核心价值观与中国优秀传统文化传承相融合的宁夏实践
　　——以中国戏曲在宁夏的传承与发展为例 …………………… 赵 静(76)
闽宁镇移民村落文化传承与振兴调研报告 ……………………… 钟亚军(83)
2016—2018年宁夏社科类学术期刊影响力数据分析研究报告
　　　　　　　　　　　　　　　　　　　　　　　　　　　　刘家俊(91)

1

2018年银川供暖热点事件的网络舆情分析研究报告 …………… 薛雯乔(98)
宁夏推进中华优秀传统文化传承发展研究报告 ……………… 贾　峰(104)
宁夏文物保护利用现状的调研报告
　　……………… 宁夏回族自治区政协文化文史和学习委员会(110)

文化产业

2017年宁夏文化及相关产业发展报告 …………… 张雪艳　王海群(116)
宁夏全域旅游中的冬季旅游市场研究报告
　　…………… 张红梅　曹晶晶　王　凯　宋　莉　贾耀锋(125)
宁夏区属国有文化企业改革发展情况报告
　　…………………… 宁夏回族自治区党委宣传部文艺处(141)
关于整合贺兰山文化旅游资源做大做强贺兰山文化旅游品牌的思考
　　………………………………………………………… 曹吉刚(149)
宁夏贺兰山东麓葡萄酒文化长廊旅游发展研究报告
　　………………… 李陇堂　魏小衬　梅诗婧　宋小龙(159)
2018年宁夏影视剧生产创作发展报告 ……………………… 王　芳(168)
2017—2018年宁夏旅游业发展态势与展望 ……… 任　婕　马建强(177)
2018年宁夏文化会展业发展报告 …………………………… 马　珍(185)

区　域　篇

2018年银川市文化建设发展报告 ………………… 胡志平　鲍　洁(193)
2018年石嘴山市文化建设发展报告 ……………… 葛建华　赵晋宁(206)
2018年吴忠市文化建设发展报告 …………………………… 石文芳(216)
2018年固原市文化建设发展报告 …………………………… 王永玮(224)
2018年中卫市文化建设发展报告 ………………… 王越宏　康娟娟(234)

附　录

2018年宁夏文化发展大事记 ………………………………… 贾　峰(245)

总报告
ZONGBAOGAO

2018年宁夏文化发展态势与发展趋势报告

鲁忠慧　牛学智

2018年是中国历史发展进程中具有重要意义、值得隆重纪念的节点之年。这一年是改革开放40周年，是决胜全面建成小康社会、实施"十三五"规划承上启下的关键一年，是全面贯彻党的十九大精神的开局之年，也是宁夏纪念成立60周年历史新起点上，总结过去、立足当下，谋划未来发展愿景的一年。这一年，在60年文化发展成就的基础上，自治区党委、政府紧紧围绕党的十九大精神这条主线，通过实施文化九项工程，将学习贯彻习近平新时代中国特色社会主义思想，以及传播宁夏声音、展示宁夏形象、讲好宁夏故事落实到自治区精神文明建设、文化事业繁荣、文化产业发展之中，推动宁夏文化建设实现了新突破，取得了新成就，为建设美丽新宁夏、共圆伟大中国梦提供了思想保证、精神动力、舆论支持和文化条件。

一、2018年宁夏文化发展顶层设计的引领态势

党的十九大报告精神和2018年习近平总书记在全国宣传思想工作会议上的重要讲话是自治区新时代文化建设发展实现新突破的最高纲领性文献，

作者简介　鲁忠慧，宁夏社会科学院文化研究所所长、研究员；牛学智，宁夏社会科学院文化研究所副所长、研究员。

是自治区文化建设发展的引航明灯。党的十九大报告指出，繁荣发展中国特色社会主义文化，就必须以马克思主义为指导，坚持创造性转化、创新性发展中华优秀传统文化、继承革命文化、发展社会主义先进文化，坚持党对意识形态工作的领导权，建设具有强大凝聚力和引领力的社会主义意识形态，将培育和践行社会主义核心价值观容融入到精神文明创建、精神文化产品创作生产传播各个环节，融入到舆论导向中，融入到构建中国特色哲学社会科学、建设中国特色新型智库中，不断铸就中华文化新辉煌。2018年，习近平总书记在全国宣传思想工作会议上的讲话中指出，繁荣发展中国特色社会主义文化，就必须高举马克思主义、中国特色社会主义的旗帜，推动当代中国马克思主义、21世纪马克思主义深入人心、落地生根，就必须牢牢把握正确舆论导向，唱响主旋律，壮大正能量，使全党全国人民团结一心，为实现党中央确定的宏伟目标前进聚民心，就必须坚持立德树人、培育和践行社会主义核心价值观，为能够担当民族复兴大任育新人，就必须坚持中国特色社会主义文化发展道路，激发全民族文化创新创造活力，为建设社会主义文化强国兴文化，就必须持续推进国际传播能力建设、讲好中国故事、传播好中国声音，向世界展现真实、立体、全面的中国形象。

按照中央的总要求、总部署，自治区党委、政府坚持把学习贯彻党的十九大精神作为首要政治任务贯穿始终，切实用习近平新时代中国特色社会主义思想武装头脑、指导实践、推动文化建设发展，强化坚定文化自信，推动社会主义文化繁荣兴盛的思想自觉。大力实施文化系统党的建设工程，加强党的政治、思想、组织、作风和纪律建设，突出牢牢把握意识形态工作领域领导权，以及培育和践行社会主义核心价值观、加强思想道德建设、繁荣发展社会主义文艺、推动文化事业和文化产业发展五个重点，聚焦推进落实自治区第十二次党代会确定的文化任务，大力实施60大庆精品创作工程、文化惠民工程、优秀传统文化保护传承工程、文化产业发展工程、对外文化交流工程、文化市场监管工程、文化改革创新工程，牢牢把握文化建设的总体要求、重点任务，认真落实意识形态工作责任制，正本清源、守正创新，努力繁荣发展社会主义文化，奋力开创文化发展新局面，为实现经济繁荣、民族团结、环境优美、人民富裕，与全国同步建成全面小康社会目标提供强有力的文化支持。

二、2018年宁夏文化建设发展态势

2018年，精神文明建设进一步夯实了理想信念之基，铸牢了主流价值之魂，弘扬了时代文明之风，全区人民的思想觉悟、道德水准和文明素养不断提高。公共财政对文化建设的支持继续加强，公共文化设施不断完善，覆盖城乡的公共文化服务网络初步建立，公共文化服务理念逐步深化，公共文化服务能力和均等化水平逐渐提高；文化产业进一步发展，文化产业社会效益与经济效益"双效统一"成效显著。

（一）2018年宁夏精神文明建设发展态势

1. 突出意识形态工作的重要性，强调要牢牢掌握意识形态领导权

一是及时组织传达学习，深刻领会宣传思想工作会议精神。自2018年10月21日至22日全国宣传思想工作会议和10月29日全区宣传思想工作会议召开以来，全区宣传文化系统及时召开专题会议迅速传达学习，展开了认真抓好贯彻落实工作。第一，强调学习是为推动全区各项事业发展提供坚强思想保证和精神动力。全面展开对全国宣传思想工作会议及全区宣传思想工作会议精神的学习，进一步深化认识，自觉把思想行动统一到自治区党委的部署要求上来，全力抓好各项任务落实，突出宣传思想工作水平，为推动全区各项事业发展提供坚强思想保证和精神动力。第二，突出学习是为了强有力地贯彻落实，聚焦工作重点。全面贯彻党的十九大和十九届二中、三中全会精神，认真学习贯彻习近平总书记视察宁夏重要讲话精神，紧紧围绕"五位一体"总体布局和"四个全面"战略布局，牢固树立和践行马克思主义民族观宗教观，全面准确贯彻党的民族政策和宗教工作基本方针，坚定不移走中国特色解决民族问题的正确道路，坚持和完善民族区域自治制度，深化民族团结进步教育，铸牢中华民族共同体意识。大力培育和践行社会主义核心价值观，大力弘扬中华民族优秀传统文化，教育各族群众牢固树立"三个离不开"思想，树立正确的祖国观、民族观、宗教观、历史观、文化观，不断增强各族群众对伟大祖国的认同、对中华

民族的认同、对中华文化的认同、对中国共产党的认同、对中国特色社会主义的认同，建设各民族共有精神家园。积极持续开展了国旗、宪法和法律法规、社会主义核心价值观、中华优秀传统文化"四进"宗教场所活动。

二是加强党对宣传思想工作的全面领导，牢牢掌握意识形态领导权。全区高度重视意识形态工作，重点强调压紧压实领导责任、主体责任。第一，研究制定了《意识形态工作责任制考核办法（试行）》，将意识形态工作纳入目标管理考核，为推进意识形态工作责任制落实奠定了基础，为加强党对宣传思想工作的全面领导创造了条件。要求各级党委（党组）要切实担负起政治责任和领导责任，旗帜鲜明坚持党管宣传、党管意识形态，形成党委统一领导、党政齐抓共管、宣传部门组织协调、有关部门分工负责、社会力量积极参与的大宣传格局。第二，深入开展"牢固树立马克思主义民族观宗教观"和意识形态责任制专题等讲座。针对中央第八巡视组巡视反馈意见，制定了整改细化方案，对意识形态工作进行了全面督查，并将所有督查问题以清单形式予以反馈，要求按期整改。第三，强化领导干部的意识形态责任制。通过各级党委（党组）中心组学习、工作推进会、专项督查等方式，指导督促各级党组织落实好党委抓意识形态工作的主体责任、"一把手"的第一责任、分管领导的直接责任、班子成员的"一岗双责"等职责，推动意识形态工作责任制各项要求的切实落实。

在牢牢掌握意识形态领导权的具体措施上，全区把深入学习宣传贯彻习近平新时代中国特色社会主义思想作为指导思想，始终坚定马克思主义、中国特色社会主义信仰，以增强"四个意识"、坚定"四个自信"为具体衡量标准，以练好脚力、眼力、脑力、笔力为措施，在不断提高把握正确方向导向的能力、巩固壮大主流思想文化的能力、强化意识形态阵地管理的能力、加强网上舆论宣传和斗争的能力、处理复杂问题和突发事件的能力上，取得了显著成绩，有效承担落实了"举旗帜、聚民心、育新人、兴文化、展形象"的使命任务。

2. 强化党员干部的理论武装，夯实社会主义核心价值观

一是健全学习制度，制定实施办法，推进理论学习规范化。银川市制

定《银川市党委（党组）理论学习中心组学习实施办法》，对各级党委（党组）中心组理论学习考勤、旁听、调研、考核等制度作出具体安排。固原市紧紧抓住领导干部这个"关键少数"和党委（党组）中心组学习这个"重要平台"，探索出督查中心组学习巡听旁听的可行性制度。石嘴山市制定《开展"新时代农民（市民）讲习所"工作助推市民素质提升的意见》，在全市农村和社区广泛组建新时代农民（市民）讲习所，达到了阵地"便民化"、讲习内容"菜单化"、讲习队伍"多样化"、讲习机制"常态化"的要求，深入基层持续开展"讲""习"，使党的最新理论成果扎根基层、扎根群众。吴忠市充分发挥区、市、县三级宣讲团主力军、主渠道作用，精心开展了"党的十九大精神进万家 万名干部大宣讲"活动，组织开展了"百场万人"马克思主义民族观宗教观宣讲活动，形成理论大宣讲格局。中卫市制定了《关于规范和改进时政新闻宣传报道的实施细则》《关于加强和改进党的新闻舆论工作的实施意见的分工方案》等，主流意识形态话语影响力进一步增强。

　　二是创新方式方法，构建新型平台。银川市围绕干部群众关心的热点难点问题，探索"1+X"微宣讲、互动式宣讲、宣讲小分队、社科专家宣讲团等方式，打造社科基地、群众广场文化、农村小舞台、小讲堂等有效载体，让基层宣讲"接地气"，让政策宣传"入人心"。固原因地制宜，以"德润六盘"行动为总纲，文明单位文明村（社区）开展"双百"结对共建活动，城乡加强"道德讲堂""善行义举四德榜"和"移风易俗模范榜"建设，并且把隆德县树为新时代文明实践中心建设试点，率先抓典型建设一批社区"家风家训馆"、农村"孝贤礼堂"，深化、细化了理论学习的实践作用。石嘴山市创新"周五讲堂""双周一讲"等多种方式，按照"党的十九大精神解读""宪法解读""实施乡村振兴战略"等不同领域推行"菜单式"宣讲，建立"基层宣讲面对面"示范点，推动基层百姓宣讲常态化。吴忠市有针对性地组织举办了首届基层理论"微宣讲"大赛，效果显著。中卫市扎实做好中央环保督察"回头看"、创建全国文明城、全面从严治党、重大赛事活动宣传报道，开设了"环保进行时——碧水蓝天·绿色家园""创建全国文明城市·做文明有礼中卫人""党旗飘飘""清廉中卫"

等专栏,方法灵活、形式多样、内容生动,社会反响良好。

3. 广泛开展文明创建、移风易俗活动,推进群众性精神文明建设走向深入

一是一年一度的各级文明城市和文明单位创评,城市文明行为考核科学化、制度化,已经成为不断引导人们树立和坚持正确的历史观、民族观、国家观、文化观的坐标。目前,全区的全国文明单位增至116个,自治区文明单位增至636个。

二是农村移风易俗初见成效。在全区上下的不懈努力下,宁夏移风易俗工作取得显著成效,全区行政村红白理事会建设、村规民约修订实现全覆盖。"高价彩礼"、婚丧喜庆大操大办等陈规陋习的蔓延势头得到有效遏制。在各级党委宣传部、文明办等部门的大力推动下,各县(市、区)普遍建立移风易俗工作领导小组,对党员干部参加和操办婚丧喜庆事宜作出明确规定。在村"两委"推动下,行政村建立了红白理事会组织机构,发挥了刹歪风、破陋习、正民风方面的作用。2018年8月召开的全区精神文明建设工作大会上,自治区文明委表彰了5个移风易俗工作县(区)、20个先进村镇、30个先进红白理事会、50个移风易俗模范户。

(二)**2018年宁夏文化事业建设发展态势**

1. 新闻舆论引导力、影响力进一步提升,主流思想、社会正能量根深叶茂

一是突出重点主题宣传。围绕党的十九大精神、习近平新时代中国特色社会主义思想、改革开放40周年、自治区成立60周年主题宣传,自治区各级各类媒体同向发力、协同联动,形成了全方位、多层次、多声部传播党的创新理论的舆论矩阵,使宣传阐释"天天见、天天新、天天深",着眼增强吸引力和感染力,把习近平新时代中国特色社会主义思想融入重大活动、重大事件,融入各种主题教育活动、各种创建品牌、各类先进典型宣传,融入各种文化产品、文化服务、文化活动,一条"红线"贯穿方方面面。自4月份自治区成立60周年大庆新闻宣传活动启动以来,区内外媒体集中开展全方位、高密度、立体化的宣传,共刊发专题报道1.6万余篇,参与报道的网站989家、微信公号329家、报纸133家,数目之众前

所未有。

二是围绕中央和自治区党委、政府的重大部署、重要政策、重点工作，精心设置宣传议题。

三是媒体以自治区60大庆、改革开放40年宁夏成就为核心内容，全方位传播宁夏声音。积极拓展平台，"走出去"宣传宁夏。通过"中央媒体宁夏行""见证宁夏60年""国外媒体看宁夏"等外宣平台，开展新闻发布、参与各种外宣活动，先后组织全国主流媒体宁夏行11次，邀请140多家国内外媒体700多名记者来宁采访报道，充分展示宁夏实施"三大战略"的新理念新举措新成就，让中国乃至世界看到了一个"不一样的宁夏"。随着《习近平引领宁夏走上复兴之路》《情满塞上奋进逐梦——以习近平同志为核心的党中央关心宁夏发展纪实》等一批点击量过千万稿件的密集推出，宁夏的美誉度、知名度也一同攀上新高度，主旋律歌声嘹亮。中央主流媒体刊播宁夏的稿件数量逐年上升。2018年全国"两会"，央视《新闻联播》几乎天天播发宁夏代表团的"好声音"。宁夏枸杞、硒砂瓜、大米、贺兰山东麓酿酒葡萄、固原马铃薯、盐池滩羊等特色产品轮番在央视"亮相"，并借助这个高端平台，打开了"叫得响、卖得出、立得住"的新局面。

2. 文化产品供给丰富多彩，人民群众文化获得感幸福感持续增强

2018年是自治区成立60周年，文化产品供给量明显增加。

一是持续开展常态化、制度化、规范化的文化惠民活动。持续开展年送戏下乡惠民演出1600场以上，年举办"清凉宁夏"广场文化演出1500场以上，持续举办"欢乐宁夏"全区群众文艺会演、"戏曲进校园"、"新春乐"全区社火大赛、"百姓大舞台"文艺演出、农民文化大院技艺展演、农民广场舞大赛等品牌文化活动，持续依托综合文化活动中心、农村文化广场、农民文化大院等开展的基层文化活动，以及持续开展每年为每个农家书屋配置价值2000元的图书。

二是围绕60大庆举办的文化活动。自治区党委宣传部、文明办组织中央电视台"心连心"艺术团慰问演出，开展中国文联"送欢乐·下基层"活动，举办60大庆精品节目到基层巡回演出和"天天有好戏·场场都精彩"

宁夏文艺精品舞台巡回演出等，宁夏演艺集团国家艺术基金资助项目话剧《丝路天歌》在盐池等地开展巡演，话剧《闽宁镇移民之歌》走进闽宁镇各村演出，让自治区60大庆成为广大群众的节日。举办自治区成立60周年庆祝大会群众文艺表演活动，以"塞上儿女心向党"为主题，精选各地优秀文艺节目、地方特色文化等，通过仪仗方队、主题表演等形式，集中展示了全区各地精准扶贫、闽宁协作、开放发展等历史成就。以"中国梦·宁夏情"为主题，以宁夏艺术节为平台，举办喜迎60大庆宁夏精品剧目演出月，举办有120支合唱团、8000多人参与的"颂歌唱宁夏 共筑中国梦"全区群众大合唱，以及宁夏优秀音乐作品传唱、宁夏美术精品巡展等，开展"欢乐宁夏"全区群众文艺会演等60大庆系列文化活动，使全区百姓在享受60大庆欢乐祥和的文化氛围中增强了幸福感。

三是持续开展以"全民阅读·书香宁夏"为主题的阅读活动，不断营造崇尚读书的文化氛围。2018年，自治区党委宣传部、自治区新闻出版广电局在全区开展以"耕读传家，润物无声"为主题的第二届宁夏乡村读书节活动，大力推动自治区全民阅读进农村、进农户。

3. 打造文艺精品，弘扬时代精神

坚持以人民为中心的创作导向，大力实施自治区60大庆精品创作工程。坚持思想精深、艺术精湛、制作精良相统一，打造出弘扬主旋律、传播正能量、反映社会现实和地方特色的艺术精品。实施重点艺术精品创作项目，推动舞台艺术产品创新，加强现实题材和地域题材文艺创作。

一是重点创排自治区60大庆主题文艺晚会，以庆祝改革开放40周年和自治区成立60周年为契机，重点扶持资助了话剧《闽宁镇移民之歌》、秦腔现代戏《擎天一柱》《王贵与李香香》、音乐剧《花儿与号手》、现代京剧《花漫一碗泉》、秦腔现代戏《青铜峡》、杂技剧《岩石上的太阳》和音舞诗画《红旗漫卷六盘山》8部自治区成立60周年献礼剧目及《风景这边独好》、现代眉户剧《筑坝塞上》等一批讴歌党、讴歌祖国、讴歌人民、讴歌英雄的精品力作。其中，话剧《闽宁镇移民之歌》入选文化部2017年度国家舞台艺术精品创作扶持工程十大重点扶持剧目，参加2018年文化部举办的优秀剧目展演的开幕大戏和现实题材优秀剧目展演；秦腔现代戏

《王贵与李香香》入选2017年度文化部西部地区剧目扶持重点剧目和2018年度国家舞台艺术精品创作扶持工程十大重点扶持剧目，第二十届中国上海国际艺术节参演剧（节）目；现代京剧《花漫一碗泉》入选文化部2018年度西部地区及少数民族地区扶持剧目。群舞《守在村口的娘》《脚户行》入选第十二届全国舞蹈展演。

二是通过鼓励积极申报国家艺术基金项目，提升文艺创作的品质。2018年自治区共申报171项，申报项目数位列全国19位，获得扶持资助项目11项，扶持资金为795万元。

三是各级院团创作踊跃，新创剧目成果丰硕，特点鲜明。2018年，全区各级各类文艺院团共创作生产剧（节）目65个，每个院团（国有、民营）创作1.5部剧（节）目。这些剧（节）目的特点是艺术门类齐全、内容丰富、现实题材作品突出、地域特色鲜明，且民营院团积极性持续提高。

四是推出文学精品文集，文学作品有亮点。张贤亮的《绿化树》入选40部"改革开放四十年最具影响力小说"；马金莲短篇小说《1987年的浆水和酸菜》获得中国作协第七届鲁迅文学奖；为庆祝自治区成立60周年，宁夏作家协会推出《宁夏文学作品精选集》；4位宁夏作家、评论家创作与研究课题入选中国少数民族文学重点作品扶持项目；2位少数民族作家著作入选"少数民族文学之星丛书"项目等。

4. 构建文化传承体系，重视文化遗产保护

大力实施优秀传统文化保护传承工程，增强对中国特色社会主义文化历史渊源、发展脉络、基本走向的认识和理解，坚持以中华优秀传统文化、革命文化、社会主义先进文化为根脉，加强文物、非遗的保护利用和传承。

一是2018年自治区出台了《宁夏回族自治区实施中华优秀传统文化传承发展工程方案》。

二是推进文化遗产的保护利用与传承发展。第一，继续推进文物保护基础工作。完成银川玉皇阁等5处全国重点文物保护单位保护规划，公布自治区第五批文物保护单位，组织开展申报第八批全国重点文物保护单位工作。完成战国秦长城原州区段、明长城中卫姚滩段和石嘴山红果子段等加固修缮工程。完成彭阳姚河塬商周遗址考古发掘工作。第二，开展岩画

田野调查和研究工作，完成《中国西北地区岩画艺术史研究》课题，出版《岩画研究》。第三，深入挖掘丝路文化、红色文化资源，实施宁夏红军长征红色线路、革命遗迹保护利用工程，准确阐释长征精神，完成将台堡革命旧址抢险加固工程，启动红军西征革命遗迹保护规划编制工作。继续推进西夏陵和丝绸之路固原段申报世界文化遗产工作，实施西夏陵展示利用工程、须弥山石窟加固工程和固原古城遗址加固工程。第四，自治区"古城遗址保护信息资源共享服务平台研究与应用"项目获2018地理信息科技进步二等奖，这是地理信息科技进步奖设立以来宁夏文化文博系统唯一取得最高成就的科技成果。古城遗址保护信息资源共享服务平台的建设，实现了多维度、多源数据可视化管理和古城保护共享应用。

三是不断加大"非遗"保护传承力度。第一，对各地"非遗"保护传承工作情况进行了全面督查，实地督查市、县文化馆（"非遗"中心）、"非遗"展示室、保护传承基地（点）60余处，走访传承人50多名。第二，完善"非遗"名录体系。固原砖雕、杨氏家庭泥塑、回族剪纸技艺、贺兰砚制作技艺4个项目被列为国家第一批传统工艺振兴目录；13名传承人被文化和旅游部命名为第五批国家级"非遗"代表性传承人，入选率达86.6%，创历史新高。第三，加大"非遗"代表性传承人资助力度。对国家级代表性传承人每人每年给予2万元补助，将自治区级"非遗"代表性传承人补助标准从每年3000元提高到5000元，补助自治区代表性传承人146名。对11个全区"非遗"保护先进单位、17位全区"非遗"保护先进工作者、13个优秀传承基地进行表彰鼓励。第四，加快推进"非遗"保护利用的设施建设。建成固原魏氏砖雕保护利用设施、平罗县回族乐器保护利用设施；银川市秦腔保护利用设施建设项目即将开工建设。第五，与产业融合，推进"非遗"传承发展。重视海原县非物质文化产业园、马兰回乡刺绣文化产业园等特色文化产业示范区的建设，开拓剪纸、刺绣、麻编等手工艺的市场。西北五省区成立丝绸之路文化遗产保护工匠联盟，2018年在宁夏固原市隆德县开展首届西北五省区非遗文化旅游博览会活动。

四是实施宁夏戏曲振兴计划。支持复排经典戏曲剧目，创排戏曲新品，实施戏曲名家收徒传艺计划，推进戏曲进校园，启动戏曲进农村工作。举办"中国梦·宁夏情"梅花贺新春戏曲展演活动，开展戏曲团体评定工作，建立全区戏曲数据库。

五是实施传统工艺振兴计划，出台落实传统工艺振兴计划实施方案。

5. 补短板提效能，构建现代公共文化服务体系建设步履坚实

一是补齐五级公共文化设施短板。第一，重点推进宁夏美术馆、宁夏人民剧院浮雕墙和宁夏文化馆维修改造"三大工程"。推动固原市"三馆"和县区"两馆"建设。固原图书馆、文化馆、丝路文化展览馆正在进行室内外装修及绿化亮化工作。新建红寺堡区文化馆，改建利通区图书馆、文化馆，新建青铜峡市图书馆、文化馆，新建彭阳县文化馆、盐池县图书馆。第二，推进乡镇综合文化站建设。财政资金600万元支持新建10个标准化乡镇综合文化站。第三，大力支持基层公共文化服务体系建设。投入财政资金3330万元、文化部专项资金1052万元，为贫困地区555个村综合文化服务中心配齐活动器材，实现全达标。扶持村综合文化服务中心、农民文化大院、民间文艺团队150个。财政投入资金1200万元，对川区240个村综合文化服务中心实施功能提升。实施公共数字文化平台建设、特色资源建设和服务推广项目。

二是推进国家公共文化服务体系示范区创建，提升我区公共文化服务体系建设的转型升级。目前，宁夏的5个地级市中已有4个市开展了国家公共文化服务体系示范区创建活动，银川市、石嘴山市分别于2013年、2016年被命名为第一、二批国家公共文化服务体系示范区，吴忠市第三批国家公共文化服务体系示范区创建正在进入国家评估验收阶段，固原市被确定为第四批创建国家公共文化服务体系示范区。

三是提升公共文化服务效能。以提升乡镇（街道）综合文化站、村（社区）综合文化服务中心服务效能为重点，开展"基层公共文化服务效能提升年"活动，进一步完善基层文化阵地管理规范、服务制度、评议考核机制，促进建管用协调发展。深入推进"三馆一站一中心"免费开放服务，使服务项目、服务人次、开展文化活动的场次在自治区实施标准的基础上有10%的增加。2018年第六次全国县级以上公共图书馆评估定级宁夏有8

个馆被评为国家一级馆，14个馆被评为国家二级馆，3个县区图书馆被评为三级馆。全区公共文化场馆实现无障碍、零门槛向公众免费开放，年服务群众在150万人次以上。

四是以文化扶贫助力乡村振兴。为加快推进文化小康，助力脱贫富民和乡村振兴战略，不断满足人民群众日益增长的美好生活需要，2018年，自治区出台了《关于加快推进文化小康助力脱贫富民和乡村振兴战略的实施意见》，贯彻落实脱贫富民战略工程，发挥文化扶贫的扶智、扶志作用，充分利用各类文化阵地、设施，开展民风民俗教育活动。以刺绣、剪纸等非物质文化遗产创造性转化为突破口，开展文化创意，开发文化工艺产品，提高脱贫致富能力，助推贫困地区群众增收致富。

五是大力实施文化改革创新工程，不断完善公共文化服务体系建设体制机制。贯彻落实创新驱动战略，强化创新理念和创新思维，加快公共文化服务体系建设的体制机制的健全。第一，推进县级公共文化馆、图书馆总分馆制试点建设，建立合作共建、结对帮扶、区域联动机制，推动县乡村互联互通、资源共享。已有12个县级图书馆、5个县级文化馆开展了总分馆制试点建设，建成图书馆分馆66个、文化馆分馆14个。第二，推动公共文化机构法人治理结构改革，促进地市公共图书馆、文化馆、博物馆组建理事会。

六是通过实施文化人才培养工程，持续加强基层公共文化人才队伍建设。第一，借力国家级培训班的育人机制。按照文化和旅游部总体安排，组织选派人员参加公共服务司主办的市级文化科长、县级新任文化局长、文化馆长、图书馆长以及群众文化等各类示范性培训，遴选《我是你的贫困户》等3件优秀作品，组织编创人员参加了全国群众文艺创作（戏剧）高级研修班等，参加培训人员40人多次。第二，充分发挥区级培训班的育人机制。举办2018年全国公共文化巡讲暨"春雨工程大讲堂"全区文化业务骨干培训班、全区学习贯彻《公共图书馆法》培训班、全区文化馆长及数字文化骨干培训班、第四届"迎新春全区群众书法绘画摄影大赛"创作培训班、全区广场舞培训班等全区示范性培训11期，培训基层文化队伍1000余人次。第三，依托区市县三级文化设施培训网络，大力开展基层文化管理人员、专业人员、文化骨干培训，全年培训3万人次。第四，实施"阳光工程"农村文化志愿者行动计划和"圆梦工程"农村未成年人文化志愿服务计划，招聘29名农村文化志愿者和30名乡村学校少年宫文化辅导员，配备到贫困地区村综合文化服务中心和中小学等地开展志愿服务。第五，实施基础性文艺人才培养计划，以宁夏艺术职业学院为依托，采取院企合作方式，培养一批本土专业艺术人才。

6. 开展对外文化交流，提升"神奇宁夏"美誉度

大力实施对外文化交流工程，加强部区对口合作交流，实施斯里兰卡中国文化中心年度文化交流合作项目，承接中非合作论坛项下活动，参与2018香港中秋彩灯会，加快推进中阿友谊雕塑园项目。推动区域文化交流合作，支持举办第四届中国宁夏"锦绣杯"WDC国际标准舞艺术节，创新举办第十六届中国西部民歌（花儿）歌会。提升宁夏文艺精品的传播力和影响力，积极参加全国舞台艺术优秀剧目展演、全国基层院团戏曲会演、第二届全国舞蹈展演等重大展演活动。

（三）2018年宁夏文化产业建设发展态势

2018年，自治区以实施文化产业发展工程为抓手，以构建现代文化产业体系和市场体系为目标，借力全域旅游示范区建设，不断推动产业融合发展，持续扶持文化产业园区、文化市场主体的发展，同时注重对新型文化业态的培育，文化产业呈现出稳中向好的发展态势。党的十八大以来，文化企业数量逐年增加，规模以上文化企业由2012年的54家增加到2017年的108家，文化产业增加值由51.7亿元增加到2017年的81.45亿元。

1. 推动文化产业集聚化、集约化水平持续提升

全区累计创建国家级文化产业示范基地6家、试验园区1家；评选命名自治区级文化产业示范园区4家、示范基地53家、示范户66家、特色村镇5个，文化产业示范区、示范基地及示范户和特色村镇规模不断扩大，集聚化、集约化水平持续提升。2018年，为推动我区文化产业科学健康、可持续发展，通过对自治区这些示范园区、基地、示范户的全面巡检，初步建立、实施退出机制的动态模式的管理机制。为进一步发挥文化产业园

区、基地等的引导、带动作用，2018年，自治区重点支持了贺兰山东麓葡萄文化长廊创建国家特色文化产业园区、银川IBI育成中心争创第二批国家级文化产业示范园区、石嘴山星海湖国家文化产业试验园区申报"2018年度国家级文化产业园区服务能力提升计划项目"，以及宁夏中卫西部云基地产业园、宁夏沙坡头水镇文化旅游产业园、固原三石文化产业园、宁夏金山文化产业园、互联网影视产业园建设发展。

2. 培育、扶持新型业态发展壮大

通过举办世界电子竞技大赛、宁夏动漫节、银川文化创意节等，培育电竞、动漫等新兴文化产业；支持文化文物单位文化创意产品开发，鼓励文化企业动漫、网络游戏及文化衍生产品的开发，加快文化创意产业发展；与中国动漫集团有限公司在银川签署战略合作框架协议，制定"中国动漫集团众创空间宁夏基地"方案，探索部区合作模式；积极为宁夏文创企业提供会展平台、宣传及品牌推广服务，依托中国动漫集团产业资源优势，举办AFN2018"一带一路"（宁夏）动漫节、"艺术宁夏"艺术品博览会等重大节展活动，在宁夏设立"一带一路"动漫品牌推广中心。

3. 促进文化与文化产业融合发展

加强文化资源与旅游业的融合发展。加强演艺业与旅游的融合，《黄河颂》等剧目进景区演出，提升《沙坡头盛典》《宁夏川好地方》等旅游演艺剧目品质，协调在景区设立文创产品展销中心，促进文艺剧目、非遗项目进景区。加强葡萄文化资源与旅游的融合发展，积极推进建设葡萄文化中心、葡萄酒生态文化城、特色葡萄主题小镇的建设，宁夏枸杞文化小镇入选首批中国起源地文化产业示范基地。推动文化与科技融合，支持宁夏秒银互联网科技有限公司自主研发手机广告精准分配平台，成为移动互联网手机广告第一品牌。促进文化企业与文化文物单位进行创意合作，激励文化企业设计制作既能代表宁夏本土文化，又能满足不同消费群体的文创产品。扶持"宁夏有礼""固原有礼"、剪纸、刺绣、沙画、砖雕等文创产品走出宁夏，积极参加深圳文博会、西部文博会、北京文博会等国际性展会，促进文化产品交流与合作。

4. 积极推动申报国家文化产业扶持项目以及各类扶持计划，推动文化产业发展

为推动文化产业繁荣发展，国家设立了各类文化产业扶持项目、扶持计划等，自治区积极鼓励我区文化企业积极申报，成效显著。2018年，"东方情韵"中国文化IP展暨巴基斯坦首届中国传统文化文创展入选"文化产业国际合作和文化贸易促进项目"扶持名单，获得了该项目全国最高扶持金额65万元；宁夏图书馆入选文化和旅游部2018年度"百馆百企对接计划"扶持项目，10万元扶持资金；新科动漫产业有限公司"新动壹零众创空间"入选2018年度"文化产业双创扶持计划"，获得15万元扶持资金；巴鸟麻编手工坊的巴鸟文化产业西雅图合作项目入选2018年"一带一路"文化贸易与投资重点项目，获得35万元经费补贴，同时，宁夏智慧宫文化传媒有限公司的"建设'一带一路'阿拉伯国家影视播放服务平台"入选2018年"一带一路"文化贸易与投资重点项目；自治区非遗固原砖雕、杨氏家庭泥塑、回族剪纸技艺、贺兰砚制作技艺进入第一批国家传统工艺振兴目录。

5. 演艺、电影院线创新发展见成效

一是演艺院线探索发展初见成效。宁夏人民剧院作为我区一家具有代表性的大型综合性文艺演出场所，近年来坚持"艺术性、经典性、特色性"的品牌定位，实行专业化管理、多元化演出机制，推出了"名家、名团、名剧、名曲"公益性演出季，同时引进战略合作伙伴进行资本运作，在创意策划、宣传推广、票务营销等方面形成灵活多样的合作形式，市场份额逐步扩大。初步统计，2017年，宁夏人民剧院大剧场演出场次达217次，观众人数18万左右，平均每场人数约800人；截至2018年6月，宁夏人民剧院累计演出476场，惠及观众近50万人次。2018"演艺中国"博览会发布了2017中国演艺排行榜，宁夏人民剧院大剧场从参评的1171家专业演出场馆中脱颖而出，跻身西北最具活力前五强，排名第二，这也是宁夏演艺场馆首次进入中国演艺场馆排行榜。2018"演艺中国"博览会至今已举办十届，此次参评的宁夏、陕西、甘肃、青海、新疆、内蒙古等西北区域大型演出场馆有近200家。

二是据电影统计数据显示，我区城市电影票房持续增长。2016年我区城市电影票房总收入首次突破2亿元大关之后，2017年，宁夏城市电影票房总收入达2.19亿元，继续保持2亿元以上的佳绩，2018年上半年，我区城市电影票房已达1.1亿元，票房收入增长势头不减。

6. 以"讲好宁夏故事"为主题，推动影视业的发展

2018年，围绕改革开放40周年、自治区成立60周年大庆主题，影视精品迈上新的节点。2018年是宁夏影视剧出品数量最多、体量最大、质量最好的丰收年。这些影视剧整体上呈现出政治素质过硬、地域气质突出、有分量、有底蕴、有质感的特点。出品的电影有以东西合作、精准脱贫为主题的《闽宁镇》、探索人性真善美的《阿修罗》，以及《这一道沟，那一道梁》《双十一脱单记》4部。电视剧有改编自著名作家张贤亮同名小说、以歌颂人性真善美，传递时代正能量的《灵与肉》，反映宁夏人民防沙治沙用沙的壮举，建设美丽宁夏的《我拿什么奉献给你》，以及《一千零一夜之拯救黄金城》3部。其中《灵与肉》最具有社会影响力，社会反响度最高，成为2018年度热播电视剧。根据中央电视台收视率调查结果显示，该剧每集平均收视率在1.5%以上，最高峰值达到2.5%，位列同期全国电视剧收视率排行榜第1名，累计收看人数超过1亿人。同时，为迎接改革开放40周年和自治区成立60周年，中央和自治区分别给予838万元和1700万元，推动2018年自治区电影业的发展。

7. 实施文化改革创新工程，深化文化企业改革

深化国有文艺院团改革，完善法人治理结构，创新生产经营机制，坚持把社会效益放在首位、社会效益和经济效益相统一。2018年以来，积极推动转制文艺院团深化改革，组织宁夏演艺集团通过2个小剧场推出秦腔、话剧和小综艺舞台演出，在银川地区持续推出精美歌舞、惊险杂技、经典戏曲、精彩话剧等一批优秀文艺节目，切实满足游客和市民的文化需求，既推动了文艺惠民乐民，也锻炼了专业人才队伍，培育了宁夏演艺市场，实现了社会效益和经济效益"双效统一"。

8. 大力实施文化市场监管工程

落实《关于进一步深化文化市场综合执法改革的实施意见》，推动文化

市场综合执法改革。进一步加大"放管服"力度，提升公共服务质量，促进文化市场健康发展。加强文化市场日常监管，强化执法指导和监督，深入推进文物法人违法三年整治行动，突出上网服务营业场所、歌舞娱乐场所等重点领域监管。全面推行文化市场"两随机一公开"，加强信用体系建设，推动文化市场分级管理。加快综合执法信息化建设，提高技术监管与服务平台使用率，开展文化市场移动执法。实施阳光娱乐行动计划，深入推进文化娱乐业、上网服务业转型升级。落实主管部门文化市场安全生产监督责任、文化经营单位安全生产主体责任，确保文化市场安全。

三、宁夏文化发展趋势展望

（一）习近平总书记在全国宣传思想工作会议上的重要讲话，是自治区新时代文化建设的根本遵循

进入新时代，自治区文化建设的历史使命就是要以习近平新时代中国特色社会主义思想和党的十九大精神为指导，坚持中国特色社会主义文化发展道路，将举旗帜、聚民心、育新人、兴文化、展形象融入社会主义核心价值观的培育与践行中、融入繁荣发展哲学社会科学中、融入文艺创作中，融入构建现代公共文化服务提建设、建立健全现代文化市场体系中，融入构建现代传播体系中、融入传承中华优秀传统文化中、融入提高文化开放水平等各个方面、各个领域，为实现经济繁荣、民族团结、环境优美、人民富裕，确保与全国同步建成全面小康社会目标，为建设美丽新宁夏、共圆伟大中国梦提供精神动力和文化支撑。

（二）创新驱动理念将会带动精神文明建设方式更加适应新时代人民的新要求

新时代，我区精神文明建设将继续高举理想信念旗帜，筑牢中华民族共有的精神家园，以社会主义核心价值观凝魂聚气、激发持久的中国力量，继续以培育和践行社会主义核心价值观为根本，以正确舆论凝心聚力，以先进文化塑造灵魂，广为弘扬爱国主义精神、集体主义精神、社会主义精神、伟大改革开放精神，引导推动全社会树立文明观念、争当文明公民、展示文明形象。更加坚定的主流价值、更加高扬的道德旗帜、更加清朗的社会风气，聚合起全区人民同心同德的磅礴力量，为实现"两个一百年"奋斗目标和中华民族伟大复兴的中国梦而不懈奋斗，这是我们精神文明建设始终不变的主题和永远不变的根本。

自治区精神文明建设将会在发挥原有建设路径基础上，力求创新。如将会在继续发挥榜样模范、"宁夏好人"、最美人物、文明家庭等先进典型和先进文化的引领作用，发展志愿服务，发挥在大街小巷、公园广场、机场车站公益广告与城市景观的活泼形象展示，一场场宣讲活动的开展，以及推进核心价值观建设进学校、进机关、进企业、进农村、进社区和文明城市、文明村镇、文明单位、文明校园、文明社区、文明家庭创建工作基础上，将一定会强化精神文明建设的创新理念，在活动载体、创建内容、示范带动、测评方式等方面进行创新，在贯穿结合融入上下功夫，在落细落小落实上下功夫，从而更好地促进全区人民在理想信念、价值理念、道德观念上的团结一心，为建设美丽新宁夏、共圆伟大中国梦筑牢精神脊梁。

（三）文化事业与文化产业融合发展的趋势将会越发显著

我国在改革开放初期，从文化的公益性与经营性、市场性关系出发，将文化建设领域划分为文化事业与文化产业，是为了适应社会主义市场经济发展规律，立足于文化产业的发展特点，为更好地推动文化产业的发展，进一步促进文化建设的繁荣发展来划分的。但随着文化建设的不断发展，现阶段，文化事业与文化产业的边界越来越模糊，无论是顶层设计推动，还是实际发展和文化消费需求，都在持续快速地推进着两者的融合发展，文化事业与文化产业融合发展的特点越发明显。"非遗"的保护传承离不开保护性开发利用，在保护传承进程中，与文化产业、旅游业的结合越来越紧密；公共文化服务体系建设中的一些领域需要社会力量的积极介入，如宁夏目前正在探索实践的乡镇文化站的"公建民营公助"的运营管理模式；数字博物馆、数字图书馆及"全国文化信息资源共享工程"等，就可以说是产业与事业互动融合的产物。2016年国家印发的《关于推动文化文物单位文化创意产品开发的若干意见》明确鼓励具备条件的博物馆、美术馆、图书馆等文化文物单位采取合作、授权、独立开发等方式开展文化创意产品开发，这是在保护的前提下充分实现公共文化资源市场价值、实现公共文化机构可持续运营的有益机制等，公共文化建设与市场机制的融合在不同领域正在探索、实践或已经实现突破，我国文化发展正在从"分业发展"阶段走向融合发展阶段。我区目前这样的融合发展相对而言还不太明显，但将来文化发展的这一特点会不断增强。

（四）文化与旅游的融合发展进入新时代

2018年3月13日，国务院机构改革方案出台，根据该方案，国家旅游局与文化部合并，组建文化和旅游部，作为国务院组成部门。2018年11月14日，新组建的宁夏回族自治区文化和旅游厅举行了挂牌仪式。文化是旅游的灵魂，旅游是文化的载体。文旅融合已经成为现实发展的方向，旅游发展需要文化导向和文化深入，符合现实发展的需求变化。文化与旅游的联姻，将成为文化与旅游融合发展的新契机，有利于实现文化与旅游融合发展的转型升级，意味着文化与旅游融合发展进入了新时代。融合发展更加便利于文化和旅游管理层面有机合作，避免多头管理，能更好地把文化和旅游结合起来去谋划，以融合发展进一步促进资源和载体、内容与形式、休闲与体验的结合，有助于产业、事业、文物、旅游管理的优化协同高效，有助于文化产业资源、公共服务资源、可开发利用的文物资源和旅游资源的统筹，推动业态创新，孕生出两个领域互以对方创意创新要素为发展驱动力的"深层化融合共进模式"，实现产业升级与消费升级。

（五）文化产业将保持持续增长的发展态势

从近几年自治区文化产业增加值及其所占GDP的比重看，实现的增加值虽然每年有所递增，但增加值所占GDP的比重呈现微增趋势。2015年全区文化产业实现增加值64.94亿元，占GDP的比重为2.23%；2016年实现增加值74.36亿元，占GDP的比重为2.35%；2017年实现增加值81.45亿元，占GDP的比重为2.37%。在全国经济提质增效、高质量发展的形势下，自治区未来文化产业发展将会保持持续增长的发展态势。

（六）公共文化服务体系建设将从"硬件"建设阶段迈入"软件"建设阶段

自2005年党的十六届五中全会在《中共中央关于制定国民经济和社会发展第十一个五年规划的建议》中，首次提出"逐步形成覆盖全社会的比较完备的公共文化服务体系"以来，经过"十一五""十二五"国家的大力推进，我国公共文化设施体系基本建成，并在逐步完善，进入"十三五"时期，向贫困地区、向基层、向农村、向弱势群体倾斜的建设导向，使我国公共文化服务体系建设的标准化、均等化基本实现，未来公共文化服务体系的硬件建设应该是处于提升与转型升级的阶段，公共文化设施的管与用，以及与之相关的机制建立和完善这些"软件"建设，应该是重点和亟待解决的问题。

说明：本总报告除二（一）的内容由牛学智撰写之外，其余由鲁忠慧撰写。

领域篇
LINGYUPIAN

·精神文明·

2018年宁夏乡风文明培育与践行发展报告

徐 哲

通过移风易俗的推行，宁夏乡风文明培育工作取得一定成绩，天价彩礼得到一定遏制，农民的人情负担得以减轻、铺张浪费明显减少，村容村貌明显整洁。进入2018年，宁夏培育乡风文明的工作重点转向查缺补漏、补齐短板上。通过"过筛子"，移风易俗贯彻得更加深入。但就宁夏乡风文明建设现状来看，依然存在一些亟待解决的问题。

一、乡风文明培育现状

（一）宣传教育持续发力，氛围更加优良

各市县持续发力，采用多种形式，开展移风易俗思想宣传教育工作。一是成立"新时代新民风讲习所"等宣讲团队，深入行政村、农村社区宣传习近平新时代中国特色社会主义思想和党的十九大精神，进一步弘扬社会主义核心价值观，推动社会主义核心价值观落地生根。二是充分发挥综合文化服务中心、村镇文化站的宣传作用，建立社会主义核心价值长廊，打造好家风好家训宣传栏，绘制中华传统美德宣传板，以抵制不良风气。三是充分发挥村干部、文化专干的入户宣传作用，将移风易俗融入每一项工作中，通过入户宣传、发放宣传彩页、签订婚丧简办承诺书等形式进行

作者简介 徐哲，宁夏社会科学院文化研究所助理研究员、博士。

面对面宣传。四是继续发挥新闻媒体的宣传引导和舆论监督作用，不仅利用传统媒体在乡村的影响力宣传移风易俗的优良做法，还利用网络、微信等在农村逐渐成长的新媒体积极推送文明价值观念，传播主流价值，扩大移风易俗在群众中的影响力。

（二）顶层设计更加科学，机制更加完善

宁夏推进移风易俗工作的重点转移到了"查缺陷、补短板"上来。一是广泛征集意见，查找精神短板。2018年3月，宁夏文明委举办"深化移风易俗助力乡村振兴"座谈会，宁夏文明委部分成员单位和有关市、县（区）及乡镇负责人列席会议，就如何在补齐"精神短板"中助推乡村振兴积极建言献策。二是做好顶层设计，强化工作措施。为落实"一个村一个村过筛子"的要求，助力脱贫富民战略，自治区党委宣传部与自治区文明办联合印发《关于深入推进移风易俗做好对行政村"过筛子"工作的实施方案》。坚持目标导向、问题导向，采取更加有力的措施，确保到2018年年底，所有行政村建立"一会"（红白理事会）、形成"一约"（婚丧喜庆村规民约），做到有人管事、有章理事、规范办事，为乡村精神文明工作的顺利开展做好机制保障。

（三）移风易俗更加深入，文化生活更加丰富

各市县在贴近民心上下功夫，普遍建立移风易俗工作领导小组，指导乡村的红白理事工作，甄别不良倾向并进行规范。积极创新整改措施，使移风易俗融入百姓生活。

推动移风易俗"过筛子"，找准"短板"。各地市积极贯彻落实《关于推动移风易俗树立文明乡风的指导意见》，深入各个行政村、农村社区对移风易俗工作"过筛子"，确保移风易俗工作在基层落到实处，取得实效。在"过筛子"的工程中，深入客观分析各县区在推进移风易俗工作中存在的具体问题及原因，护牢"底板"，找准"短板"，有针对性地提出下一步推进移风易俗的工作安排和意见。推动移风易俗工作在各村镇得到进一步落实，切实减轻广大群众在婚丧喜庆和人情往来等方面的负担，不断提升农民文明素质和农村文明程度。

丰富文化生活，提升文化的感染力。各市县结合庆祝改革开放40周年

和宁夏成立 60 周年，借力"三下乡""百姓大舞台"，开展"送戏下乡"惠民文艺演出、广场文化艺术节等群众文化活动，不断丰富群众精神文化生活。利用新媒体等创新文化活动形式，拓宽文化下乡路径，积极创作编排群众喜闻乐见、形式新颖、特色鲜明的文艺节目、文艺作品等，例如拍摄《还要过日子》等 35 部微电影，切实把健康文明、积极向上的文化活动送到千家万户。

（四）奖励监督机制更加长效，考核办法更加健全

积极出台移风易俗鼓励办法，选树各类典型，例如"最美致富带头人""好婆婆好媳妇""最美乡村教师""最美乡村医生""最美村官"及星级文明户、移风易俗模范户等，通过关爱、礼遇及向移风易俗示范典型提供优惠政策扶持，激励农民自觉遵守行为约定。同时，完善文明村镇测评细则，健全美丽乡村考核办法，逐步形成长效机制。

二、乡风文明培育中存在的问题

宁夏采取了多种措施推进移风易俗，目前已经取得显著成绩。但根据调研来看，不同地市移风易俗的成效差别较大，还存在群众积极性不足、村容不整洁依然明显等情况。目前，宁夏乡风文明培育中出现的问题大概可以归纳为以下几点。

（一）乡风文明培育尚不平衡

首先，乡风文明培育的不平衡表现在地域差别上。天价彩礼、婚丧大操大办以及男尊女卑等是乡风陋习的突出表现，也是近年来乡风建设——移风易俗突出整治的问题。通过红白理事会、乡规民约等措施，天价彩礼、婚丧大操大办、薄养厚葬等不良风气已经得到一定的遏制。但根据调研，这些习俗在不同的乡村依然不同程度地存在着。一是经济发展与天价彩礼等不良乡风成反比。五市中，经济相对发达地区的乡风文明程度明显高于贫困地区，这符合经济基础决定上层建筑的普遍规律。二是不良乡风呈现出地域性、民族性特征。也就是说经济发展程度相近的地区因文化、民族等的差异，乡风文明程度也存在一定差异。

其次，乡风文明培育的不平衡表现在问题整顿的偏颇上。当下宁夏推行移风易俗的重点在"天价彩礼""铺张浪费""薄养厚葬"等问题上，但在乡风培育中也不能忽略其他问题。从矛盾分析法的角度来说，移风易俗抓住了乡村问题的主要矛盾。但在认识活动和实践活动中，还要坚持两点论和重点论的统一，像文明意识淡薄、环保意识差、集体意识薄弱等也是严重制约乡风文明培育和美丽乡村建设的因素，要大力整治。乡风文明属于精神文明建设的范畴，看不见、摸不着，"天价彩礼""铺张浪费"这些突出问题是不良乡风的表征，其治理效果较为明显，但不能说天价彩礼降下来了，乡风文明就已经培育好了。集体意识薄弱、文明意识淡薄的问题潜藏更深、范围更广，像赌博风气盛行、不劳而获思想严重，特别是精准扶贫过程中部分农民表现出的重物质轻技术现象严重阻碍着乡村的发展。由此可见，乡风文明建设不能仅在"天价彩礼"等问题上下功夫，还需要以现代文明、先进文化改变农民的陋习和错误观念，潜移默化、润物无声地改变农民的价值观念，培养健康文明的生活方式，培养懂法知法、责任心强、集体观念重的新时代农民。

（二）农民的积极性尚未充分调动

群众是乡风文明建设的主体，也是乡风文明的受益者。在建设过程中要了解群众需求、尊重群众的意愿，以群众喜闻乐见的形式宣传社会主义先进文化，这样才能激发群众的主动性，自发自觉地接受先进文化的洗礼，破除陋习。在调研过程中，中卫市滨河镇综合文化服务站的专干称，因为受教育水平低，村民们对宣传单、签订村规民约的意见书等很难做到入脑入心，反而一些以方言编排的小品等文艺形式更能促使群众反思，起到寓教于乐的目的。可见，要做好乡村精神文明建设工作，必须以群众喜闻乐见的形式进行，但现阶段乡风文明的宣传工作多是以学政策、学文件、发宣传单等形式来进行，尚未激发群众的积极性。

（三）各部门协作尚有欠缺

乡风文明涉及乡村建设的方方面面，尤其是与乡村教育息息相关，但目前的建设路径中，各部门之间的协作较少，多是各级文明办在主导工作。各乡县目前成立了移风易俗工作小组，但主要作用是监督、督查红白理事会、村规民约的组织、执行情况，尚未起到联系各部门、协调各方、统一用力培育乡风文明的作用。要从根源上解决农民素质不高的问题，显然需要协调各部门，统筹安排资源。

三、乡风文明培育的建议

新时代，文明乡风是现代与传统的融合、城市与乡村的融合、民族文化与世界文化的融合。这就要求我们在探索培育乡风文明路径时要以系统的、全面的、开放的、发展的、科学的方式方法来进行，不能就乡风而论乡风。

（一）将社会主义核心价值观与优秀传统文化有机融合，塑造优良文化氛围

要实现乡风文明就要把社会主义核心价值观的精神内涵融入到乡村优秀传统文化中，实现传统文化与现代文明的有机结合，繁荣乡村文化。一是将社会主义核心价值观与传统美德相结合，充分发挥优秀传统文化的浸润作用。二是挖掘各村镇的文化资源，打造特色文化村镇。三是通过兴修村志、写回忆录等，挖掘、弘扬乡村民风淳朴、道德高尚的感人故事，重塑乡村礼序。四是繁荣农耕文化。提倡农耕"文化自觉"，增强宁夏上下对农耕文化的保护意识，差别化保护、管理川区与山区、引黄灌溉区与旱地耕作区等不同类型的农耕方式，实现农耕文化的动态性、整体性保护。五是要让村民在享有乡村优秀传统文化的基础上，享受现代城市文明。

（二）贯彻基层群众自治制度，营造良好政治环境

乡风文明培育中要贯彻基层群众自治制度，充分发挥群众的主体作用，明确政府的宏观调控角色，引导群众自发宣扬社会主义核心价值观，培育文明乡风。第一，推举新时代乡贤，组织村民自主开发培养文明乡风的新形式。"红白理事会""村规民约"的具体内容由群众群策群议，自主商讨，报县一级文明办修缮备案。第二，在村镇集体事务中，引导村民积极参与。由此改变当下乡村正在蔓延的个体利益最大化的思想观念，引导更多村民整体地、公正地、客观地看待问题、解决问题。同时，村民自治也能利用乡村是"熟人社会"的特点，优化村民矛盾处理方式，促进乡村和谐。第三，"政府搭台，群众唱戏"。政府在完善公共文化活动硬件设施后，由群众自发组织文艺活动，宣扬社会主义核心价值观、中华传统美德等。鼓励拥有民间技艺的优秀人才参与其中，创作宣扬新文化、新思想的花儿、秦腔，创作新时代惩恶扬善的皮影故事，创作包含社会主义核心价值观、传统美德故事等的刺绣、剪纸等作品，以群众喜闻乐见的传统文艺形式与文明新风相融合，感染群众。鼓励普通群众参与创作美德故事、反面讽喻案例的小品、相声表演，在表演中加深对优秀文化的理解与认识。充分依靠群众，充分调动群众的积极性，使他们主动参与乡村文化、乡风文明建设，促使农民坚定文化自信。

（三）推动农村产业结构转型，打牢经济基础

新时代乡风文明培育必须从转变乡村的生产方式入手。根据中卫沙坡头区童家园子的乡风现状可以看出，转变传统农业生产方式，对培育乡风文明至关重要。转变传统农耕方式，要以村镇的特色资源为基础，促进三产融合，加快农村集体经济发展，打造田园综合体等现代乡村新型产业。首先，要以政府为主导，摸清各个村镇的资源优势，包括农产品资源（枸杞、甘草、硒砂瓜、灵武长枣等）、自然风光资源（黄河、六盘山、贺兰山等）、农村传统文化资源（剪纸、刺绣等），并对这些资源进行整合配置，规划产品片区，打造专业合作社，开拓品牌化发展路径。其次，夯实农业基础，做强以特色农产品为主的农业经济。利用现代科技，提高特色农产品产量，保证特色农产品质量；以股份合作制形式打造新农村集体合作经济，做强做大特色农产品规模，形成辐射宁夏乃至全国的影响力。再次，将现代休闲文旅、民间演艺、民间工艺等与特色农业进行融合。依托农田、村落、水系、山地，形成农业休闲观光体验带，规划以休闲、观光、农事体验为主的农业精品旅游线路，拉长产业链。

（四）强化农村教育，提升农民素质

新时代的乡风文明建设中，只有提高农民受教育水平，才能从根源上解决不良乡风的各种问题。一是推动农村基础教育，提升农村科学文化水平。在提高乡村中小学教学水平的基础上，还要充分利用乡村公共文化平台，以大学生村官、驻村扶贫干部等受过高等教育的群体为主辅助教学，指导农民的文化课学习。二是加强思想教育，提高农民的思想道德水平。

整合现有的公共文化服务资源，打造新时代文明实践中心，以农民话语来宣讲习近平新时代中国特色社会主义思想、社会主义核心价值观、社会主义先进文化、法律知识等。三是加强业务教育，新型农民要在文化水平提高的同时，提高农业生产素质，学习新科技、新手段，提高种植养殖技能，提高农业收入。

综上所述，新时代，乡风文明建设是乡村振兴的灵魂。它是一项系统的、长期的、开放的工程。既需要发挥群众的主体能动性，也要依靠政府的引导、社会各界的支持帮助。既要持之以恒地实施移风易俗，又要系统地看待乡风问题，拓宽乡风培育路径，切实扼制不良风气。持之以恒、绵绵用力、久久为功，才能打赢乡风文明培育的持久战。

宁夏推进意识形态工作的调查研究

狄国忠

意识形态工作是一项极端重要的工作,关系到全体党员的理想信念,关系到党的执政基础,关系到国家的长治久安,关系到全国人民共同奋斗的价值取向。因而,我们党要把意识形态工作的领导权牢牢抓在手中,任何时候都不能掉以轻心。习近平总书记在党的十九大报告中明确提出,要"牢牢掌握意识形态工作领导权"。我们要以习近平新时代中国特色社会主义思想为指导,认真贯彻党的十九大精神,不断巩固马克思主义在意识形态领域的指导地位,巩固全党全国人民团结奋斗的共同思想基础。

一、宁夏推进意识形态工作的现状

在中央和自治区党委的坚强领导下,宁夏各级党委(工委、党组)牢牢把握正确的政治方向、舆论导向和价值取向,切实落实意识形态工作责任制,唱响主旋律,传播正能量,不断加强"两个巩固",不断用社会主义主流意识形态统一思想、凝聚人心,意识形态工作取得新成效。

(一)落实党委(党组)主体责任,党管意识形态工作不断加强

各市、县(区)认真贯彻落实自治区《党委(党组)意识形态工作责

作者简介 狄国忠,中共宁夏区委党校、宁夏行政学院社会与文化教研部主任、教授。

任制实施细则（试行）》，各市、县（区）坚持以问题为导向，审定出台市、县（区）《党委（党组）意识形态工作责任制考核办法（试行）》及其实施细则，排查意识形态工作风险点。一是各级党委（党组）将意识形态工作作为"一把手"工程，纳入党建和效能目标管理考核之中，同安排同检查同考核，推动意识形态工作责任制落到实处。二是通过党委（党组）签订意识形态工作责任书、召开宣传工作会议以及基层党委（党组）宣传工作座谈会等形式，全面推进意识形态工作。三是建立了意识形态工作联席会议制度，定期分析研判意识形态领域风险。四是通过开展意识形态工作专题督导，排查出问题、列出清单并进行消号整改，督促各级党组织对意识形态工作经常抓、抓经常。

（二）加强意识形态阵地管理，做到守土有责，守土尽责，失职追责

严格落实自治区《党委（党组）意识形态工作责任制考核细则》以及市、县（区）《报告会研讨会论坛讲座培训班申报及审批管理办法（试行）》等，加强意识形态阵地管控。一是认真落实意识形态工作责任制，对纪念馆、博物馆、文化场馆等场所进行拉网式检查，对党和国家领导人照片使用不规范的问题进行了集中整顿。二是各地各部门对举办的报告会、讲座、培训班全部实施申报审批管理，对一些理论、文学期刊以及部门单位内部刊物进行审核，坚决杜绝出现错误思想。三是对文化大院、各类演艺场所、公共文化活动场所加强管理，拓展提升"执法+协会"文化市场管理模式，确保各类文化阵地客观可控。

（三）强化风险排查、意识形态重点领域风险防控更加有力

针对区内意识形态安全的重点领域和突出问题，采取实际行动加以维护。一是深化民族团结进步工作，组织实施深化民族团结进步行动规划，开展依法治理宗教事务，加强涉及民族宗教、重要领域社会稳控工作。实施宗教人士素质提升工程，不断加强爱国宗教人士队伍建设，有效维护了民族宗教领域意识形态安全。二是大力开展"护苗""清源""固边""净网""秋风"五大专项行动，没收各类非法政治出版物，坚决封堵有害政治出版物向社会各领域渗透。三是持续开展校园周边文化执法检查，依法查办各类案件。

（四）强化网络管理，网络意识形态工作成效显著

高度重视网络信息安全管理工作，严格网上信息发布审核和保密审核程序。突出重点，正确引导社会舆论。一是对自媒体负责人进行教育引导，对有关自媒体负责人、网络主播进行了约谈，对有些自媒体提出了整改要求，网络新媒体得到有效管控。二是大力开展网络问政，通过政务微博，受理网民各类咨询、投诉、意见和建议，有效防范了民生问题向意识形态问题的转化。三是强化舆情监测和督办处置，及时正确引导社会舆论。开展了网络信息内容专项整治行动，对各类网站和新媒体平台集中进行排查，依法依规删除有害文字、图片和视频等。

（五）加强宣传思想工作，增强社会主义意识形态的强大凝聚力和引领力

在宣传思想工作中，以习近平新时代中国特色社会主义思想为指导，以"两个巩固"为目标，以服务党和国家中心工作为方针，着力增强主流意识形态的凝聚力和引领力。一是坚持思想引领，始终把习近平新时代中国特色社会主义思想和党的十九大精神作为重中之重，认真学习《习近平新时代中国特色社会主义思想三十讲》《十九大报告辅导读本》和《习近平谈治国理政》第一、二卷，以党委（党组）中心组学习、干部理论武装大讲堂等为抓手，着力引导各级党组织和党员干部学懂弄通习近平新时代中国特色社会主义思想。二是突出中心组学习示范引领，举办有关意识形态工作与民族宗教工作方面的专题讲座，扎实推进"两学一做"学习教育常态化制度化和"不忘初心、牢记使命"学习教育，广泛开展中华民族复兴中国梦和中国特色社会主义宣传教育，组织开展"振奋精神，实干兴宁"大讨论。三是举办基层理论"微宣传"活动，创办"新时代农民（市民）讲习所"和讲习点等，用党的最新理论成果统一思想、凝聚共识，使各族群众共同奋斗的思想基础更加牢固。

二、宁夏推进意识形态工作中存在的问题

宁夏在落实意识形态工作责任制方面做了大量工作，意识形态领域形势总体上是好的，但也要看到意识形态工作涉及面广、情况复杂，特别是

宁夏作为西部欠发达地区和民族地区，意识形态问题有其特殊性和复杂性，意识形态工作仍然面临一些突出问题。

对意识形态工作重视程度不够。一些党员干部对意识形态工作极端重要性认识不足，重视程度不够，特别是在"三化"问题整治过程中存在模糊认识；一些部门领导干部对意识形态工作认识不清晰，一些单位对意识形态重点工作安排部署不及时，抓意识形态工作只是开会顺带学，不做专题研究，没有做到"三个带头""三个亲自"的要求。一些基层党委"一把手"对意识形态工作认识不到位，存在重经济指标完成、轻意识形态工作的现象；一些部门在排查意识形态领域风险时，大事化小、小事化了，不愿意正视问题，甚至逃避问题，还有一些干部总觉得自己单位的问题都是小问题，跟意识形态工作没有关系。

意识形态工作能力欠缺。一些人存在抓意识形态工作能力不强的问题，他们觉得意识形态工作空、大、虚，而且比较敏感，不会抓的情况较为突出；一些基层领导分析、研判意识形态领域风险点的能力不足，风险点排查不准确，缺少针对性；一些党员干部抓意识形态工作不到位，有的人政治敏锐性和警觉性不高，做好意识形态工作的主动性、针对性不够，简单地认为，意识形态工作就是组织干部学习，有的甚至把意识形态工作与党建工作、党风廉政建设混为一谈。一些党员干部运用新媒体的能力不高、鉴别力不强，存在盲目传播不当信息和错误言论等现象。

责任制落实不到位。一些单位没有及时成立意识形态工作机构，意识形态风险排查制度、定期研判和信息发布审核制度等不完善；一些人对意识形态工作不了解，不知道意识形态工作从哪里做起；一些党委（党组）中心组政治理论学习还存在形式不够丰富、制度不够健全、学习记录不够规范的问题，有的中心组学习未形成学习报告，也不能按照要求及时报送；个别意识形态牵头单位主动督促指导力度不够，有的没有对意识形态工作进行专题研究部署，有的没有按照要求开展专题督查，有的没有开展意识形态领域风险点排查。

舆论领域噪音杂音有待引领。一些不法分子恶意炒作、有意曲解党的创新理论、宪法修正案、党和国家机构改革政策与方案，以及自治区党委、政府的决策部署，干扰干部群众思想稳定；个别境内外媒体在改革开放四十周年、自治区成立六十周年等重要时间节点，对宁夏改革、民族宗教、生态环保等问题进行炒作，质疑民族区域自治制度和对少数民族实施的优惠政策，质疑党委、政府执政能力和依法行政水平；一些部门或单位、非公经济组织和社会组织举办的报告会、研讨会、论坛、讲座、培训班，时不时会出现政治性、政策性、导向性错误言论。

互联网管理有待加强。一些党务、政务类网站和关键信息基础设施网络安全防护体系存在被网络黑客攻击或篡改的现象；个别网民缺乏理性，一旦未达到利益诉求，就利用社交媒体等网络平台煽动不明真相的群众参与"向政府讨说法"等活动，或组织网络签名、串联上访等；仍然存在"法轮功"等邪教分子利用互联网进行非法活动，以及外部宗教势力利用互联网进行渗透活动。个别人以治理"三化"，以及打击非法宗教活动、境外宗教势力渗透的活动为借口，通过互联网攻击党的宗教政策，破坏民族团结；一些人利用互联网进行社会动员，通过微信群等传播有害信息，有意制造杂音，干扰社会整治工作。

文化领域的问题有待正确引导。一些文艺作品和文艺演出存在错误思想和负能量的内容；一些地方存在着各类有害、非法出版物流通和传播的现象；一些人群安装非法接收装置（天线锅），干扰本地广播电视正常收听收看；个别人员非法安装无线电发射装置，影响和干扰调频广播正常播出和航空器飞行安全；一些学校对思政课不重视，抵御错误思想渗透的意识和能力还不够，个别教学人员在教学过程中发表一些不当言论等；个别党员干部和社科工作者在撰写理论文章中，偶尔出现片面化、简单化解读习近平新时代中国特色社会主义思想和党的十九大精神等问题；个别人从个人立场出发曲解党的最新理论成果和党中央大政方针；等等。

三、宁夏进一步加强意识形态工作的思路

我们要以习近平新时代中国特色社会主义思想为指导，深入学习贯彻党的十九大精神，以"两个巩固"为目标，紧紧围绕自治区党委、政府中

心工作，不断增强社会主义主流意识形态的凝聚力和引领力，为全面实现脱贫富民任务，决胜全面建成小康社会提供良好的政治生态和舆论环境。

（一）坚定不移用习近平新时代中国特色社会主义思想凝心聚魂

紧紧抓住思想政治工作这一生命线，坚持用习近平新时代中国特色社会主义思想武装头脑，持续推进"两学一做"学习教育制度化常态化，扎实开展"不忘初心，牢记使命"主题教育，教育引导干部群众切实增强"五个认同"，牢固树立"四个意识"，自觉坚定"四个自信"；发挥关键少数"领头雁"的作用，认真抓好各级党委（党组）中心组学习。持续开展习近平新时代中国特色社会主义思想大宣讲活动，推动马克思主义中国化最新理论成果入脑入心、真信真行；大力开展马克思主义民族观宗教观以及防范"三化"教育，把马克思主义民族观宗教观及党的民族宗教理论政策纳入党委（党组）中心组学习内容、党校（行政学院）教学计划，强化教育培训，进一步提升各级领导干部做好新时期民族宗教工作的能力和水平。

（二）进一步提高做好意识形态工作的能力

着力培养一支能学会用、能谋会干、能写会说、能做会管的"四能四会"意识形态工作队伍，提升做好意识形态工作的鉴别能力、辩证思维能力、凝聚能力等。一是学会从政治的视角审视问题，从政治角度甄别某些思想和言论，以中国特色社会主义制度和国家发展的视角看待某些观点，以敏锐的政治视角提升意识形态鉴别能力。二是学会从观察入手，透过问题表象，深入问题本质。以马克思主义立场、观点和方法为基础，提高辩证思维能力。三是坚持以人民为中心的发展思想，既要注重人民群众的眼前利益，又要为人民群众的长远利益着想，支持和引领不同阶层的人民群众合理表达利益诉求，让人民群众团结一致，为实现社会主义现代化强国凝心聚力。

（三）全力落实意识形态工作责任制和考核办法

要完善和创新意识形态管理体制机制，充分发挥各牵头单位的作用，引导各领域、各行业全面履行意识形态工作责任，调动各条战线各个部门抓意识形态工作的积极性，各司其职、各负其责、共同履责；坚持"一盘棋"，形成"大合唱"，真正形成党委统一领导、党政齐抓共管、宣传部门组织协调、有关部门分工负责、全社会全面落实意识形态工作责任的工作格局；要按照中央和自治区党委的要求和规定，切实抓好贯彻执行和落实，找准着力点和突破口，加大平时监督力度，抓好各级党组织和干部队伍意识形态工作的薄弱环节，确保意识形态各项工作更加扎实有效；按照《意识形态工作责任制考核办法（试行）》的要求，进一步完善意识形态工作考核机制，将意识形态工作列入各部门各行业效能目标管理考核，对意识形态工作牵头单位和各级党委（党组）意识形态工作进行单列考核范围，明确考核内容、方法和赋分权重，推动意识形态工作考核常态化。

（四）更加强调舆论引导能力，牢牢掌握意识形态领域话语权

始终坚持党管宣传、党管媒体原则不动摇，牢牢把握正确导向，着力壮大主流思想舆论。深入宣传习近平新时代中国特色社会主义思想及党的十九大精神，全力做好改革发展宣传活动，宣传好我国发展的巨大成就、宣传好党和国家大政方针政策，讲好宁夏故事；全力打好深化改革、脱贫富民、生态文明建设、全域旅游等宣传战役，做好"中央媒体宁夏行"等大型主题采访活动，完善新闻发布机制；建立新闻评阅制度，建成融媒体运营中心，发挥融媒体的作用，进一步提升外宣效果。

（五）加强治理网络空间，营造更加安全清朗的网络环境

深入开展《网络安全法》宣传普及和网络安全活动，落实属地网站主体责任，完成关键信息基础设施防护体系及备案登记；健全完善网络舆情监测、分析、研判和通报制度，进一步建立重点行业网络安全监控信息及网络安全应急保障体系和全区网络舆情应急处置机制；开展主题鲜明、形式多样的网络宣传活动，运用网言网语生动诠释宁夏之美。坚决打击网上政治谣言，持续开展"清朗""净网""护苗"等专项行动，确保网络意识形态阵地守得住、管得好；统筹推进网下问题的解决与舆情的处置引导，推动党政机关和领导干部走网上群众路线；巩固各级网络舆情监测、研判和报送体系，完善网络舆情会商联席会议制度，确保涉及宁夏网络舆情能被及时发现，并妥善处置。

(六) 推进文化繁荣发展，提高铸魂工程水平

深入开展社会主义核心价值观践行活动，组织开展"图说我们的价值观""中国梦"等系列宣传教育活动，规划建设一批宣传阵地；深入推进文明单位、文明校园、文明村镇、文明家庭等创建活动；分层推选身边好人、最美人物、道德模范，形成向上向善的良好社会氛围；把握好文艺作品、文化产品的正确导向，利用重大节庆活动，精心策划并推出一批精品文艺力作，编排一批优秀文艺节目，开展好系列文化惠民活动；组织开展微电影大赛等，用中华优秀传统文化浸润人们心灵。加强对文化作品审查、引导和监管，深入开展"扫黄打非"，净化文化市场。

(七) 夯实意识形态工作基础，加强宣传舆论引导

大力宣传习近平新时代中国特色社会主义思想，使当代中国的马克思主义"飞入寻常百姓家"，入脑入心入魂；要结合具体实际培育和践行社会主义核心价值观，弘扬和传承中华优秀传统文化，保障社会主义主流意识形态的主导地位；要主动设置议题，加强宣传舆论引导，创新传播手段和话语方式，开展系列网上主题宣传，采用个性化制作、可视化呈现、互动化传播等方式，展现好网上形象，使网络空间真正成为充满正能量的人民共有的精神家园；要加强宣传领域对民生等热点问题的引导工作，推动网上新闻发布、信息发布和政策解读等机制建设，对于群众关心的社会热点，及时正面发声引导；要加快媒体融合，积极探索在全区建立一个贯通自治区、市、县的新闻加工中心，促进信息内容、技术应用、平台终端、人才队伍、管理服务、共享融通，建设强大的主流舆论阵地。

宁夏未成年人思想道德建设工作调研报告

宁夏回族自治区文明办

为认真学习贯彻习近平新时代中国特色社会主义思想和党的十九大精神，围绕实现"两个一百年"宏伟目标，培养担当民族复兴大任的时代新人，结合自治区"60大庆"重点工作任务，我们采取座谈交流、问卷调查、随机访谈等方式，对全区未成年人思想道德建设情况进行了调研，进一步营造有利于未成年人健康成长的社会环境。

一、宁夏未成年人思想道德建设工作的做法及成效

目前，全区18岁以下未成年人有180多万，约占总人口的26%，中小学校近3000所。党的十八大以来，宁夏高度重视未成年人思想道德建设工作，科学谋划、精心部署、强化责任、狠抓落实，全区未成年人思想道德建设工作取得显著成效。

（一）扎实推进核心价值观铸魂工程

各地各部门积极培育和践行社会主义核心价值观，在落细落小落实上下功夫，在结合渗透融入上求实效。抓好日常学习。坚持把培育和践行社会主义核心价值观贯穿于教育教学各个环节。银川市兴庆区深入社区、学校开展"微宣讲"活动534场解读核心价值观。各学校用喜闻乐见和生动活泼的方式，充分利用班会队会、国旗下讲话、手抄小报、网络微信等载体，让"24字"内容进入思想品德课讲稿、进入学校课堂、进入学生头

脑，推动学习往实里走、往深里走、往心里走。抓好基础宣传。在校园设置核心价值观宣传教育雕塑、LED屏、橱窗和宣传栏，利用教室、校园屋顶、校园围墙等地方，张贴悬挂核心价值观宣传标语，通过全方位多角度的宣传，让核心价值观宣传随处可见。全区共打造核心价值观主题公园35个、主题广场78个、主题街道67个、示范社区64个，成为宣传核心价值观的亮丽风景线。抓好成果转化。深入开展中国特色社会主义和中国梦宣传教育，结合核心价值观"六进"活动，组织开展经典诵读、征文比赛、演讲、专题手抄报等活动，重视发挥学校家庭社区"三结合"作用，强基固本、成风化俗，形成"人人践行核心价值观、争当时代新人"的生动局面。中卫市第九小学《留守不等于失守》德育工作案例入选全国优秀案例。

（二）深入开展思想道德建设主题活动

坚持贴近未成年人思想和学习实际，利用重要时间节点，开展"我的中国梦"和"做一个有道德的人"教育实践活动。丰富活动内容。近年来，全区有超过200万师生参与了网上签名寄语活动，评选表彰了三届共120名"美德少年"；233个学校和126个单位参加了2015年全区"经典诵读·书香宁夏"系列活动。银川市金凤一小、青铜峡市汉坝小学和中宁县九小等学校坚持数十年开展"日行一善"主题活动，弘扬崇德向善正能量。该活动3次在全国文明办主任培训班上介绍经验，2013年起向全国推广，并纳入了全国未成年人思想道德建设测评体系和乡村学校少年宫使用案例。创新活动载体。2014年，以"日行一善"活动为基本素材，创排儿童舞台剧《我要大声唱》在全区巡演55场，受到广大师生和家长喜爱。结合乡村学校少年宫建设，拍摄8集电视专题片《走进乡村学校少年宫》，在宁夏电视台少儿频道播出。中卫四小创新成立学生"道德银行"经验在全区推广。石嘴山市"未成年人零犯罪社区"创建工作影响不断增强，全区有240多所学校开展"零犯罪学校"创建活动，得到中国关工委肯定。拓宽活动阵地。全区共吸收71所中小学校为"做一个有道德的人"主题活动联系点，其中10所学校为全国联系点学校。建成法制教育基地150多个，爱国主义教育基地92个。从2011年起，全区共建成乡村学校少年宫440所，其中中央支持126所，各级自建314所，总投入达6340万元。

（三）充分发挥学校、家庭和社会的教育引导作用

各地积极发挥学校龙头作用、家庭基础作用、社区平台作用，促进未成年人思想道德建设在学校、家庭、社区相互衔接、相互贯通、相互补充，形成综合育人的生动局面。突出学校育人功能。坚持把未成年人思想道德建设融入学校德育教育各个环节，渗透到校园文化建设之中，普遍开设思想道德课程，各学校结合实际编创思想道德建设教材866种。先后开展5次"优秀童谣"征集评选活动，征集优秀童谣，编辑出版了《宁夏童谣作品选》和《我与书的故事》向全区中小学免费赠送。发挥家庭基础作用。各地利用各类家长学校，家校共建、亲子活动等形式，开展内容丰富的活动，引导家长履行好家庭教育的责任。目前，共有家长学校197所、家庭教育指导中心123个、亲子俱乐部及早教中心73个。吴忠市在全市开展"家校共建"，促进未成年人思想道德建设不断发展。搭建社区教育平台。银川市充分发挥社区"四点半学校"作用，帮助实现了学校、社区、家庭三位一体的无缝对接。吴忠市利通区金星镇富平社区家长学校创新开展金色关爱系列活动，针对辖区困难家庭和留守儿童，发动党员认领"微心愿"100多个。中卫市在446个行政村建立了农村"三留守"关爱督导员制度，在50个农村社区建设"儿童之家"。发挥中宁县李文军"爱心小院"和张艳琴"红花小院"的示范引领作用，营造关爱留守儿童、帮助留守儿童的良好社会舆论氛围。固原市利用假期组织社区中小学生到空巢老人、残疾人等困难群众家中，广泛开展形式多样的志愿服务活动，为社区居民关爱他人、奉献社会搭建平台。

（四）合力推动思想道德建设工作提质增效

各地各部门紧密团结、协调配合，多措并举抓好工作落实落地。抓培训。乡村学校少年宫项目实施以来，自治区文明办联合相关部门先后下发了《乡村学校少年宫实施细则》《关于进一步加强乡村学校少年宫建设的实施意见》等规范性文件，先后组织4次调研、8次考核评估和9次推进会，培训项目学校负责人120多人、学校辅导员600多人。组织进行乡村学校少年宫成果展示，表彰奖励了16所优秀乡村学校少年宫和20名优秀辅导员，大力推广和宣传项目建设取得的成绩和经验。开展"科普体验"

和"科技进校园"活动;开展"'非遗'进校园"和"戏曲进校园"活动,引导广大未成年人从小传承中华优秀传统文化。抓创建。把未成年人思想道德建设融入到文明校园、文明家庭创建活动中。石嘴山市把文明校园创建纳入精神文明建设整体布局,指导各学校紧紧围绕一个中心、打造"两课"、贯穿三条主线、深化四个体系、坚持"六个好"标准,进一步提升学校文明程度和师生文明素质。目前,全区有4所全国文明校园、27所自治区文明校园,各地也评选命名了不同层次的文明校园。石嘴山市第一中学被教育部命名为全国首批中小学心理健康教育特色学校。抓巡讲。组成未成年人心理健康宣讲团,在全区中小学校和社区开展心理辅导讲座80多场,近30000名学生、8600名家长和老师聆听受益。依托全区700多名"五老人员",开展"法律进校园"活动,深入学校、社区宣讲法律知识1500多场,听众达63万多人次。目前,全区有222名"五老"担任法制副校长、法制辅导员,300多个关爱工作团有"五老"网吧义务监督员1472名(其中文化市场监督员500名)。中卫市通过组织开展各项社会公益事业,建立"三化机制",推动留守儿童关爱帮扶制度化、多样化、常态化,促进留守儿童健康成长。

二、宁夏未成年人思想道德建设中存在的问题及原因

调研中,我们感到,虽然这项工作取得了良好成效,呈现出较好的发展势态,但是仍然存在一些问题和薄弱环节。

(一)未成年人成长环境日趋复杂

调研中,我们发现,各种不利于社会主义核心价值观的负面因素正在潜移默化地侵蚀和影响着未成年人思想道德的健康发展,随着网络媒体的普及,各种聊天工具、社交网站、新媒体传播方式使得未成年人获取不良信息和影响的方式越来越便捷,途径越来越多。"小网虫"、不良出版物的"小读者"、"小瘾君子"群体越来越多,造成或者引起了离家出走、校园暴力、欺凌、性侵等问题时有发生,未成年人成长环境更加复杂。

(二)忽视思想道德建设的问题依然存在

一些学校和家庭重视学习成绩,忽视品德培养。德育教育没有融入日

常教学中，缺乏专业老师，教育内容针对性不强，教育方式简单粗放，尤其是贫困地区的农村学校情况更加突出。部分学校文化育人有差距，学生课外活动时间被压缩，文化活动、体育锻炼成为软指标。还有一些学校开展心理健康教育不规范，活动不经常，部分学生心理承受能力、抵御挫折能力较差，责任感、集体荣誉感缺失。

（三）学校、家庭、社会"三位一体"合力作用发挥不足

学校作为德育工作的主渠道阵地，与社会和家庭联系沟通不到位、工作协调不够、资源利用不充分，没有形成学校、家庭、社会教育良好沟通协调机制。宁夏作为经济欠发达地区，脱贫攻坚任务繁重，一些地方重视硬件投入，轻视未成年思想道德建设，基层学校普遍师资力量薄弱，这些都严重影响了未成年人思想道德建设工作质量。

（四）未成年人的精神文化需求还存在不平衡不充分的问题

从调研情况看，未成年人对精神文化生活有非常强烈的需求，但目前，未成年人活动阵地建设发展不平衡，分布不均匀，贫困地区以及乡村学校基础薄弱，难以满足精神文化需求。部分活动场所实行免费开放后，资金补贴不到位，开放时间较短，作用发挥不好。

三、进一步加强未成年人思想道德建设工作的建议及对策

面对新时代新要求，未成年人思想道德建设工作必须要有新作为。我们要积极应对新挑战、准确把握新机遇、勇于承担新使命，持续推进未成年思想道德建设工作再上新台阶。

（一）持续推进社会主义核心价值观建设

充分发挥学校、家庭、社会在社会主义核心价值观教育引导中的作用，突出中小学课堂教育主渠道作用，把社会主义核心价值观融入到文明校园、文明家庭创建活动中，体现到学生广泛参与社会实践中，发挥各方面对未成年人进行党史国情教育的作用，把坚定理想信念摆在素质教育的首要位置，贯穿于未成年人教育的各个层面，推动核心价值观教育常态化。把加强爱国主义、革命传统、中华美德和民主法治教育，与传授知识和陶冶情操结合起来，采用未成年人喜闻乐见和生动活泼的方

式，使社会主义核心价值观让未成年人记得住、学得来、做得到，引导他们树立正确的理想信念和世界观、人生观、价值观，促进学生德智体美全面发展。

（二）继续深入开展多种形式主题实践活动

以培育时代新人、弘扬时代新风为要求，从未成年人思想道德建设实际出发，进一步深化组织开展主题实践活动，让未成年人在潜移默化中增强道德观念，培育良好道德品质和行为习惯。推进"我的中国梦"主题实践活动，开展"知党史知国情 爱祖国爱学习——争做新时代好少年"主题实践活动，深化"做一个有道德的人"活动，持续推进"清明祭英烈""学习雷锋 争做美德少年""向国旗敬礼""经典诵读"等活动，深入推进"日行一善"活动，把开展主题活动与组织学生参与社会实践结合起来，增强活动的针对性、有效性和吸引力、感染力，促进未成年人素质养成，内化于心，外化于行。

（三）充分发挥中华优秀传统文化的浸润作用

加大优秀传统文化进校园工程建设，推进京剧、地方戏、"非遗"传承等进校园。发挥公益性文化设施在未成年人思想道德教育中的重要作用和责任，在抓好公益性文化设施向未成年人免费开放规定落实的同时，加大对公益性文化设施运转和管理；要逐年加大政府投入，建设和完善未成年人活动场所落实，增加公益性文化设施免费和优惠开放所需的补偿资金、维护经费投入力度；扶持创作文化精品，满足未成年人精神文化需求；进一步发挥各类新闻媒体、新媒体在未成年人思想道德建设中的重要作用，严格审查面向未成年人的游戏软件，为广大未成年人创造良好的文化教育服务环境；探索实施未成年人社会课堂教育工程，推动形成未成年人健康成长的"第二课堂"。

（四）健全完善未成年人思想道德建设工作机制体制

要健全符合未成年人健康成长需要的思想道德建设体制机制，加强顶层设计，形成工作合力。完善未成年人心理辅导站点建设，抓好未成年人心理健康辅导。推进各级文明校园创建活动，推进学校各项德育工作深入开展。进一步完善学校、家庭、社会"三结合"教育网络，深入推进全区乡村学校少年宫提档升级，完善师资配备等措施，制定评价体系，推进示范性（星级）学校少年宫，建立激励保障机制，提升学校少年宫建设内涵。要加强对"留守儿童"等弱势群体的教育和管理，建立"留守儿童"健康成长社会帮扶机制，完善保障措施。

银川市培育职工社会主义
核心价值观的调研报告

程利云

2018年，习近平总书记在同中华全国总工会新一届领导班子成员集体谈话时强调，要坚持以社会主义核心价值观引领职工，打造健康文明、昂扬向上、全员参与的职工文化。一年来，银川市总工会围绕学习宣传贯彻习近平新时代中国特色社会主义思想和党的十九大精神，把培育职工社会主义核心价值观搭上互联网快车，不断创新宣传教育形式和手段，通过开设宣传专栏、开展线上线下主题教育活动，吸引了全市20多万职工参与，充分发挥了工会组织培育职工社会主义核心价值观，引领职工坚定不移跟党走的教育引导作用，各项工作取得了新成效。

一、银川市培育职工社会主义核心价值观的路径

（一）强化思想引领，夯实广大职工共同奋斗的思想基础

2018年，银川市总工会把学习习近平新时代中国特色社会主义思想和中国工会十七大精神作为核心政治任务，切实增强各级工会干部和广大职工的政治自觉和政治定力，牢固树立"四个意识"，始终坚定"四个自信"。

一是开办先模人物宣传专栏。自2018年2月份开始，在银川市总工会微信公众号上开设了"我身边的劳模""最美工匠""最美劳动者"专题

作者简介 程利云，银川市总工会副主席。

报道每天1期共100期，点击量10万余人次；在《银川日报》和银川电视台开设"凤城最美劳动者"专栏，专题宣传展示先模人物的先进事迹百余人次；邀请劳模走进广播电台801演播厅，向听众介绍他们的先进事迹，在全社会广泛营造学习劳模、尊重劳模、关心劳模、争当劳模的良好氛围。

二是开通网上"职工风采展"窗口。在"银川工会"手机APP客户端开设"职工创新"栏目，内设"劳动模范""五一奖状""五一奖章""工人先锋号""凤城工匠""十佳五小""职工之家""创新工作室"等子栏目，全面展示银川市工会系统各级各类先进典型人物和先进事迹，展示凤城工匠、十佳五小和创新工作室的创新成果，展示全市各行各业职工建功立业取得的成果，自开通以来职工点击浏览近8万人次。

三是开展百名劳动模范网上投票评选活动。4月初，在"银川工会"APP启动银川市百名劳动模范（先进工作者）投票评选活动，吸引28248人参与投票点赞，既宣传了劳模典型正能量，又接受了广大职工群众对劳模评选活动的社会监督，在全社会营造了关心、关注劳模的浓厚氛围。

四是开展网上知识竞答活动。利用"银川工会"手机APP客户端，先后开展了党的十九大精神及党建知识、网络安全知识、中国工会十七大知识等线上知识竞答活动，参与职工近2万人次。

五是举办线下活动线上网络直播活动。在银川发布客户端、"银川工会"APP先后举办了"诵歌献给党"职工朗诵会、职工好声音大赛、职工主题演讲比赛等网上直播活动，线上观看网络直播的职工群众达10万余人次。

（二）强化文化引领，做好全市职工文化培育工作

一是举办"职工大讲堂·百场宣讲活动"。举办了全市工会干部职工学习贯彻党的十九大精神宣讲会，邀请党的十九大代表（劳模）马中贵、市纪委副书记马雪飞、市委宣讲团讲师王传东进行主题宣讲。市总工会班子成员带头到所联系的县（市、区）宣讲党的十九大精神，组织劳模代表、优秀工会工作者成立工会宣讲团，按照"一个单位、一个主题、一次微宣讲"要求，运用"微宣讲"形式，用"小环境"说"大形势"，用"活典型"说"大责任"。注重开展订单式宣讲教育，确保宣讲活动"一场一专题，一篇一风格，一站一课件"。一年来，全市各级工会开展党的十九大精神宣讲活动107场次，参与职工6万余人次，切实把广大职工群众的智慧和力量凝聚到落实党的十九大提出的各项任务之中。

二是举办"职工大讲堂·百堂公益课"。2018年，市总工会开办职工周末学校，利用双休日、寒暑假、国庆假期，邀请区内著名艺术家担任授课教师，为全市职工开办公益性的合唱、钢琴、形体、民族舞、朗诵、计算机操作、国画、硬笔书法、软笔书法、摄影等艺术辅导培训，已达20个艺术门类、22个班次、百余堂培训课程，受到了基层职工的欢迎和好评，吸引了来自全市各行各业3000余名职工热情参与，培养了职工积极向上的文化情趣和艺术修养。

三是持续开展"送文化"进基层活动。市总工会组织职工艺术团深入阅海湾中央商务区中铁城建绿地中心项目工地等重点项目一线开展"工会与职工群众心连心"慰问演出20场次，慰问演出期间，组织志愿者开展了健康义诊、法律宣传咨询、义务理发、安全教育、向建筑工地工人赠送健康大礼包等活动，共计服务职工4000余人次。职工文化活动中心图书馆先后为新华联商圈工会等15个基层流动图书点配置流动图书3000余册，配置期刊20余种800余册，最大程度地用优秀文化作品弘扬主旋律、传播正能量。

四是组织开展丰富多彩的职工文体活动。举办了庆"五一"国际劳动节文艺演出、全市职工"好声音"大赛、"我为大庆添光彩"银川市职工才艺大赛、"迎国庆 展风采"银川市职工才艺展演、《辉煌60载 跨越新时代——寻找银川最美职工朗读者》、全市机关干部职工综合素质技能大赛等活动，服务职工共计8000余人次。举办银川市职工演讲比赛，选拔优秀选手参加"中国梦·劳动美——学习贯彻习近平新时代中国特色社会主义思想和党的十九大精神"全区职工演讲比赛，荣获全区职工演讲比赛一等奖；组织全市13支合唱团队参加2018年宁夏职工"劳动者之歌"合唱大赛，7支团队取得优异成绩。职工群众自编自演，自娱自乐，突出爱国、敬业、诚信、友善、勤劳、节俭等内容，推动社会主义核心价值观不断融入职工文化建设。举办银川市第四届职工运动会，全市各企事业单位68支代表队、3204名运动员参加12大项比赛的角逐，全面展示了银川市职工体育健身成果和昂扬向上的精神风貌。

（三）以社会主义核心价值观为载体，推进基层职工文化繁荣发展

一是建立职工文化活动互动合作联办机制。整合各基层工会的活动资源，联合基层开展职工欢迎的文体活动100余场次，引导各个行业、系统、园区、商圈、协会等集聚区职工广泛参与职工文体活动。市总工会出点子、送活动器械、送服务帮助基层工会组织开展活动，让基层工会减轻了开展活动策划难、组织难、实施难等困难，让基层广大职工得到了实惠。

二是培育职工特色文化示范基地。打造职工文体活动"中心+示范点"模式，同全市"职工大家""职工小家"建设联建联办，以市、县（区）、园区、重点企业职工文化阵地为中心，联建100家有工会特色、设施齐全、功能完善、职工喜爱的文化活动示范基地，普惠服务职工10万人次，让文化活动示范基地成为广大职工陶冶性情、休闲娱乐的乐园。

三是组建市、县（区）、基层工会三级文化服务梯队。通过示范引导、扶持奖励、菜单式服务，充分挖掘各方在文化活动场地、设施、师资等方面的优势，实现资源共享、良性互动。

二、银川市培育职工社会主义核心价值观的特点及成效

银川市总工会积极顺应时代发展潮流，以社会主义核心价值观教育凝聚实现中国梦的强大合力。

一是宣传教育内容和形式更加丰富。"互联网+平台"使培育职工社会主义核心价值观的宣传教育，在内容上涵盖的范围更广，除了常规的理论知识学习，更加注重先模人物事迹、职工创新创造对教育培训对象的潜移默化的影响。变传统的被动式灌输为按照个人喜好主动参与，职工群众参与学习宣传的主动性更强、兴趣更浓，扩大了活动参与面和覆盖面，提升了活动的影响力，凝聚了全市职工力量积极参与网络正能量传播。

二是构建立体式宣传教育模式。实现了"中国梦·劳动美——学习宣传贯彻习近平新时代中国特色社会主义思想和党的十九大精神"主题宣传教育活动全方位覆盖，把传统媒体宣传、线下主题教育活动、线上宣传及答

题抽奖等形式有机结合，构建了立体式的学习宣传教育模式，把培育职工社会主义核心价值观融入到职工的价值追求、职业操守等各个方面，学习宣传的氛围更浓厚。

三是参与方式更便捷，职工参与积极性高。微信公众号、手机 APP 客户端为职工提供了更便捷更全面的服务参与平台，职工可以利用业余时间在手机上关注活动、学习先进、互动交流。

四是活动形式多样、接地气。充分利用微博、微信公众号等新媒体，把学习宣传习近平新时代中国特色社会主义思想和党的十九大精神融入有声势、有深度、有特色的宣传活动，在银川市总工会微信公众号先后开设了自治区银川市"两会"专栏、保卫蓝天专栏、劳模事迹专栏、全国总工会 2018"网聚职工正能量 争做中国好网民"主题活动专栏以及各类服务职工活动，发布信息 500 余条，有效提升了工会的影响力和全社会对工会的认可度。

三、银川市培育职工社会主义核心价值观进程中存在的问题

2018 年，银川市在培育职工社会主义核心价值观方面做了大量的工作，取得了显著成效，但仍然存在职工群众参与不够、手段和方法创新不够、工作融入不够等问题，具体表现为：

一是职工群众对核心价值观的认知认同度有待进一步提高。部分职工特别是青年职工受各种网络思潮及观念的冲击，存在着政治意识薄弱、理想信念缺失、过分看重物质利益、自我规范约束意识不强等问题，在一定程度上存在对社会主义核心价值观虽然认同但未能将其内化为自身的价值观等问题。同时，一些不良的社会现象也冲击着培育的效果。因此，部分职工特别是青年职工对开展的主题宣传教育活动热情主动参与的少、被动应付的多，在参与活动中，也表现出敷衍了事等不佳的精神状态。

二是培育社会主义核心价值观的方式和方法有待进一步创新。新时代的广大职工特别是青年职工独立自主意识强，价值追求多元化，传统的教育方式和方法效果不佳，吸引力、辐射力、影响力不够。

三是在培育职工社会主义核心价值观落实落细落小方面的制度机制有

待于进一步完善。培育职工核心价值观与工会各项重点工作的结合、与企业文化和职工文化建设的融合、与职工生产生活的融入有待于进一步提升，培育和践行职工社会主义核心价值观在日常化、具体化、形象化和生活化上的体现还需要更多的制度保障。

四、对银川市培育职工社会主义核心价值观的思考

培育和践行社会主义核心价值观，是我们党集中全党全国人民共同意愿作出的重大决策，是推进中国特色社会主义伟大事业、实现中华民族伟大复兴中国梦的战略任务。工会作为党领导的工人阶级群众组织，如何引导职工培育和践行社会主义核心价值观是各级工会组织当前和今后很长时期内一项十分重要的政治使命。

（一）把培育职工核心价值观融入"中国梦·劳动美"线上线下系列主题教育活动中

"中国梦·劳动美"系列主题教育活动是推动社会主义核心价值观进基层、进企业、入车间、到班组，在职工中入脑入心的平台。各级工会组织要通过开展"中国梦·劳动美"职工读书征文演讲比赛、合唱比赛、书画摄影展等系列活动，举办方便职工参加的网上"微讲堂""微讲座""微宣讲"活动，开展核心价值观主题格言、动漫作品、微视频等有奖征集和网上投票评选活动，切实增强社会主义核心价值观在广大职工中的影响力、凝聚力、感召力。

（二）把培育职工核心价值观融入弘扬工人阶级优秀品质和劳模精神中

工人阶级的优秀品质根植职工群众，其基本内涵和价值取向易于被广大职工认同和接受。劳动模范和先进工作者是践行社会主义核心价值观的楷模，是广大职工践行社会主义核心价值观的榜样和引领者。工会组织要用正确的思想、进步的观念、先进的文化武装职工头脑，将工人阶级优秀品质转化为职工自觉遵守、内心崇尚的核心价值观，形成内生动力。要通过各类专栏、专题宣传各行各业的先进典型，善于用身边人、身边事感染激励职工，使广大职工在潜移默化中坚定理想信念、陶冶道德情操、养成行为规范。

（三）把培育职工核心价值观融入企业文化和职工文化建设中

广大职工工作生活在企业，企业文化核心价值观是广大职工的精神追求，是企业的魂。社会主义核心价值观与企业核心价值观相互渗透、相互依存、相辅相成。职工文化贯穿于企业文化之中。企业工会组织要通过开展群众性丰富多彩、形式多样的职工文化活动，让职工自编、自导、自拍、自演，使"职工之家"成为广大职工的精神家园和文化乐园。工会拥有服务职工、传播社会主义核心价值观的资源、阵地、平台、载体和工作体系。寓教于乐、寓教于学，培育、激活和传递正能量，搭建职工群众便于参与、乐于展示的活动平台，使社会主义核心价值观成为广大职工的精神需求并转变为自觉行动，用社会主义核心价值观引导职工多样化的思想观念，树立良好道德风尚。

（四）把培育和践行社会主义核心价值观融入工会各项重点工作中

融入职工素质技能提升和建功立业行动。把强化职工素质技能提升作为培养社会主义核心价值观的具体实践，以先进技能武装职工，以优秀文化熏陶职工，以劳模精神引领职工，推进知识型、技能型、创新型职工队伍建设，围绕创新驱动战略，聚焦产业结构优化升级和自主创新能力提升，以"当好主人翁，建功新时代"为主题，深入实施培训、练兵、竞赛、晋级、奖励"五位一体"职工技能提升工程，让职工学技术有激励、创新有扶持、技能展示有平台、待遇有保障，鼓励职工在平凡的岗位上创造不平凡的业绩，在职工队伍中营造比、学、赶、帮、超的浓厚学习氛围，营造崇尚劳动、崇尚技能、鼓励创造的新风尚，使爱国、敬业、诚信、友善的价值观转变为广大职工的职业精神。

融入工会服务职工工作。持续做好工会服务品牌，扎实推进"两节"送温暖、"三八"送温馨、"五一"送关怀和"金秋助学"、"暖冬行动"、在职职工医疗互助等常态化服务工作，健全工会帮扶工作的长效机制。优化"互联网+"工会服务模式，开展多种形式的普惠活动，增强普惠性服务项目的针对性、实效性。开展线上线下高度融合的互动活动，把服务和优惠送到职工身边，叫响做实"卡"惠生活、网联工会、情暖职工主题活动服务品牌。持续深化网上维权帮扶等品牌工作效果，推动职工服务中心

"信访接待、法律援助、法人登记、医疗互助、就业招聘、帮扶救助、服务劳模、工会业务"八大服务项目线上运行。做好职工子女校内课后托管服务工作,解决职工后顾之忧,增强职工群众的获得感和幸福感。

·文化事业·

宁夏农村基层公共文化服务体系建设发展报告

鲁忠慧

农村基层公共文化服务体系建设既是自治区公共文化服务体系建设的重要内容，也是提升宁夏乡村精神文明、提高农民文明素质，实现振兴乡村的重要途径。自2005年党的十六届五中全会首次提出"逐步形成覆盖全社会的比较完备的公共文化服务体系"以来至今的十几年来，随着自治区公共文化服务体系建设向农村、向基层、向贫困地区倾斜政策的切实落地以及公共文化服务与供给体系的建设与不断完善，宁夏农村基层公共文化服务特别是贫困地区公共文化服务得以长足发展和改观。本文研究的农村基层公共文化服务体系建设一般指乡镇、村两级，贫苦地区则包括县、乡镇及村三级公共文化服务体系的建设发展情况。

一、宁夏农村基层公共文化服务体系建设成效

自治区党委、政府一直以来就把公共文化服务体系建设作为改善民生的重要方面、作为提高百姓幸福指数的重要指标、作为全面建设小康社会的重要内容，通过广播电视村村通工程、农村电影放映工程、文化信息资源共享工程、农家书屋工程、乡镇综合文化站建设等文化惠民工程加速向基层的延伸，使宁夏农村基层公共文化服务体系建设驶入快车道，农村基层

作者简介 鲁忠慧，宁夏社会科学院文化研究所所长、研究员。

公共文化体系建设方方面面都实现了新突破，不断凸显出公共文化服务体系建设标准化、均等化、便利化等特点，由此农村地区、贫困地区公共文化体系建设中的薄弱点及短板持续向好发展，文化建设在共建中持续扩大共享的覆盖面，农村基层群众享受文化权益的机会大大提升。

（一）宁夏农村基层公共文化基础设施网络建设成效

"十二五"时期，宁夏公共文化服务基础设施建设重心开始下移至乡镇综合文化站、村文化活动室、综合文化服务中心标准化建设方面，加大了对农民文化大院和移民新村文化活动室的扶持力度，通过新建、改扩建原有设施等多种举措，通过提升文化设施的达标率和利用率，持续加快推进宁夏农村基层公共文化设施标准化均等化建设水平。

1. 乡镇综合文化站建设成效

覆盖乡镇、村两级的公共文化设施网络体系已基本建成。乡镇综合文化站实现全覆盖。宁夏现有乡镇193个，截至2017年年底，已建成193个乡镇综合文化站，文化站设置率达100%，达标率88.6%。

2. 农民文化大院建设成效

截至2017年年底，宁夏有农民文化大院730个，其中，经政府文化部门扶持，具有较好基础条件、能经常性开展活动的有410个。

3. 农村文化活动广场建设成效

截至2017年年底，自治区乡镇（街道）广场建成211个，村（社区）广场建成2433个。

4. "非遗"技艺传习场所建设成效

截至2017年年底，宁夏有相对集中、固定的民间"非遗"技艺传习场所133个，自治区建立了对自觉履行传承义务、积极开展传习活动的优秀传习场所以奖代补给予2万元、代表性传承人给予3000元补贴的机制。

5. 宁夏贫困地区县、乡镇、村三级公共文化设施网络建设成效

中南部9个贫困县（区）公共文化服务体系建设一直是自治区公共文化服务体系建设中的弱项。"十三五"时期，自治区根据国家公共文化设施建设标准和贫困地区实际情况，立足基层，突出扶贫，以基础设施相对薄弱的中南部9县（区）为切入点，全面推进县（区）图书馆、文化馆建

设,加大资源整合力度,采取盘活存量、集中利用和规划新建等方式,推动贫困地区乡镇综合文化站和村综合文化服务中心全覆盖、标准化建设。通过改建、维修、提升功能等,提高已有设施的达标率和利用率,通过新建,集中力量消除设施的空白点,提升设施的覆盖率,截至2017年年底,"两馆"覆盖率达到83%,建成标准化乡镇综合文化站32个,覆盖率达87%,特别是通过实施村综合文化服务中心文化扶贫工程,1266个村综合文化服务中心建成,实现了文化设施到村、文化服务到户、文化普及到人、文化扶贫到"根"的"四到"目标,在全国率先实现了贫困地区村综合文化服务中心全覆盖。通过完成自治区文化民生实事,扶持建设了示范性农民文化大院278个、"非遗"传习场所151个。

宁夏9个贫困县(区)公共文化设施建设成效表

文化设施	个数(个)		项目	单位	2017年
	建成	达标			
文化馆(9个)	7	7	设置率	%	100
			达标率(部颁二级以上)	%	78
图书馆(9个)	8	6	设置率	%	100
			达标率(部颁二级以上)	%	67
乡镇文化站(103个)	90	90	设置率	%	100
			达标率	%	87
村综合文化服务中心(1266个)	1266	716	覆盖率	%	100
			达标率	%	57
农民文化大院				个	278
"非遗"传习场所				个	151

6. 广播电视村村通、户户通工程建设成效

宁夏自1999年开始实施广播电视"村村通""户户通"工程,以2011年年底在全国率先基本实现直播卫星公共服务"户户通"目标为标志,使全区2317个村、约80万户、300万人能免费收看到67套电视节目、收听十几套广播节目,实现了广播电视"村村通"到"户户通"的历史性突破。至此,自治区基本解决了农村基层群众听广播、看电视难的问题,有力地推动了我区农村基层公共文化服务体系建设。

7. 宁夏农村民间文艺团队建设成效

截至 2017 年年底，宁夏有各类民间文艺团队 1136 支，主要分布在乡镇（街道）、村（社区），每个团队人数 20—50 人。

（二）宁夏农村基层公共文化服务和产品供给现状

1. 依托乡镇综合文化站的公共文化服务与产品供给情况

据不完全统计，全区乡镇综合文化站年均累计开展各类群众文化活动 37068 场次，指导发展民间文艺体育团队 1075 个常年开展活动，以乡镇文化站为主要资源供给平台，提供公共文化服务惠及群众年均约 530 万人次。乡镇综合文化站实现了无障碍、零门槛进入。

2. 依托农村电影放映工程的公共文化服务与产品供给情况

全区 2005 年在全国率先实现"一村一月放映一场电影"的目标，2008 年实现了"一村一月放映一场数字电影"的目标，成为全国首个实现农村电影数字化放映的省区。2009 年以来，每年都提前超额完成在全区农村放映电影 4 万场的任务。

3. 依托文化信息资源共享工程的公共文化服务与产品供给情况

2008 年年底，宁夏文化信息共享工程完成了村镇共享工程服务站点的建设。目前，乡镇基层服务站 192 个，行政村信息化服务点 2362 个，初步建立了层次分明、互联互通、多种方式并用的数字文化服务网络。由此，全区农村基层群众就能在更多更大范围内，通过便捷、快速的网络化途径满足自身的文化需求。

4. 依托文化、科技、卫生"三下乡"活动的公共文化服务与产品供给情况

自 1996 年"三下乡"活动开展以来至今，自治区为农村基层百姓送去丰富多彩的文化活动，"百乡千场"送戏下乡每年演出 1600 场以上，还持续为示范性农村文化室、农村文化大院、农村示范性文艺队和生态移民点配送一批批图书和文化活动器材。

5. 依托民间文艺团队的公共文化服务与产品供给情况

宁夏农村民间文艺团队依托乡镇（街道）综合文化站、村（社区）综合文化服务中心等公共场所开展活动。每年自办和参加有组织的各类群众

性文化展演活动近4万场次，参与表演总人数达3.7万人次。

6. 依托农民文化大院的公共文化服务与产品供给情况

据统计，宁夏农民文化大院每年自发性的文化活动达1.8万场次以上，这些文化活动为丰富当地农村基层百姓的文化生活，引领乡村新风尚，提升乡村文明，发挥了积极有效的作用。

7. 宁夏文化"大篷车"成为农村地区人民群众享受公共文化产品与服务的重要路径

自1984年文化"大篷车"开展送演出下乡活动以来的30多年，文化"大篷车"在自治区农村基层持续流动送演出，把农民关心的事，用农民看得懂、听得懂的方式，送到百姓家门口，让农村的千家万户真真切切地感受到了文化惠及百姓的益处。

(三) 宁夏农村基层公共文化服务体系建设中管理人才队伍建设成效

公共文化服务人才队伍建设是自治区农村基层公共文化服务体系建设的重要内容，也是农村基层公共文化服务体系建设持续向好发展的关键，为了补齐人才短板，宁夏探索建立并不断完善农村基层公共文化人才培育、培训以及与招募文化志愿者驻乡入村、"三支一扶"、"三区"人才扶持计划等相结合的常态化人才培养和输送机制，农村基层公共文化服务体系建设人才队伍局面较以前有了很大的改观，取得了明显成效。

1. 乡镇综合文化站管理人员队伍建设情况

截至2016年年底，全区乡镇综合文化站从业人员413名，其中乡镇在编干部365名（163名兼职）、外聘大学生村官和志愿者48名，平均年龄44岁。总体来看，各县（区）采取指定乡镇干部兼职、购买公益岗位、聘任、委托文化能人管理等形式，基本达到每个乡镇都有1—3名工作人员。

2. 宁夏贫困地区公共文化服务人才队伍建设情况

一是建立区、市、县三级培训机制，每年宁夏依托各级文化馆、图书馆和艺术职业学院对贫困地区文化人员至少集中培训1次，培养发展乡土文化能人和民间艺术传承人。二是实施"一员三能"提升工程，加强对贫困地区文化管理人员和文化骨干的培训，提升政治素养、专业技术和服务管理能力。三是实施"阳光工程"农村文化志愿者行动计划。2016年以来，分别累计招募 79 名农村文化志愿者和乡村学校少年宫辅导教师 15 名，安排他们到贫困县（区）村综合文化服务中心和乡村学校开展文化志愿服务工作。四是实施"三区"人才支持计划。2013 年以来，累计选派 880 名专业人才到贫困县（区）文化开展单位辅导培训工作，培养基层文化骨干。五是要求乡镇综合文化站和村综合文化服务中心必须配备专职文化专干，同时采取下派文化辅导员、文化能人代管、购买公益岗位、招募文化志愿者驻乡入村协助等办法强化贫困地区文化人才力量。六是 2017 年，自治区财政支持贫困地区村综合文化服务中心招聘 716 名文化专管员，集中培训上岗开展管理服务工作，每年每人补贴 6100 元，基本实现了贫困地区文化工作"有人抓、有人管、有人干"。七是进一步加强农村非专业电影放映队、非专业演出队以及义务文化管理员、社区文化指导员等业余队伍的培训。

二、农村基层公共文化服务体系建设中存在的主要问题

在国家的统一部署，有步骤地推进实施，自治区的大力推动下，宁夏农村基层公共文化服务体系建设以完成目标任务为抓手，不断实现新突破、取得新成效。进入新时代，在"建"已经步入改建、扩建的提升阶段，如何全面提高农村基层公共文化设施"管与用"的效能，就需要认真分析研究宁夏公共文化服务体系建设中存在的问题，明确当前所面临的挑战。

（一）农村基层政府对公共文化服务体系建设及管理的重视程度还有待提高

在农村公共文化服务体系建设过程中，基层乡镇政府更重视经济建设而忽视文化建设，个别乡镇领导在思想认识上视文化工作为非农村工作的硬指标，未从经济与文化协调发展的高度去思考，未形成"大文化"的共识，从而造成了对文化工作重视不够、支持不够的现象，乡村文化工作被边缘化，严重影响了农村基层公共文化服务体系的建设与发展。

（二）公共文化的管理服务机制有待进一步健全完善

目前农村基层公共文化管理服务机制不够健全，乡（镇）综合文化站、村文化室（综合文化服务中心）的管理、服务效能整体上都处于较低层次的粗放化的管理水平。由于管理机制的不健全和后续服务的不到位，导致

一些乡（镇）综合文化站、村文化室（综合文化服务中心）时常处于关门状态，文化信息共享工程缺乏后续软件的更新支撑和维护，造成这些公共文化设施使用率低下、使用效能不高的现象发生，管理效能与利用率成为今后亟待提高的短板。

（三）公共文化设施仍存在补齐"短板"的问题

在国家公共文化服务体系建设的大力推动下，虽然农村基层的公共文化设施标准化均等化水平不断提高，公共文化设施数量质量快速提升，但还有些乡（镇）综合文化站和村文化室（综合文化服务中心）的内部功能室不健全，设备配置不达标，文化活动器材少，信息共享电子设备缺乏更新，这对于群众文化活动的开展形成了一定的障碍。贫困地区乡、村公共文化设施仍然不足，多数基础设施建筑规模偏小，一些公共文化建筑设施面积仍然达不到国家标准。

（四）公共文化服务中数字文化建设滞后

在农村基层地区公共文化建设中仍然存在公共数字文化服务网络不完善、重点工程缺乏有效统筹、社会力量参与不足、服务效能不高等突出矛盾和问题。大多数基层公共文化设施缺乏数字文化的提档升级，有些地方存在着无线网络覆盖不够，有些地方统筹推进数字文化工程建设滞后，有些地方没有建设基层综合性数字文化服务平台，有些地方鼓励社会力量参与公共数字文化建设等有针对性有效性对策缺乏。贫困县（区）"两馆"、乡镇综合文化站等公共文化设施数字化服务平台尚未建设。

（五）公共文化服务体系建设的创新度有待提高

农村基层公共文化服务体系建设过程中如何从基层群众的实际需求出发，充分考虑基层百姓特点、体现基层群众意愿，不断创新内容，创新形式，创新手段，多提供农民群众看得懂、用得上的文化产品不够；如何创新方式激励基层群众从"旁观者"变成"参与者"，想参与、要参与、乐于参与的共建共享的自主参与的方法不多；在培育多姿多彩的文化活动形态过程中，更好地满足群众需求的文化项目创新、文化活动创新、文化载体创新度欠缺；充分利用"互联网+""两微一端"促进基层百姓线上线下互动，农村基层公共文化数字化建设创新滞后，无障碍零距离享受现代公共文化服务的方式创新需要进一步紧跟时代发展潮流。

(六) 公共文化专业管理人才缺乏

农村基层公共文化服务领域缺少专业的文化管理人员，人才队伍力量薄弱、文化素质较低。一些乡（镇）综合文化站和村文化室（综合文化服务中心）的文化设施管理员身兼数职，不能全身心地投入到文化工作中去。一些乡（镇）综合文化站和村文化室（综合文化服务中心）的文化设施管理人员知识水平有所欠缺，专业技能较低。一些乡（镇）综合文化站和村文化室（综合文化服务中心）的文化设施管理人员队伍流动性很大。目前，宁夏乡镇文化站共有413名管理人员，虽然基本达到一站1—3名工作人员要求，但整体存在着管理能力不强、服务水平不高等问题。

(七) 公共文化建设的财政保障能力有限

宁夏属于国家西部欠发达省区，农村特别是贫困地区的市县（区）财力普遍薄弱，自身财政支出能力不强，除中央补助每个文化站4万元和地方财政配套1万元资金能够保证按时到位外，全区各级财政还未建立稳定长效的资金投入机制，文化投入渠道单一，社会力量支持文化事业发展的氛围还未形成，在公共文化设施建设、运营与维护，尤其乡镇综合文化站、村综合文化服务中心开展活动经费和工作人员劳务费等方面，地方财政困难，投入能力有限。

(八) 公共文化服务管理的考核监督机制还有待进一步建立健全

目前宁夏农村基层公共文化服务体系建设尚未形成一套行之有效的考核监督机制，即使有的地区建立了考核监督机制，却并没有真正将公共文化服务体系建设与绩效考核紧密结合。信息反馈机制是提升和完善公共文化服务体系的重要途径，目前在农村基层公共文化服务体系建设中，信息反馈机制严重缺失。公共文化服务体系建设过程中，如果出现的问题得不到有效沟通和及时反馈，在很大程度上就会影响到考核监督机制的有效度可信度。

三、进一步提升农村基层公共文化服务体系建设的路径

近年来，对农村基层特别是贫困地区公共文化服务体系建设方面财政

投入持续增长，随着农村基层文化基础设施的标准化均等化水平的不断提升以及提供给农村基层的公共文化产品和服务多元化多样化，农村基层百姓的文化生活与以前比较更加丰富多彩，但农村公共文化服务体系建设中在建、管、用中出现了新的发展不充分不平衡的问题，随着标准化均等化的提升，建与管、用相比已处于发展相对成熟阶段，管与用相对薄弱，有待于加强。同时，农村基层公共文化服务体系建设属于公共文化服务体系建设中短板，因此，尽快补齐这块关键性的"短板"，探索完善健全自治区农村基层公共文化服务体系建设的创新路径，破解阻碍发展的瓶颈，不断满足农村基层群众享受文化权利的新需求，是推进实现自治区提出的脱贫富民战略和扎实推进文化繁荣发展目标的要求。

（一）不断提高县、乡镇领导对农村基层公共文化体系建设的重视度

宁夏农村要将各县（区）和乡镇政府领导纳入文化部和自治区文化培训计划，每年定期分批举办公共文化服务体系建设县（区）长、乡（镇）长培训班，通过解读文化经济政策、组织现场观摩学习、开展座谈交流等方式，解决县（区）、乡镇政府层面一些领导思想观念上的重经济、轻文化问题，切实提高对基层特别是对乡镇、村这些基层公共文化服务体系建设重要性和紧迫性的认识。

（二）以创新驱动推进公共文化服务管理的体制机制的不断健全

党的十九大报告提出，"创新是引领发展的第一动力"。因此，要实现农村基层公共文化服务体系可持续发展，就要立足于以人民为中心的思想基础，以创新的思维，坚持以问题为导向，健全完善农村基层公共文化服务体系长效机制，针对基层公共文化服务管理的新情况新问题，统一指导、因地制宜，兼顾共性与个性，制定完善基层公共文化服务管理制度和服务标准。

（三）丰富公共文化服务供给渠道，创新供给服务机制

现阶段，农村基层公共文化产品与文化服务供给标准化较多，个性化的特色服务与供给较少，而农村群众因受到不同的经济发展水平、收入水平、教育程度、闲暇时间以及不同的性别、年龄、价值观念、兴趣偏好等影响，带来基层群众多层次、多元化的文化需求，由于供给侧与需求侧的错位，造成公共文化产品供给和群众需求不匹配、不对接等问题。农村基层要不断探索创新建立公共文化服务运行机制，促进建、管、用协调发展，要灵活采用有效办法，促进公共文化服务均衡发展。对文化活动不够丰富、文化生活相对单调的农村基层，加大政府购买力度，资助民间文艺团队、农民文化大院等群众自办文化和补贴演义团体和文化企业等社会力量举办各类展演活动等办法。要创新公共文化服务供给与群众文化需求之间机制，形成二者之间良好对接和互动，建立任务清单，经常性对接当地群众文化需求实际，实施精细化"菜单式""订单式"服务模式，多提供针对性强的精准供给，使得文化设施设备的功能得到有效发挥。建立公共文化服务城乡联动机制，实现公共文化服务供给的均衡发展。

（四）加强公共文化服务数字化建设

一是要提档升级农村基层公共数字文化设施。将文化信息资源共享工程的乡镇服务点建设和贫困县（区）公共图书馆纳入到公共数字文化建设中，消除服务"盲点"，实现提档升级，助力文化扶贫。二是提升公共文化数字供给的精准度。以农村基层公共数字文化资源配送活动和数字图书馆精准帮扶专项活动为依托，通过公共数字文化资源、产品"点对点"的配送，提升公共数字文化服务的精准度。三是通过新媒体向青少年、农村基层群众提供数字图书馆服务。四是要制定出台相应的政策，调动科技企业、社会力量参与公共数字文化建设的积极性。

（五）增强农村基层公共文化服务体系建设中群众的主体意识

随着农村基层享受文化权益的自主性提高，农村群众从被动接受正在逐渐转变为主动参与公共文化服务，群众自创、自演、自看渐成风气。各级政府和公共文化服务机构一些重大文化惠民工程"送"给老百姓的服务和产品，要改变将农村群众当作"观众"，拘囿于政府统一标准"送文化"外部程式输入的方式，形成人民群众想参与、易参与的发展环境，就要创新公共文化服务体系的建设机制，从而保障农村百姓在公共文化服务体系建设中的事先需求表达权、事中实施监督权和事后绩效评估权，激励群众从"旁观者"变成"参与者"，解决"送文化"与"种文化"的错位问题，删除公共文化服务中存在的"无根化""泡沫化"的现象，同时充分发挥

"乡贤文化"资源，探索实践"乡贤文化发动"模式，由此让农村基层群众成为公共文化服务体系建设的真正主体和服务主体。

(六) 健全完善提高公共文化服务人才队伍的综合素质和管理水平的机制

提高公共文化服务人才队伍的综合素质和管理水平，就要在提高公共文化服务管理人员能力的基础上，整合分散在公共服务领域的人力资源，齐抓共管，形成合力，使现有人员尽其才有所为，以培训人才机制提升乡镇文化站及村综合文化服务中心（村文化活动室）管理人员综合素质和能力水平，以培育人才机制保障农村基层公共文化服务人才队伍的持续健康的发展。

(七) 进一步健全各级财政资金支持农村基层公共文化服务体系建设的保障机制

通过加大对农村基层财政投入力度，进一步发挥自治区公共财政资金在消除城乡、不同人群之间享受公共文化服务的不均衡性的作用，体现政府财政在实现公共文化服务标准化、均等化的影响力。一是自治区、市、县三级财政，应明确公共文化服务体系建设资金在财政预算所占比例和年度增长率，加大农村基层公共文化建设的投入比例，尤其是应重点向乡镇文化站、村文化室、文化大院（文化中心户）倾斜。二是建立农村基层公共文化服务体系建设的经费保障机制。建议建立针对基层管理人员的培训专项资金，建立针对农村弱势群体的文化低保工程的专项资金等，以此提高公共文化服务均等性的含金量。三是自治区财政要有重点、有倾斜地给予体制外的文艺宣传队伍的资金支持，提高资金支持的力度，调动其宣传增强"四个意识"、坚定"四个自信"、党的政策方针、主流价值观等的积极性。农村基层公共文化服务体系建设，要充分发挥和利用好当地群众的话语体系传播习近平新时代中国特色社会主义思想。

(八) 不断健全完善农村基层公共文化服务体系建设的评价监督机制

现阶段，公共文化服务体系建设的绩效评价监督机制的建立步伐远远滞后于公共文化服务体系建设的实践步伐，随着公共文化服务体系建设的不断推进，亟待建立起公共文化服务体系建设的系统性科学性的评估监督机制。绩效评价监督机制是公共文化服务体系建设从粗放化阶段走向精细化建设阶段的关键环节，建议自治区探索性地逐步建立以考核为手段、以目标为导向、以群众为评价主体的客观科学的评价监督机制，推动农村基层公共文化服务体系建设从粗放化阶段向精细化阶段的有效转型。

（九）借力新时代文明实践中心的建立，进一步提升农村基层公共文化体系建设的综合水平

为更好地推动习近平新时代中国特色社会主义思想以及党的十九大精神在农村基层的宣传，通过有效传播，凝聚群众、引导群众，以文化人、成风化俗，解决农村思想政治工作的薄弱点，进一步强化农村精神文明建设，2018年7月6日中央全面深化改革委员会第三次会议强调指出，建设新时代文明实践中心是深入宣传习近平新时代中国特色社会主义思想的一个重要载体，2018年8月21—22日全国宣传思想工作会议进一步强调了建设新时代文明实践中心对完成举旗帜、聚民心、育新人、兴文化、展形象宣传思想工作这一历史使命的重要性、迫切性。目前，国家已选择了50个县（市、区）作为建设新时代文明实践中心的地方试点，虽然自治区此次没有被纳入到县（市、区）地方试点之列，但新时代文明实践中心建设即将成为必然，农村基层必将成为新时代文明实践中心建设的核心与重心，作为传播中国特色社会主义文化、中国特色社会主义思想的重要路径的农村基层公共文化服务体系建设，也必将成为新时代文明实践中心建设的重要内容。《关于建设新时代文明实践中心试点工作的指导意见》中明确指出要盘活资源，统一调配使用环节是新时代文明实践中心的核心、重中之重的环节，建立统管统配统调使用资源的有效运行机制，推动现有权属不同的资源实现建、管、用的全面转型升级，就能切实有效发挥农村基层公共文化服务体系现有基础设施资源、队伍资源的效能，从而使习近平新时代中国特色社会主义思想在自治区大地落地生根，结出丰硕成果。自治区农村基层公共文化服务体系建设应借力新时代文明实践中心有效的资源调配运行机制的建立，进一步提升农村基层公共文化服务体系建设的综合水平，为更好地用中国特色社会主义文化、中国特色社会主义思想道德牢牢占领农村思想文化阵地发挥应有的作用。

宁夏公共文化服务体系建设转型升级的重要途径

——以吴忠市创建国家公共文化服务体系示范区为例

杨玉洲　丁晓军

近年来，宁夏立足实际、抢抓机遇，以创建国家公共文化服务体系示范区为突破口，先后组织实施四批文化示范区创建工作，有力地助推了全区公共文化服务体系建设的转型升级，文化软实力显著增强。2018年下半年，吴忠市创建国家第三批公共文化服务体系示范区工作顺利通过了文化和旅游部的终期评估验收。

2015年7月，吴忠市被文化部、财政部确定为第三批国家公共文化服务体系示范区创建城市。创建工作启动以来，吴忠市认真贯彻落实党的十九大精神和《公共文化服务保障法》《公共图书馆法》以及中办、国办《关于加快构建现代公共文化服务体系的意见》，严格对标抓创建，精准发力促创建，全面完成创建任务，实现了公共文化服务的转型升级发展。创建期内，全市共投入19.2亿元用于重大公共文化项目建设、基层综合性文化服务设施完善和公共文化服务供给，建设了一批标志性文化建筑，打造了一批特色文化品牌，推出了多部文艺精品，举办了系列大型文化活动，同时开展了"民族地区（吴忠市）特色公共文化产品生产与推广机制"课

作者简介　杨玉洲，吴忠市文化体育新闻出版广电局局长；丁晓军，吴忠市文化体育新闻出版广电局文化科科长。

题研究，全市公共文化服务体系建设取得了显著成效。先后荣获全国优秀文化馆、全国新闻出版系统先进集体、全国"扫黄打非"工作先进集体、全国体育系统先进集体、中国国际文化艺术旅游博览会先进集体和"国家公共文化服务体系示范项目"等称号，被誉为"泉水边穿越万年的古营地和遗珍"鸽子山遗址入选"2016年度全国十大考古新发现"。2017年10月宁夏引黄古灌区成功入选世界灌溉工程遗产名录。

一、示范区创建基本情况

（一）对标创建，提档升级，设施网络体系覆盖城乡

高标准推进文化场馆和阵地建设。投资16亿元建成宁夏黄河奥体中心（128000平方米）；新建吴忠美术馆、红寺堡区文化馆、图书馆、体育馆；青铜峡市文化馆、图书馆；盐池县文化馆、图书馆；同心县图书馆、博物馆；改扩建利通区文化馆、图书馆。目前建有市级文化馆、图书馆、博物馆、美术馆、剧院、非遗展示馆各1个，建有县（市、区）文化馆5个、图书馆5个、博物馆14个，市、县（区）两级公共文化服务设施设置率100%，100%建成并运行。2017年相比2015年阵地新建，文化馆增加66.7%，图书馆增加83.3%，博物馆增加33.3%。市文化馆、图书馆继续保持部颁一级馆标准，五个县（市、区）文化馆、图书馆均达到部颁三级以上标准。

推进乡镇（街道）综合文化站建设。全市共有单独设置的乡镇综合文化站43个，站舍面积均达到300平方米。2017年相比2015年单独建站增加60.4%。文化站均设有多功能厅、图书室、电子阅览室，室外活动场地完备率达80%以上。

推进村综合文化服务中心建设。全市建成集党员教育、宣传文化、教育科技、体育健身、民政卫生为一体的村（社区）综合文化服务中心518个，设置率达90%，且面积均达到200平方米以上，并建成1000平方米以上文化活动广场430个，2017年相比2015年阵地新建增加73.2%。经过三年创建，全市已形成了覆盖城乡、功能齐全、设施先进、实用高效的四级公共文化服务设施网络。

文化服务供给丰富多样。文化惠民好戏连台，扎实开展网络春联征集、

微电影评选、"诗韵端午""孝行天下"经典诵读、广场舞PK、"公共文化我参与我快乐"书画摄影评选、塞上明珠冰雪文化节、"黄河岸边吼一声"秦腔联赛、黄河文化周、"戏曲进校园"等一系列群众文体活动。

群众文化广场活动精彩纷呈,"滨河百姓大舞台""百姓舞台·多彩利通""魅力红寺堡""金岸明珠大舞台""唱响中国梦·舞动古盐州""活力之乡·花儿同心"等品牌广场文艺每年演出300多场次,观众达80万余人次。

公共文化服务形式不断创新,针对少数民族群众聚居区实际,在符合条件的610个宗教场所开设了"文化书屋",充分发挥传统文化、社会主义核心价值观在增进民族团结、促进社会和谐中的积极作用。

精品文艺创作既有"高原"也有"高峰",自创建以来,全市先后创作了100余部音乐、舞蹈等新编精品剧目,其中22项获得国家、自治区级奖项,整体创作量较未创建前提高了40%,优秀作品率同比提高了30.6%。打击乐《塞上鼓韵》荣获2016年太原全国锣鼓邀请赛银奖;眉户小戏《人间总有真情在》入选2017年文化部戏曲剧本孵化计划项目;秦腔剧目《过草地》代表宁夏赴京参加纪念红军长征胜利80周年演出;音乐舞台剧《李进祯》深入脱贫攻坚地区公开巡演60余场次;舞蹈《夯墙乐》《盖碗飘香》获中国·宁夏第四届舞蹈展演"沙枣花"荣誉称号;舞蹈《塞上花儿心中的歌》《锦鸡林》《美咋咧》获第二届全区少数民族文艺汇演一等奖。

全民健身活动"遍地开花",先后成功举办了七届宁夏黄河金岸(吴忠)国际马拉松赛、三届全国沙滩排球巡回赛、四届沿长城全国自行车邀请赛及"拜水青铜峡·感恩母亲河"大型实景演出、"高空王子阿迪力"横跨黄河大峡谷等重大赛事活动。

服务效能不断提升普惠全民。制定出台了《吴忠市基本公共文化服务实施标准》,以"公共文化服务进慈善产业园区"示范项目为抓手,实施盐同红集中连片贫困地区文化扶贫工程和"菜单式""流动式"文化服务项目。全市"三馆一站"全部实现免费开放,并做到节假日正常开放,实施错时延时免费开放。市级图书馆可用数字资源达到30TB,县(区)级图书馆可用数字资源达到4TD。"黄河善谷·文化助残""书香吴忠·全民阅读"

"四点半学堂""文化直通车""大手拉小手""结对子·种文化""文化和自然遗产周"等一批公共文化服务项目开花结果。

文化科技实现融合发展。统筹国家文化信息资源共享、数字图书馆、博物馆建设、直播卫星广播电视公共服务、农村数字电影放映、数字农家书屋以及市、县、乡、村四级公共文化数字资源,依托"智慧城市"实施初步建成了吴忠公共数字文化云平台。目前共建成市县两级图书馆网站6个,文化馆网站6个,博物馆网站6个,市图书馆、文化馆、博物馆建有9个地方特色数字资源库,全市乡镇综合文化站、村综合文化服务中心实现了Wi-Fi无线网络全覆盖,广大群众可以通过智能移动端、PC端、公共电子阅览室、手机等多种形式享受数字资源服务,在基层实现了互联互通、共建共享,形成了覆盖城乡的数字文化服务网络。

社会支撑体系协同有力。制定《吴忠市政府购买公共服务指导性意见》和购买目录,将政府购买公共文化服务资金纳入财政预算,每年投入200万元实施政府购买文艺演出送基层服务,吸引了大量社会演出团队参与公共文化服务供给。通过政府引导、专业策划、市场运作的国际马拉松赛、全国沙滩排球巡回赛、山地自行车赛等重大赛事成功举办。市级美术馆引入社会力量运营,吸引社会资本修缮完成长城关、古城墙和豫海回族自治政府旧址。全市注册星级文艺团队180支,组建了文艺表演、文化辅导等22个文化志愿者服务团队,开展了一批以"文化服务阳光行动"为代表的文化志愿服务项目,涌现出了非遗传承人李夏英、赵文花、谢芳等一批"全市最美志愿者"。市宣传文化中心互善联盟爱心公益社团、市民族书画院文化志愿者服务队被评为"全市最佳志愿服务组织",形成了政府主导、社会参与公共文化建设的生动局面。

服务体制机制日臻完善。成立了以市委书记任组长,市长任常务副组长,宣传、发改、财政、文体新广等24个部门单位负责人为成员的创建工作领导小组,与各县(市、区)分别签订创建责任书。制定出台了6个过程管理制度办法,市委常委会、市政府常务会、市长办公会、市人大、政协等先后36次对创建工作进行专题研究部署,主要领导和分管领导先后对县区进行了13次集中督导,召开联席会议36次,形成了共建合力。市文化馆、图书馆法人治理结构改革成效明显，分别组建了市文化馆、图书馆理事会。2018年吴忠市五届人大常委会先后对全市公共文化基础设施建设和市文体新广局工作进行了评议，均给予满意评价。创建过程中征集创建标识，开通创建二维码，在新华网开设创建专网，印发创建信息530余期，《新华每日电讯》《人民日报》《光明日报》等各级各类报纸媒体刊登报道330余期次。发表《中国文化报》专刊2期、《宁夏日报》专刊2期、《宁夏画报》专刊3期、《吴忠日报》专刊54期。制作创建宣传片3部，开设《吴忠文体风》专栏，制作宣传条幅1600余幅，宣传单10万余份，口杯、抽纸、手提袋、文化志愿者服装等20000余个（件），形成了强大的舆论声势。

（二）创新引领，亮点纷呈

在示范区创建过程中，吴忠市以先行先试、探索经验、提供示范为己任，积极探索公共文化服务的新模式、新思路、新方法、新举措，形成了一批具有典型示范意义和推广价值的创新工作和特色亮点。

——聚焦文化扶贫实现贫困县区村综合文化服务中心全覆盖。将文化脱贫行动计划纳入"十三五"规划重点建设项目，按照"七个一"建设标准，投入资金2.5亿元，使盐同红三县区所有村均建成标准化的村综合文化服务中心，实现了文化设施到村、文化服务到户、文化普及到人、文化扶贫到"根"的目标。红寺堡区、盐池县、同心县荣获自治区文化扶贫工作先进县（区）。这一亮点工作先后被《人民日报》《光明日报》等各大媒体宣传报道。

——创造了搬迁脱贫地区公共服务体系建设的"红寺堡样本"。红寺堡区是全国规模最大的异地搬迁移民安置区。吴忠市在落实党中央国务院"异地搬迁脱贫一批"的扶贫攻坚战略过程中，坚持物质脱贫和扶智扶持相结合，把公共文化服务体系纳入移民安置区建设总体规划，高标准兴建了公共文化基础设施，群众文化活动丰富多彩，为全国贫困地区移民集中安置区公共文化服务体系建设树立了标杆，创造了可复制的经验。

——"公共文化服务进慈善产业园区"示范项目备受关注。推行部门联动，帮助慈善园区建设公共文化设施，制定"公共文化服务菜单"，开展

10 项上门免费服务，先后荣获"国家公共文化服务体系示范项目""全国文化志愿服务推进年系列活动示范项目"等称号，目前仍在巩固提高。

——文化市场"执法+协会"模式全国推广。充分发挥社会组织在文化市场管理中的积极作用，探索推行"执法+协会"文化市场管理模式，有效解决了管理小队伍和经营大市场的矛盾，这一管理模式得到文化和旅游部雒树刚部长的肯定，并在全国推广。

——推动公共文化服务进宗教场所。在示范区创建过程中，进一步落实党在民族地区宗教政策，大力开展国旗、宪法和法律法规、社会主义核心价值观、中华优秀传统文化"四进"宗教场所活动，受到中央和自治区党委、政府领导的充分肯定。目前，已在全市建成 610 个宗教场所文化书屋，每个文化书屋有图书 500 余册。加强了社会主义先进文化在宗教场所的传播，为满足广大信教群众多层次、多样化的精神文化需求创造了条件。

——红色文化遗址保护列入市人大常委会首次立法项目。提请市人大常委会将红色文化遗址保护列入吴忠市首次立法项目，制定出台了《吴忠市红色文化遗址保护条例》，这是吴忠市享有地方立法权后制定的第一部实体法，也是宁夏第一部关于红色文化遗址保护方面的地方性实体法规。

——吴忠文化云建设实现公共文化服务供需对接。吴忠市初步建成了吴忠公共文化服务云平台，该平台统一汇聚全市公共文化数字资源和服务，采用"超市化"供应模式，让资源可选可控，由传统的"端菜"转变为让消费者"点菜"，实现百姓与文化资源零距离对接。

——小小微电影"秀"出新风采，发挥大作用。吴忠市积极探索"文化+互联网"模式，运用"微电影"等新媒体传播手段，大力宣传弘扬社会主义核心价值观。已连续四年组织开展了微电影征集评选活动，一年一个主题，一年掀起一波微电影热潮，开创了宁夏微电影征集评选先河。2017年推荐《千亲》《无"礼"的幸福》等 36 部优秀微电影参加自治区首届微电影大赛，报送量和获奖量均居五市第一。

——推行图书流动服务"公交化"，打造"不打烊"社区图书馆。市图书馆在每月第一、第三周的周六、周日，定时定点在市区 8 个社区开展服务；每周一至周五，根据机关、企事业单位、学校及部队需要，随时出车开展流动服务。流动服务路线和时间提前通过微信公众号、社区工作群众等载体发布。图书馆流动服务"2+X 公交化"模式的建立，对提高图书馆流动服务质量和效益具有借鉴和示范意义。突破时空局限建成宁夏首家24小时"不打烊"自助借阅室，室内配备自助借还书机、电子书借阅机、大屏读报机和书架等设备，上架图书2000多册，并有12个阅览席位供市民阅读。

——建立群众文艺团队激励机制。制定出台了《吴忠市群众文艺团队评星定级及扶持奖励办法》，对获得星级称号的群众文艺团队和个人给予一定物质奖励，激发了团队活力。对政府购买列入公益性演出的文艺团队，根据其演出场次、演出质量、群众欢迎度进行评定，给予一定奖励。这一经验做法，在文化和旅游部官方网站得以宣传推广。

——图书进网吧新尝试新效果。积极探索图书与网吧融合发展的新模式，在网吧电脑上安装宁夏全民阅读程序，开展"菜单式""订单式"服务，市区百度、嘉优、圆梦3家五星级网吧建成图书角，并在市区所有星级网吧终端安装远程访问客户端，链接市图书馆数字资源远程访问系统，实现图书数字资源在线阅读，有效扩大了"书香吴忠·全民阅读"服务半径。

二、公共文化服务体系建设中存在的主要问题和短板

虽然吴忠市在创建国家公共文化服务体系示范区方面取得了突出成绩，但是与新时代人民群众对美好文体生活的新期待仍然存在诸多问题短板，主要表现为：

一是公共文化服务体系发展不平衡。盐同红三县区借助全区文化扶贫项目实现了村级文化场所100%全覆盖，补起了基础设施短板。但是利通区、青铜峡市农村公共文化基础设施相对薄弱，公共文化服务体系发展不平衡不均等问题比较突出。

二是艺术创作缺乏精品力作。虽然每年都有一批小戏小品、美术、摄影、书法等优秀作品问世，但总体上在文艺创作方面，还存在着有数量缺质量、有"高原"缺"高峰"的现象。

三是公共文化数字化建设有待提高。县、乡、村三级数字文化服务有待完善提升，数字文化子项目与传统服务模式缺乏有效整合。吴忠市文化馆从设施建设到服务内容堪称全国一流，但是在数字化水平、数字服务能力方面还存在不足。

三、对进一步完善公共文化服务体系建设的思路

（一）建立完善后续工作机制

结合落实全国宣传思想工作会议精神，将公共文化服务体系建设纳入国民经济和社会发展"十三五"规划，扎实做好示范区后续建设工作，巩固提升示范区创建成果。建立示范区后续管理和督查机制，将现有示范区创建工作领导小组机构组建成常态化、长效化的现代公共文化服务体系建设协调机制，定期会商、齐抓共管、统筹推进，形成强大工作合力。

（二）加大公共财政保障力度

坚持公共文化投入经费财政年度预算、测算制度，确保公共财政对文化建设投入的增长幅度高于财政经常性收入增长幅度。公共图书馆文献资源建设费列入财政年度预算，并保证逐年增长。探索建立公共文化建设经费投入效益评估机制，增强文化投入的针对性和有效性，着实打造强有力的财政保障机制。

（三）巩固提升基层阵地建设

坚持政府主导、社会参与、重心下移、共建共享，着力推动公共文化服务标准化、均等化，力促青铜峡市文化馆、图书馆、盐池县图书馆于2019年上半年全面建成并投入使用。对山区县——红寺堡区、盐池县、同心县高标准全覆盖的村综合文化服务中心继续提档升级，提升服务效能；对川区县——利通区、青铜峡市186个村综合文化服务中心严格按照"七个一"建设标准，实施川区村综合文化服务中心提升项目，全力提升阵地设施和功能服务，使山区县和川区县公共文化基础设施齐头并进、均衡发展，努力打造现代公共文化服务体系建设的"宁夏样本"。

（四）加强数字化建设和利用

以整合公共文化数字资源为重点，强力推进公共文化数字化建设，提

升公共文化产品的传播能力,使公共文化服务更具时代特色。着眼打造一流的数字文化馆,大力推进吴忠文化馆数字化建设;进一步完善吴忠文化云平台建设,真正实现文化便民惠民,让公共文化服务触手可及;建立完善12个图书馆、博物馆网站和9个地方特色数字资源库,注重数字化远程服务能力建设,不断提升数字图书馆、博物馆数字化资源服务效能。

将培育社会主义核心价值观与中国优秀传统文化传承相融合的宁夏实践
——以中国戏曲在宁夏的传承与发展为例

赵 静

中国传统戏曲艺术是中国传统文化的重要组成部分，充分体现着社会主义核心价值观的思想内容与价值主题。宁夏各级文化管理部门和文化工作者结合宁夏本地区情，谨记"把培育和践行社会主义核心价值观作为凝魂聚气、强基固本的基础工程"，将传承发展中国戏曲与践行社会主义核心价值观有机结合起来，探索当代中国戏曲在宁夏的传播与发展路径，使社会主义核心价值观更好地与当地民众社会生活深度契合，有利于广大民众增强对社会主义核心价值观的认同感，让社会主义核心价值观在广大民众生活的点滴中生根发芽。具体来说，宁夏各级政府、文化管理部门、戏曲工作者从以下几个方面作了有益的探索。

一、积极探索"戏曲进校园"多样化模式，使之成为弘扬社会主义核心价值观的有力平台

"中华优秀传统文化中很多思想理念和道德规范，不论过去还是现在，都有其永不褪色的价值……中华美学讲求托物言志、寓理于情，讲求言简

作者简介　赵静，宁夏民族艺术研究所副研究馆员。

意赅、凝练节制，讲求形神兼备、意境深远，强调知、情、意、行相统一。"中国戏曲是中华优秀传统文化的有机组成部分，是中华美学的典范，表演形式写意凝练，寓理于情、寓教于乐，蕴含了仁、义、礼、智、信的价值观。"戏曲进校园"是将中国优秀传统文化和民族精神播种到广大青少年心中有效途径，是提升对中国传统文化和社会主义核心价值观认同的重要手段。近年来，宁夏各级政府和戏曲工作者在"戏曲进校园"模式上进行了多样化的探索。

（一）建立戏曲传承基地

在宁夏广泛流传的戏曲剧种主要有秦腔、京剧、眉户、花儿剧等，尤其是秦腔和京剧深受广大人民喜爱，专业演出团体较多，宁夏京剧院和中宁县文化馆戏曲队在戏曲传播和传承方面作出了有益的尝试，取得了良好的效果。自2012年以来，宁夏京剧院刘晓鹏以公益志愿者的身份与银川市兴庆区第五小学合作，在该校建立京剧传承示范基地。刘晓鹏老师在兴庆区第五小学开设京剧知识课，给学生们讲解京剧的基础知识、艺术特色并进行现场学表演实践练习等，还编制了《京剧知识校园读本》。学生们通过听刘晓鹏老师深入浅出的讲课、现场学表演实践练习等方式，不同程度地对京剧中的故事、身段、服饰、脸谱等产生兴趣，对写意、虚拟的京剧美学样式有了初步的认知，了解了中国经典历史故事和性格鲜明的人物形象如穆桂英、诸葛亮、周瑜、张飞等，在轻松愉快的氛围中接受了仁义、爱国、勤俭等美德。中宁县文化馆戏曲队的前身是中宁县秦腔剧团，是长期活跃于中宁县周边有名的专业团体，自2013年并入中宁县文化馆以来，将小学生学习传承秦腔作为重点工作，在太阳梁小学设立秦腔传承基地，由该校喜欢秦腔的同学组成兴趣小组，每周由中宁县文化馆戏曲队义务为兴趣小组传授秦腔表演的基本身段、教唱一些经典唱段，为兴趣小组排练一些短小的秦腔表演小节目，受到了太阳梁小学学生和家长们的欢迎。2017年，中宣部、教育部、财政部、文化部联合出台了《戏曲进校园的实施意见》，宁夏京剧院和中宁县文化馆戏曲队的率先尝试为宁夏全区"戏曲进校园"提供了宝贵经验和合作模式。2018年，宁夏文化厅和宁夏教育厅在全区选定了10所中小学作为戏曲传承基地，由专业的戏曲演出团体开展戏通识教育、戏曲演出辅导、戏曲社团建设等各项工作，促进了中国戏曲的普及与传承，实现了社会主义核心价值观的培育。

（二）专业戏曲演出与互动节目相结合的模式

自2017年国家出台《戏曲进校园的实施意见》以来，作为宁夏戏曲事业的重要承载者——宁夏演艺集团秦腔剧院有限公司突出自身优势，将专业的戏曲演出送到各个学校，送到学生们中间。2017年至今，宁夏演艺集团秦腔剧院有限公司根据不同的学校、学生的年龄结构，选择不同的折子戏进行表演，如2017年在永宁县闽宁镇中学，宁夏演艺集团秦腔剧院有限公司现场表演秦腔《闹龙宫》《秦香莲》《芦花荡》等精彩的戏曲片段，在北方民族大学则演出《三岔口》《刺蚌》《天女散花》等剧目，所到之处演员们现场教学生们演戏、进行戏曲知识有奖抢答、体验戏曲脸谱。学生们开始时无法准确地掌握人物的喜怒哀乐，后在专业戏曲老师的示范和引领下，对戏中人物进行分析解剖，逐渐了解了剧中人物的性格，从秦腔经典剧目的表演中体味中国戏曲写意美感，学习体验戏曲表演，在观赏和体验戏曲的过程中潜移默化地受到了历史文化及传统美学的熏陶。2017年至今，宁夏演艺集团秦腔剧院有限公司活跃于银川市各县（市、区）大中小学校，"戏曲进校园"演出上百场，收到了良好的效果。

自2017年以来，全区每年"戏曲进校园"演出600场次，基本保障了全区每一个县市区"戏曲进校园"演出20场次，使中国戏曲深入到学生群体的生活中，在学生群体中形成了有效辐射。

二、探索优秀传统经典剧目传承与传播路径，使践行社会主义核心价值观像空气一样无处不在、无时不有

中国戏曲在长期的发展过程中，积累了大量的优秀传统经典剧目，既有爱国主题的时事戏与历史戏，如《昭君出塞》《四郎探母》等；又有反映公正主题的悲剧戏，如《打渔杀家》《连环套》《窦娥冤》等；既有反映自由主题的才子佳人戏，如《白蛇传》《玉堂春》等；又有反映法治主题的清官戏如《铡美案》《三滴血》等；还有反映和谐主题的家庭伦理戏，如《清风亭》《杀狗劝妻》等。这些不同主题的剧目经受了历史的洗礼，

深受广大民众的喜爱，久演不衰，是专业院团保留的经典剧目，也是民营戏曲表演团体和自乐班社演出的主要剧目，对社会主义核心价值观的培育有着自己独有的内涵与魅力。近年来，各级文化管理部门十分重视经典传统剧目的传承与传播。

（一）复排传统经典剧目，使中国戏曲艺术得到有效传承

中国戏曲几百年来一直是通过表演艺术家们"口传心授"实现代继传承，人在技在，人去技失，很多经典剧目因为老一辈艺术家的离世而不能再演，成为永远的遗憾。近年来，自治区文化厅和宁夏演艺集团秦腔剧院有限公司十分重视经典剧目的复排，使经典剧目重新立上舞台。宁夏演艺集团秦腔剧院有限公司精心组织老一辈艺术家们给青年演员们传技授艺。老一辈艺术家们克服自身的各种困难，不顾年事已高，坚持"传承经典、回归传统、老戏新演、移步不换形"的原则，每天与青年演员一起细抠每一个环节，从表演、音乐、舞美等全方位传承。宁夏演艺集团秦腔剧院有限公司先后复排了《周仁回府》《宝莲灯》《打金枝》《杨门女将》《龙凤呈祥》等传统经典剧目，让广大民众体味到时代更迭中永恒不变的传统魅力。

（二）积极扶持民营戏曲表演团体和自乐班社的健康发展

中国戏曲来自于民间又服务于民间，与广大民众有着天然的联系，是广大民众文化娱乐方式之一，普遍存在于广大民众的生活中。自改革开放以来，一些民营戏曲表演团体和自乐班社应运而生，其演出的内容90%以上是传统剧目，是传播经典剧目主要组成部分，也成了践行社会主义核心价值观与民众生活最贴近、最易融合的介质。20世纪80年代至21世纪初，宁夏只有4家民营戏曲演出团体和少量的民间班社，自本世初至今，各级文化管理部门十分重视民营戏曲表演团体和民间班社在经典剧目传播中的重要作用，积极扶持民营戏曲表演团体和民间班社。

1. 政策扶持

自治区文化厅在"十二五"和"十三五"文化产业发展规划中均将民营戏曲表演团体纳入全区文艺演出企业中一并管理。石嘴山市"十二五""十三五"文化产业发展规划中明确将民营艺术表演团体纳入文化艺术服务重点发展行业之中，吴忠市在文化产业发展专项资金中也将民营表演艺术

团体纳入发展支持范围等。这一系列政策的出台,为民营戏曲表演团提供了政策支持和资金扶持,激励了许多戏曲表演人才和民间艺人兴办民营戏曲表演团体和民间戏曲班社。到2016年年底,民营戏曲表演团体由本世纪初的4家发展到36家,民间班社51个,成了全区满足不同层次需求的重要演出力量,成为经典剧目的重要传播者。

2. 成为"惠民工程"采购对象

近年来,宁夏各级文化管理部门对所在市县区的民营戏曲表演团体和民间班社进行了梳理、摸底,发现他们的演出很受群众的喜爱,在群众中间有一定的影响力,有能力完成"送戏进乡村""送戏进社区""送戏进校园"等"惠民工程"。如固原市秦声演艺有限公司是一家专业的秦腔演出团体,有固定的陕西戏校毕业的专业演员16名,以及多名专业秦腔艺人,长期得到国家梅花奖得主窦凤琴的培训与指导,其演出市场遍布固原地区及周边的甘肃、陕西邻县,在当地老百姓中有很好的口碑。固原市文化馆、原州区文化馆等将其作为重要的采购对象,2017年到现在,固原市秦声演艺有限公司共完成"送戏进乡村""送戏进社区"演出100多场、"送戏进校园"演出88场。近年来,石嘴山市、原州区、西吉县、隆德县等县纷纷将一部分"惠民工程"项目通过一定评价体系采购当地演出质量好、营业收入高的民营团体作为演出主体,为民营戏曲表演团体的发展提供了良好的市场演出平台。

3. 解决民营戏曲表演团体和民间班社排练场所难的问题

没有固定排练场所一直是困扰民营戏曲表演团体尤其是民间班社发展的主要问题。近年来,各级文化管理部门通过多次深入调研,适合建立公益性文化大院的团体,政府部门投资建立文化大院,如固原的建华文化大院、隆德县的许川文化大院、西吉县的金山文化大院等。适合在村部建立固定排练室的,就在村部设立村部排练室,大大改善了民营戏曲表演团体和民间班社固定排练场所难的问题,为民营戏曲表演团体和民间班社长足发展提供了硬件保障。

(三)举办形式多样的民间戏曲表演展示活动

民间戏曲表演展示活动是广大民众传承戏曲艺术、展示民众戏曲表演艺术才华的舞台，也是传播中国戏曲文化的重要途径。近年来，宁夏各级文化管理部门举办了形式多样的民间戏曲表演活动，让爱好戏曲的群众能够有展示自己戏曲表演风采的机会。如 2017 年春节，原州区举办了秦腔展演周、西吉县举办了"民族团结"农民秦腔大展演、隆德县举办了"秦声秦韵唱古今"秦腔展演活动等。这些活动受到当地民众的喜爱，当地的戏曲爱好者、业余秦腔队、民间班社为了能够在展演周赛出风采，纷纷请固原市知名的秦腔名家指导排练，形成了良好地传承经典剧目的氛围。尤其是 2018 年"陕甘宁戏曲电视秦腔大赛"选拔赛先后在彭阳县、贺兰县、大武口区举办，给予了"草根"戏迷更大的展示舞台，仅彭阳赛区就有来自陕西、甘肃、宁夏的近 150 名选手参加了三天六场的比赛，比赛还通过法制与新闻客户端面向全国进行了网络直播，点击观看直播人数近 100 万人。

三、新剧目创作是宁夏戏曲健康发展的必然选择，是直接关联社会主义核心价值观的一个时代课题

新剧目的创作对宁夏戏曲艺术的出戏、出人具有积极的推介作用。自治区文化厅和全区戏曲工作者充分认识到剧目创作的重要性，将剧目创作放在核心工作中，取得了突出成绩。近十年来，全区创作了一系列新剧目，其中秦腔《花儿声声》《庄妃与多尔衮》《狗儿爷涅槃》《王贵与李香香》、眉户剧《丁香花开》《青铜峡》、花儿剧《王洛宾的花儿情》《大山的女儿》、京剧《庄妃》等被列为国家艺术基金项目，特别是《花儿声声》《狗儿爷涅槃》《王贵与李香香》三部精品力作在全国范围内的戏曲新剧目创作中影响突出。秦腔《狗儿爷涅槃》从正面表现人的异常状态，开拓了现代中国戏曲对人的认识、理解与舞台呈现新的维度，其思想深度不仅超越了同时代大多数相似题材的作品，也超越了 20 世纪 80 年代的话剧版《狗儿爷涅槃》，被专家们一致认为是近年来中国戏曲舞台上出现的最具有价值的作品之一。通过新剧目的创作，全区的戏曲表演人才也得到了成长锻炼的机会，柳萍两次获得中国戏曲"梅花奖"，李小雄、侯艳、刘京获得了中国戏曲"梅花奖"。这些奖项的获得不仅是对个人表演艺术的肯定，更为宁夏戏曲事业健康发展提供了人才支持。

总之，近年来，宁夏各级文化管理部门和戏曲工作者从民众社会生活中探索宁夏戏曲传承与发展的路径，寻找社会主义核心价值观落地生根的土壤，让民众在日常言行举止中融入社会主义核心价值观，使社会主义核心价值观内化于心、外化于行。

闽宁镇移民村落文化传承与振兴调研报告

钟亚军

相对于传统村落的振兴，移民村落振兴所要面对的问题会更加复杂。尤其对于宁夏，历经30多年移民搬迁，现有100多万的移民从"苦瘠甲天下"的南部山区迁徙到黄河灌溉区。这些移民要面对生活环境的适应和农业生产、村民自治、村落文化传承及脱贫与发展等问题。与此同时，还将面对新形势下的移民乡村振兴问题。所以，脱贫发展与振兴发展这一"双发展"的齐头并进，也势必给移民乡村社会的发展带来新的机遇与挑战。要实现这一"双发展"的飞跃，应该以哪些更有利的抓手来促进移民乡村的振兴？也就是说，实现移民乡村振兴的基石是什么？要解答这一问题，需要从如何实现移民乡村文化振兴入手。

一、村落文化传统与移民村落文化的传承

宁夏永宁县闽宁镇，原名闽宁村。1996年时任福建省委副书记的习近平同志来宁夏考察时提出对口帮扶移民项目。该镇于1997年在贺兰山东麓一带开始建设，历经21年，现占地面积约210平方公里，有6个行政村77个村民小组，户籍人口8870户4.4万人，常住人口6万多人，其中包括自发移民3297户10361人。其移民主要来自固原、海原、西吉、泾源、隆

作者简介　钟亚军，宁夏大学人文学院教授。

德、彭阳、同心等地区，也就是我们俗称的西海固地区。2017年6月中旬至8月初，宁夏永宁县闽宁镇移民乡村社会治理课题组先后3次至该镇6个村落进行调查。本报告主要基于该调查资料完成。

乡村文化传统是乡民在农业生产与生活实践中逐步形成的具有自然、社会、经济特征的地域综合体，兼具生产、生活、生态、文化等多重功能，与城镇互促互进共生共存，共同构成人类活动的主要空间中所创造的物质文明与精神文明总和。也就是说乡村传统文化是以人为主体，以乡土为基础，以多层面的民俗事项与民俗文化共同构筑的，包括物质的与精神的，乡民对其生活的村落文化传统有着与生俱来的归属感和认同感。费孝通先生把乡民这一归属感与认同感称之为"熟人社会"。这种熟人社会既有因血缘关系建立起来的亲缘群体，还有因地缘关系建立起来的地缘性熟人群体。比如，人们有事情愿意找亲戚或找老乡帮忙。传统乡村社会甚至还将这种熟人社会上升至民间信仰层面。所以乡村社会以血缘、地缘关系建构起来的熟人文化传统是乡民获得归属感与认同感的基础，也是乡村文化传统得以延续与传承的根本动力。

闽宁镇移民村落文化传统的传承主要通过两种形式展开：一是通过移民自觉自愿的意识与行为，主要表现在沿用方言、庙会活动、节日习俗、社火表演和自发组建秦腔剧社等。

（一）沿用方言

著名作家王蒙曾说："一种语言并不仅仅是一种工具，而且是一种文化，是一个活生生的人群，是一种生活的韵味，是一种奇妙的风光，是自然风光也是人文景观。"语言是文化的一种呈现，尤其是方言。方言是某一地域，一群活生生的人创造与使用的，是承载着地域文化传统的生动载体。尤其对于移民乡村社会来说，方言是源自于故乡文化土壤的产物，它还凸显着故乡乡村的历史传统和文化传承。延续使用方言，既是对故乡的历史传统与文化传统的延续，也是在新的社会生活环境下获取归属感与认同感最有效的手段之一。

本课题组在调查问卷中设置了"您是否讲方言"这一问题，同时还设置了4个回答选项：

(1) 只会讲方言　　(2) 一般讲方言
(3) 很少讲方言　　(4) 不会讲方言

从闽宁镇6个村落调查结果显示：年龄在60岁以上的老年人大都会选择(1)。年龄在50岁以下选择(2)。选择(3)和(4)为零。

促成闽宁镇移民延续使用方言的因素有两方面。一是客观因素。移民搬迁后仍以相对集中的聚居方式居住在一起，尽管生活地域发生了改变，但语言交流的环境基本没有太大的改变，这为移民延续使用方言起到很好的保护作用。二是主观因素。语言既是交际的工具，也是一种思维活动。在移民的主观意识上，方言是对故乡文化传统的一种记忆，选择方言也是选择了故乡的文化传统的传承。所以易地搬迁后继续使用方言，既是一种移民们自觉自愿的选择，也是一种不自觉的选择。因为方言是移民们在新的生活环境下获取归属感与认同感最有效的方式之一，也是传统乡村文化得以延续与传承的基础。尤其对于移民村落来讲，村落文化传统的延续与传承的内在动力离开不开方言。

(二) 汉族移民与村庙、庙会活动

闽宁镇现有汉族移民1万多人，主要分布在原隆村①、福宁村和园艺村与木兰村。其中原隆村也是闽宁镇最大的汉族移民聚居村落，有1282户7178人，居住在原隆村北区。这些汉族移民主要来自隆德县山河乡、温堡乡、奠安乡这几个乡村文化传统底蕴非常深厚的乡村。据前两年笔者在隆德县山河乡的两次田野调查发现：隆德地区的汉族村落大都建有村庙，并在春节、农历四月初三或初四举办马社火、祭山等庙会活动。所以汉族村落村民的社会生活主要是围绕着村庙展开的。村庙就是他们村落文化传统得以凝聚与彰显的场域。这一点至今还深刻地影响着移民搬迁后的社会生活。

2013年闽宁镇原隆村汉族移民在新的居住地兴建起村庙，并将原籍村

---

① 闽宁镇原隆村是2012年通过生态移民的方式建设起来的移民村落，也是闽宁镇最大的村落。

落村庙里的20余座神像搬迁过来。汉族移民之所以建设自己的村落主要原因是民间信仰是汉族移民日常生活的一种常态机制，同时也是村落文化传统的重要内容。子嗣的繁衍、婚丧嫁娶、祈福禳灾等民间信仰活动，比如农历正月初三唱戏酬神、正月十二"迎神转村"、正月十五的社火表演、农历二月二龙抬头、农历六月初祭龙王等，都离不开村庙。村庙对于移民村落来说，是联系人与人、群体与群体之间的紧密纽带，也是乡村社会治理有效的环节之一。

（三）节日习俗与社火表演

节日习俗与社火表演是农耕社会的产物。社火是祭祀土地神，祈求新年五谷丰登、祈福禳灾的年俗活动。这些文化传统活动伴随着移民的搬迁已成为愉悦精神，凝聚共识，加深情感沟通的有效方式之一。据观察，移民对春节、元宵节、清明节、端午节、中秋节等传统节日的认同程度都比较高，对重阳节、七夕等节日的认同程度稍弱。目前，闽宁镇许多移民村落都自发地建立了社火表演队。

村落＼节日	春节 元宵节 清明节 端午节 中秋节	寒衣节	冬至	重阳节	七夕节	二月二
原隆村（18户）	18	18	18	3	3	8
福宁村（9户）	9	7	3	1	0	5

总之，节日是一个民族代代沿袭与传承的文化传统，它是民族集体意识的表现形态。尤其在民间社会，社火与戏剧演出是民间节日活动中最活跃的元素。闽宁镇原隆村、福宁村、园艺村汉族移民将社火表演与秦腔剧社等带到新的定居区，并成为移民村落文化的重要组成内容，丰富着移民的精神生活。

（四）成立秦腔剧社

人说西北人爱秦腔，西海固人尤爱唱秦腔。在宁夏的西海固地区几乎逢庙会必唱秦腔。不仅如此，一些有条件的村落还拥有秦腔剧社。所以搬迁后，许多移民村落也将这一传统带到了川区。据闽宁镇原隆村村民王存十介绍：过去因原籍村落人口较少，组建起来的秦腔剧社缺角少人。现在移民村落的人口多了，组建秦腔剧社的条件要远比过去好了许多。目前闽宁镇的原隆村、福宁村都有自己村落的秦腔剧社，木兰村的妇女还自发地成立了文艺演出队，参加永宁县、银川市的文艺演出活动。

总之，沿用方言、村里的庙会活动、节日与社火表演、自发成立秦腔剧社都是移民代代沿袭与传承的文化传统。它是移民集体意识的表现形态，尤其是节日里的社火表演、秦腔演出不仅成为每年移民村落最重要的文化活动，也是移民集体参与、集体享有的文化盛事，甚至是调整、整合与平衡移民村落的人际关系，联络情感、凝聚人心，丰富移民们的精神生活最有效的抓手之一。

与传统村落相比，移民村落的文化基础处在重建与恢复时期，而且移民们分别来自不同的地区与村落，如何整合移民村落传统就是比较现实的问题。目前许多移民村镇政府推出村有村规民约、建立村民道德积分榜、评选星级文明户、建立村红白理事会等措施，推进移民村精神文明与村落文化建设，取得了一些实质性的成效。

二、移民乡村文化振兴的可能性

相对于传统村落文化振兴，移民村落文化振兴相对复杂了许多。因为移民村落是由不同地域、不同村落文化群体的各类移民所构成。这就使得移民村落在建设自己的村落文化传统时既要关照不同移民群体的文化传统，又要不断地整合这些文化传统，使之更好地争取新移民村落广大移民群众的认同与接纳并付诸实践，唯有此才能为移民村落文化振兴打下良好的基础。闽宁镇移民村落的文化振兴源自三个方面：

一是有基础。闽宁镇移民主要来自我区的西海固地区。而西海固是我区地域文化与乡村文化传统最深厚的地区，也是我区国家级非物质文化遗产项目和国家非物质文化遗产传承人数最多的地区，目前有国家非遗项目山花儿、马社火、杨氏泥塑、回族民间故事4项，约10个国家级非遗传承人都出自固原地区，隆德县还被中国民间文艺家协会评为中国民间文化艺术之乡。良好的地域文化底蕴使得西海固地区的村落文化传统深深地影响着村落中的每一个人，并浸入到他们的日常生活之中。所以当他们搬迁至新的地区，自然而然地将这些村落文化传统带入新的移民村落，并成为新村落的文化，这为移民村落文化振兴奠定了必要的基础。

简而言之，移民乡村的文化振兴仰赖的是要拥有良好的文化传统和一批活跃在乡村文化领域的文化骨干。有人说，文化不是吹吹打打、蹦蹦跳跳。但是对于乡村文化建设来说，正是有了吹吹打打、蹦蹦跳跳的表现形式，才有了乡村文化传统传承的可能。所以，闽宁镇的社火表演、秦腔剧社，以及保留在妇女生活中的民间刺绣、剪纸，还有花儿演唱等文化传统都是其文化振兴的基础。

二是移民有意愿。乡村文化传统本身就具有很强的延续性。这一点从闽宁镇移民对西海固地区文化传统的延续与传承中就可以看出：他们通过方言、村庙、庙会、社火表演、自发组织秦腔剧社等，为自己营造出与自己故土文化氛围相类似的村落环境，不仅实现了故土村落文化的"迁徙"，也使这些村落文化传统在新的地域得到延续与传承。所以，移民乡村文化传统的延续性既是出于移民的自觉自愿，也是他们的必然选择。这就为乡村文化传统的更进一步的传承与振兴提供了有力的支持。

2017年7月中旬，课题组在闽宁镇调查时遇到海原县民间刺绣艺人丁有莲受自治区非物质文化遗产保护中心的委托在闽宁镇开设刺绣技艺讲习班。据她介绍，她在这里讲授了近一个月课程，前来参加培训班的妇女有40—50人。如果不是因赶上农忙季节，可能参加的人数还会更多。还有玉海村的花儿歌手李志云一直坚持演唱花儿，还参加"沙湖杯"西部民歌邀请赛，以及原隆村社火表演中演唱春官词的民间艺人魏敬明，木兰村妇女自发成立的演出队和各村落自发成立的秦腔剧社等。由此说明移民自觉自愿地成立各类民间艺术组织，其目的不仅仅是为了自我娱乐，更深层的原因是源自乡村文化传统血脉的传承。

三是移民已有实践。闽宁镇移民文化传统的实践主要显现在三方面：第一，自发性的实践。如福宁村、原隆村与园艺村汉族移民搬迁过来后，就自发地成立了秦腔剧社、社火队，并兴建村庙，举行庙会活动。移民们借助村庙、庙会、社火、唱戏等活动，实现了村落文化传统的传承，同时也培育了许多群众文艺人才。这为移民村落文化振兴奠定了一定的群众基础。第二，政府主导下的实践。近些年闽宁镇政府部门不断推行村规民约、家规家训、评选星级文明户、成立红白理事会与建设文化大院等活动。第三，闽宁镇与周边城市的互动实践已经形成。乡村文化传统不是孤立的存在，它与城市文化的交流与互动从未停止，尤其是闽宁镇紧邻永宁县与银川市，以及周边的传统村落。它们的文化传统对于闽宁镇移民文化的影响也渐渐地形成了。比如木兰村妇女成立的演出队，不仅表演传统的秦腔，还表演广场舞、健身舞等。这种城乡文化的对接与融合，恰好说明，移民村落文化传统具有开放性与兼容性的特质，这也为移民村落文化传统延续与传承奠定了基础。

三、移民村落文化传统振兴的可行性

历经30多年的易地移民搬迁，宁夏已有100多万汉回移民分布在北部的黄河灌区一带。因民族与文化差异，要实现移民村落的文化振兴，必须找到汉回民族都能接受的契合点。而这个契合点是以儒家文化为核心的文化传统。这一文化传统的核心是家庭。而家庭是由血缘关系与纲常伦理构建起来的社会基本单位。家庭最核心的就是"孝"文化，孝文化是中华民族共同的价值追求。曾子说："孝有三，大孝尊亲，其次弗辱，其下能养。"意思是说，大孝是让父母受天下人尊重，其次是不让自己的言行使父母受辱，其下是尽心尽意地奉养父母。由此可见曾子所言的孝，是一个由家外延到社会的孝文化。他要求在家孝父母，在外要行为端正，为国忠，为友信，为官廉正，才能让父母得到天下人的尊重，否则会让父母感到颜面扫地。

振兴乡村文化首要的是要塑造人的文化品格、自我修养和社会人格。移民村落实践孝文化可以借助以下途径：

一是形成以孝文化为核心的文化氛围，并渗透在乡村文化建设的各个方面。俗话说，十年育树，百年育人。在中小学编制中华传统文化经典课本，将这些经典思想用简易通俗的故事，让学生自己讲，给家长讲，给村里的老人讲。文化本身就具有教化与娱乐的双重功能。借助村落里的节日、秦腔剧社、社火表演等方式达到寓教于乐的作用。同时挖掘本村本镇的孝

行事迹，与村镇移民共享，起到示范效应。

二是促进城乡文化产品的双向流动，提升村落公共文化产品的建设品质。目前移民村落都建有村文化大院，但是整体的使用效率不高，甚至有些文化大院基本处于闲置状态。其实建设村文化大院的初衷是为给移民提供图书阅览、文化娱乐等服务，但从实践效果来看，利用率不是很高，这是当下乡村文化大院普遍存在的问题。

目前乡村文化是由政府部门为主体，更多的是从供给体系向乡村单项地输送文化产品，忽视了乡村文化的向外输送。首先，文化的传承与发展需要的是双向的流动。既要向乡村输送文化产品，同时乡村的民间文化也要反哺都市文化。比如，宁夏的流行音乐人苏阳对宁夏花儿、小调的挖掘，使他的摇滚音乐独树一帜。再比如我们国家正在实施的民间文学大系工程，挖掘整理流传在民间社会老百姓口头上的民间故事、传说、戏剧、歌谣等作品然后编辑出版。还有现在互联网非常发达，乡村的许多人也将乡村文化产品推介上去，并得到许多人的关注，而且有的乡村文化产品通过双向的流动，自身品质也得到了提升。所以，只有促进了城乡文化的双向流动，提升乡村公共文化的品质，才能起到振兴乡村文化的作用。

三是积极挖掘村落里的非物质文化遗产，提升村落文化的品质。非物质文化遗产是人类世代相传的各种传统文化表现形式。我们国家已经建立起国家、省、市三级评价体系。目前，闽宁镇还没有一项省级非物质文化遗产项目。

2016—2018年宁夏社科类学术期刊影响力数据分析研究报告

刘家俊

社科类学术期刊是展现社会科学研究领域成果、开展学术交流的重要平台。学术期刊影响力是学术研究质量的有效表征。通过近几年的数据分析，了解宁夏社科类学术期刊在全国、在某一领域影响力的现状，对进一步提升宁夏社科类学术期刊影响力具有重要意义。为此，本文通过宁夏4种综合性人文、社会科学期刊《宁夏社会科学》《北方民族大学学报（哲学社会科学版）》《宁夏大学学报（人文社会科学版）》《宁夏师范学院学报》以及5种专业类社科期刊《图书馆理论与实践》《回族研究》《宁夏党校学报》《西夏研究》《中共银川市委党校学报》共计9种社科类学术期刊近3年（2016—2018年）的影响力进行定量分析，以期能较为客观、真实地反映宁夏社科类期刊所刊载的论文学术水平及学术影响力。

一、评价指标及数据说明

（一）评价指标说明

自中国科学文献计量评价研究中心和清华大学图书馆研制出版发行《中国学术期刊影响因子年报（人文社会科学）》（以下简称《年报》）以来，《年报》成为目前国内学术界普遍认可的衡量评价学术期刊的重要依据。

作者简介　刘家俊，宁夏社会科学院期刊中心编辑。

《年报》从总被引频次、复合总被引频次、可被引文献比、基金论文比、平均引文数、引用半衰期、被引半衰期、引用期刊数、被引期刊数、他引总引比、互引指数、Web即年下载率、总下载量、可被引文献量等一系列评价指标对中国学术期刊的学术创新影响力与整体学术水平进行统计分析与定量评价。本文选取其中最能反映学术期刊影响力与学术水平的复合总被引频次、复合影响因子、综合影响因子、Web即年下载率4种评价指标在2016—2018年宁夏9种社科类学术期刊中的统计数据进行分析,并将2016—2018年各项评价指标影响因子数值统计结果与同期全国各类期刊平均值进行比较分析。

(二)评价数据说明

复合总被引频次、复合影响因子、综合影响影子、Web即年下载率评价指标数据来自2018年、2017年和2016年《年报》。需要说明的是,《年报》评价数据选取的是上一年的数据,所以,2018年、2017年和2016年《年报》评价数据分别是2017年、2016年、2015年各刊情况。还需要说明的是,《西夏研究》从2017年开始成为《年报》的统计源期刊,2017年、2018年有这4种评价指标数据,2016年没有。《中共银川市委党校学报》从2018年开始成为《年报》的统计源期刊,2018年有这4种评价指标数据,2016年、2017年没有。

二、2016—2018年宁夏社科类学术期刊影响力数据统计及分析

(一)宁夏9种社科类学术期刊2016—2018年复合总被引频次统计及分析

复合总被引频次是衡量期刊学术价值的重要指标,是指某期刊自创刊以来刊发的全部可被引文献在统计年被复合统计源引用的总次数。期刊的创刊时间会影响到复合总被引频次,创刊时间晚的期刊复合总被引频次低。从表1可以看出,宁夏9种社科类学术期刊中,只有《宁夏社会科学》和《宁夏大学学报(人文社会科学版)》2种期刊在2016—2018年的复合总被引频次高于全国平均值,最高的为《宁夏社会科学》,年均值为1939,其他7种期刊均低于全国平均值。《北方民族大学学报(哲学社会科学版)》和《图书管理论与实践》略低于全国平均值,其他期刊远远低于全国平均

值。这表明宁夏社科类学术期刊复合总被引频次普遍偏低。从这3年复合总被引频次来看，《北方民族大学学报（哲学社会科学版）》呈连续上升趋势，《西夏研究》从2017年到2018年呈上升趋势，说明这2种期刊的学术影响力正在逐步加强。

表1 宁夏9种社科类学术期刊2016—2018年复合总被引频次统计

综合性期刊				专业性期刊						
刊名	复合总被引频次			刊名	复合总被引频次					
	2016年	2017年	2018年		2016年	2016年均值	2017年	2017年均值	2018年	2018年均值
《宁夏社会科学》	2051	1740	2025	《回族研究》	993	1616	721	1400	781	1513
《北方民族大学学报(哲学社会科学版)》	898	964	1109	《图书管理论与实践》	1981	2255	1755	2232	2045	2388
《宁夏大学学报（人文社会科学版)》	1750	1464	1576	《宁夏党校学报》	395	1171	384	1093	437	1181
《宁夏师范学院学报》	692	526	590	《西夏研究》			87	1000	126	1095
全国平均值	1335	1173	1253	《中共银川市委党校学报》					248	1181

（二）宁夏9种社科类学术期刊2016—2018年复合影响因子统计及分析

复合影响因子是目前学术界普遍认可的能较全面、客观地反映学术期刊水平与影响力的重要指标，是指某期刊前两年发表的可被引文献在统计年被复合统计源引用的总次数与该期刊前两年内发表的可被引文献的总量之比。从表2可以看出，宁夏9种社科类学术期刊，在2016—2018年的复合影响因子值中，3年均高于全国平均值的只有《宁夏社会科学》，2年高于全国平均值的有《北方民族大学学报（哲学社会科学版)》，分别是2017年和2018年，1年高于全国平均值的期刊没有，其他7种期刊是3年均低于全国平均值，有些期刊远远低于全国平均值。《宁夏社会科学》《北方民族大学学报（哲学社会科学版)》《宁夏大学学报（人文社会科学版)》《图书管理论与实践》《宁夏党校学报》5种期刊影响力因子值在2016—2018年呈上升趋势，《西夏研究》影响力因子值在2017—2018年呈上升趋势。总的来说，宁夏社科类学术期刊整体影响力低，有影响力的期刊少，有高影响力的期刊更少，但其影响力正在逐步提升。

表2 宁夏9种社科类学术期刊2016—2018年复合影响因子统计

综合性期刊				专业性期刊						
	复合影响因子				复合影响因子					
刊名	2016年	2017年	2018年	刊名	2016年	2016年均值	2017年	2017年均值	2018年	2018年均值
《宁夏社会科学》	0.476	0.510	0.655	《回族研究》	0.302	0.403	0.287	0.452	0.175	0.505
《北方民族大学学报(哲学社会科学版)》	0.331	0.469	0.523	《图书管理论与实践》	0.555	0.995	0.593	1.084	0.834	1.226
《宁夏大学学报(人文社会科学版)》	0.240	0.251	0.256	《宁夏党校学报》	0.133	0.486	0.177	0.561	0.423	0.676
《宁夏师范学院学报》	0.082	0.061	0.128	《西夏研究》			0.172	0.356	0.213	0.421
全国平均值	0.398	0.410	0.473	《中共银川市委党校学报》					0.108	0.676

（三）宁夏9种社科类学术期刊2016—2018年综合影响因子统计及分析

综合影响因子同样是反映学术期刊水平与影响力的重要指标，是指某期刊前两年发表的可被引文献在统计年被综合统计源引用的总次数与该期刊前两年内发表的可被引文献的总量之比。从表3可以看出，宁夏9种社科类学术期刊在2016—2018年的综合影响因子值中，3年均高于全国平均值的期刊没有，2年高于全国平均值的有《宁夏社会科学》和《北方民族大学学报（哲学社会科学版）》。《北方民族大学学报（哲学社会科学版）》2017年综合影响因子值为0.306，高出全国平均值28%，2018年综合影响因子值为0.350，高出全国平均值33%。《宁夏社会科学》《北方民族大学学报（哲学社会科学版）》《宁夏大学学报（人文社会科学版）》《图书管理论与实践》《宁夏党校学报》5种期刊在2016—2018年中综合影响因子值呈上升趋势，《宁夏党校学报》2017年综合影响因子值低于全国平均值77%，2018年综合影响因子值低于全国平均值41%，综合影响因子值有较大幅度提升。《西夏研究》在2017—2018年综合影响因子值呈上升趋势。

表3 宁夏9种社科类学术期刊2016—2018年综合影响因子统计

综合性期刊				专业性期刊						
刊名	综合影响因子			刊名	综合影响因子					
	2016年	2017年	2018年		2016年	2016年均值	2017年	2017年均值	2018年	2018年均值
《宁夏社会科学》	0.214	0.296	0.325	《回族研究》	0.156	0.247	0.197	0.307	0.071	0.334
《北方民族大学学报（哲学社会科学版）》	0.204	0.306	0.350	《图书管理论与实践》	0.449	0.820	0.524	0.917	0.688	0.965
《宁夏大学学报（人文社会科学版）》	0.109	0.128	0.133	《宁夏党校学报》	0.058	0.257	0.074	0.323	0.217	0.370
《宁夏师范学院学报》	0.041	0.024	0.060	《西夏研究》			0.119	0.261	0.156	0.300
全国平均值	0.215	0.239	0.263	《中共银川市委党校学报》					0.036	0.370

（四）宁夏9种社科类学术期刊2016—2018年Web即年下载率统计及分析

Web即年下载率是衡量学术期刊论文在学术界被关注和使用情况的重要指标，是指在统计年某期刊出版并在"中国知网"发布的文献被当年全文下载的总篇次与该期刊当年出版上网发布的文献总数之比。从表4可以看出，宁夏9种社科类学术期刊2016—2018年的Web即年下载率，3年均高于全国平均值的只有《宁夏社会科学》，2年高于全国平均值的没有，1年高于全国平均值的有《北方民族大学学报（哲学社会科学版）》和《宁夏党校学报》。这说明宁夏的社科类学术期刊刊载的论文被学术界关注和使用的速度低。《中共银川市委党校学报》2018年Web即年下载率为56，全国平均值为84，虽然要低于全国平均值28，但相对于本期刊的学术影响力来说，其2018年Web即年下载率并不低。《宁夏社会科学》《宁夏师范学院学报》《图书管理论与实践》《宁夏党校学报》4种期刊2016—2018年Web即年下载率呈上升趋势，《西夏研究》2018年Web即年下载率比2017年略为上升。

表4　宁夏9种社科学术期刊2016—2018年Web即年下载率统计

综合性期刊				专业性期刊						
刊名	web即年下载率			刊名	web即年下载率					
	2016年	2017年	2018年		2016年	2016年均值	2017年	2017年均值	2018年	2018年均值
《宁夏社会科学》	61	72	77	《回族研究》	33	42	24	48	31	52
《北方民族大学学报(哲学社会科学版)》	41	55	52	《图书管理理论与实践》	46	62	57	75	61	91
《宁夏大学学报(人文社会科学版)》	36	39	23	《宁夏党校学报》	62	57	63	70	67	84
《宁夏师范学院学报》	15	19	21	《西夏研究》			22	65	23	63
全国平均值	42	48	55	《中共银川市委党校学报》					56	84

三、对提升宁夏社科类学术期刊影响力的思考

鉴于宁夏社科类学术期刊影响力整体偏低的现状，为加快宁夏学术期刊的发展进程，逐步提升其学术影响力，建议：

第一，强化期刊的学术创新能力。社科类学术期刊的创新能力既是期刊生存的需要，也是扩大影响力的前提。期刊学术创新要立足社会现实，服务社会发展。在选用刊发学术论文时，需要着力发现在研究主题、研究方法、学术观点、分析框架等方面有创见的论文，让这些有创新性的论文通过期刊传播出去，推动学术研究的不断深入。

第二，突出期刊的问题意识。要关注和发现社会问题，特别是那些影响经济社会发展、影响学术研究和舆论导向的重点问题。注重刊发能对解决国家和宁夏经济社会发展的重大问题产生作用的社科研究成果，选用刊发的论文应力争做到基础研究与应用研究相结合。

第三，精心策划选题。要围绕当前哲学社会科学的重大研究课题，围绕服务地方经济社会发展的重大问题来策划选题、组织论文，聘请权威专家对选题进行审核把关。这样筛选出来的优秀文章，能使学术期刊及时反映学术界和社会上普遍关注的热点和难点问题，所刊发的文章具有较强的学术前沿性和现实针对性，有益于扩大其社会影响力。

第四，提高编辑人员专业素质。刊发优质稿件是期刊提升竞争力和学

术影响力的核心所在，要实现此目标，学术期刊要有一支优秀的编辑队伍。期刊社（编辑部）及其上级主管部门应该重视编辑的业务培训。鼓励并提供条件让编辑多参加提升审稿、编辑、校对能力的培训和学习，多参加所负责学科相关的学术活动，加强与本学科领域学者的交流与互动，从中发现优秀作者和优秀论文，了解学术动向，掌握学术前沿信息，提升编辑的业务能力和学术水平，增强其选出优质稿件的能力。

第五，推进数字化发展水平。积极应用互联网、新媒体技术，对期刊传统的编辑加工手段、信息传播途径等进行改造，利用数字化出版与交流平台如网络投稿系统、期刊网站、微信公众号、微博等，实现作者、读者与期刊、编辑之间的互动，最大程度地扩大刊物的作者群、读者群，促进优秀论文的传播，提升学术期刊的影响力。

2018年银川供暖热点事件的网络舆情分析研究报告

薛雯乔

网络舆情作为舆情的组成部分，是社会舆情在互联网上的一种特殊反映，是干部群众对国家政治、经济、文化和社会发展趋势以及人们普遍关注的社会热点、难点问题在网上的集中反映。从微博、微信、新闻客户端，到传统的论坛，网络日益成为热点事件曝光的主要平台和舆情的独立源头。

一、2018年银川供暖舆情热点事件发展与分析

冬季供暖是关系民生的大事，银川市对能源供热的重大调整，第一年的运行效果势必会成为市民最关心的问题，从准备供暖到供暖开始再到供暖后，舆情的变化值得关注。2018年冬季，宁夏银川市大力推进清洁能源供热，银川市供热形成以余热利用、热电联产为主，清洁能源配合的供热格局，燃煤供热基本退出。

通过使用专业舆情软件，围绕关键词"(银川市|兴庆区|西夏区|金凤区|永宁县|贺兰县|灵武市) + (供暖)"，对2018年10月1日—2018年11月30日的时间段信息进行采集，采集到互联网信息6892条。全网信息量最高峰出现在2018年11月2日，共产生441篇相关讯息。后续报道主要来源于微信、新浪微博、今日头条、凤凰号、一点资讯等几大站点。总体来

作者简介 薛雯乔，宁夏社会科学院期刊中心编辑。

说,整个事件的发展趋势较为突出。

(一)全网舆情分析

从全网信息走势看(见图1),事件在10月16日、11月2日分别达到两个高峰值。10月16日全网信息416条,其中微信120,客户端112,新闻66,网站60,微博27,报刊13,政务11,论坛5,博客2,视频0。信息内容主要聚集在"燃煤锅炉基本退出银川市,保障绿色环保供暖"。媒体来源类型中,位列前三的是微信28.85%,客户端26.92%,新闻15.87%。

本次事件的舆情最高峰值是11月2日,11月2日的全网信息有441条,其中微博186,客户端75,微信63,网站43,报刊33,新闻26,论坛7,政务5,视频2,博客1。信息内容主要聚集在"华电供暖区域,居民家中室温低"。媒体来源类型中,位列前三的是微博41.61%,微信14.09%,客户端18.12%。

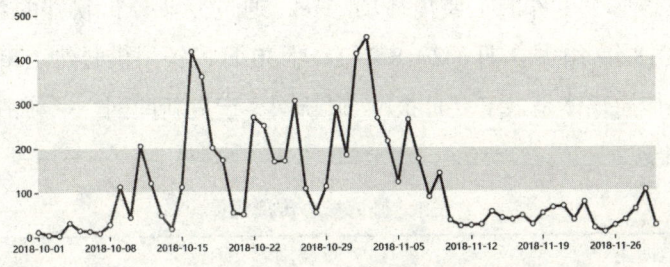

图1 全网信息走势

在媒体来源方面(见图2),客户端、微信、网站和微博共占80.15%,参与度较为均等。但是在媒体的活跃度上(见图3),微信与微博占据绝对

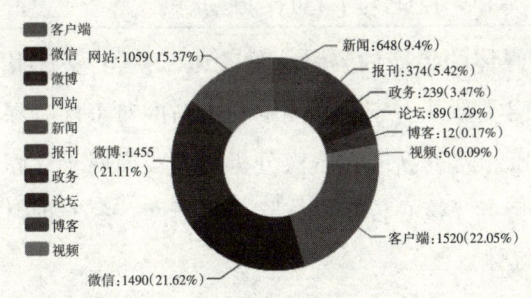

图2 媒体来源

(说明:新闻是指来源于省级的大型网站以及新浪、网易等大型门户类网站。政务是指来源于gov结尾的政府类网站。网站是指来源于其他小型网站。)

优势,分别是微信1490条,微博1455条,排在第三位的今日头条数量骤减为215条。微信和微博成为本次事件的主要传播和发酵场所。

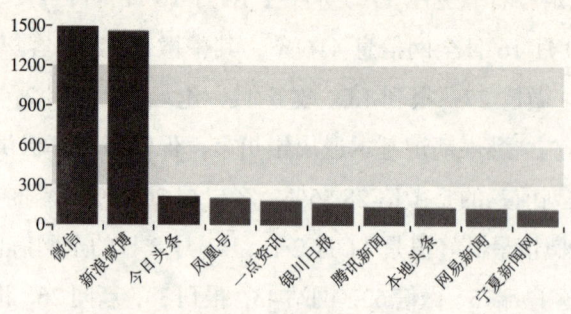

图3 媒体活跃度

(二)新浪微博的舆情分析

微博是本次事件的主要传播场之一,通过专业分析软件的数据搜集,发现在2018年10月1日—2018年11月30日,银川供暖热点事件的新浪微博核心传播媒体是《宁夏日报》、财新网、宁夏新闻网、《新消息报》和《银川晚报》。

表1 微博核心传播媒体

	新浪微博用户	转载内容	转载量
1	宁夏日报	注意!银川公布31家供暖企业值班电话,赶紧收藏好了	205
2	财新网	供暖不达标 银川"东热西送"工程遭民众质疑	119
3	宁夏新闻网	问暖!供暖首日银川居民有喜忧 热企致歉	42
4	新消息报	银川热企公布24小时投诉电话	21
5	银川晚报	本周一12345接了139件供暖诉求	16

从核心传播媒体的传播内容看(见表1),《宁夏日报》和《新消息报》是简单的信息类新闻。宁夏新闻网和财新网对事件有深度挖掘,报道更全面。《银川晚报》的新闻在本次分析时间段内属于片面真实内容。因为供暖的地域性特点,核心传播媒体除了财新网一家原创财经新媒体,其他四家均为本地媒体。

男性更积极地参与到民生事件的传播与评论中,在新浪微博中,男性参与者占63.53%,女性参与者占36.47%。微博转发层级以一次转发为主,占81.16%,普通微博用户对此次事件关注最多,占70.04%。普通微博用户没有橙 V 等用户的影响力，所以事件的传播影响力较弱。

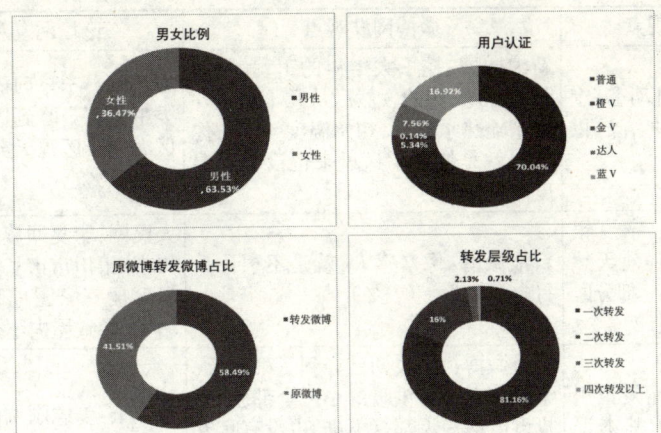

图 4　银川市供暖舆情新浪微博传播媒体分析

（三）事件舆情特点

2018 年银川市供暖舆情发展有四个特点。第一，以 11 月 1 日正式供暖日为分界线，供暖前的舆情更活跃。第二，在舆情发展中，微博与微信虽然是最活跃的媒体，但微博更侧重社会舆论和社会监督，微信更侧重信息的传递。第三，通过媒体、微博网友、论坛网友的观点及观点所占比例的对比（见表2），媒体观点以对事情的陈述为主，微博网友和论坛网友大部分是情绪的表达。第四，供暖因为有很强的地域性，传播主体与关注主体基本上是当地人群，所以并没有发展成全国性事件。

（四）及时有效的沟通帮助平复舆情

从图 1 看可以看出，11 月 1 日供暖前，舆情波动较大，舆情主要集中在媒体对宁夏银川市大力推进清洁能源供热，调整供热格局的报道。11 月 1 日供暖后，华电供暖区域出现部分小区暖气不热的问题，从表 2 可以看出，民众的情绪比较激动。当地各部门有关领导及时出面，入户查看居民供热问题，媒体进行报道，首先缓和民众的情绪。针对暖气不热的问题，宁夏电视台《直播60分》多次到供暖温度不达标的小区进行现场采访，宁夏新闻网开设"问暖2018"专题网页，用文字、视频、图片多角度为民众解答供暖问题。这些及时有效的措施对平息舆情起到了帮助，从图1可以看出，11 月 2 日后，事件舆情走势逐步回落。

表2　媒体、微博网友、论坛网友观点对比

媒体观点	微博网友观点	论坛网友观点
银川网每日动态：宁夏深入推进清洁供暖(27%)	新浪微博：挖了大半年的工程，所谓献礼60大庆，然后从几十公里外宁东输热水过来，初始温度48度，你他妈就是烧开了送过来也没个屁温度高啊(29%)	人民网：宁夏回族自治区党委书记石泰峰到银川市兴庆区海宝小区福天苑查看供暖不热(30%)
一点资讯：宁夏银川：多举措应对天然气冬季保供　部分区域提前供暖(23%)	新浪微博：像素感人，就是不想让人打电话投诉？(21%)	人民网：宁夏回族自治区>银川市>银川市市长杨玉经>金凤区居安家园地暖管不通、堵实，导致屋内不热(19%)
网易新闻：宁夏银川市燃煤锅炉基本退出(19%)	新浪微博：供暖期已经到了第三天，银川华电负责供暖的小区全部冰凉，投诉电话一天都打不进，也没有官方解释，今天开始降温了，不知道今年的冬天该怎么过了(18%)	革冷玉：姜志刚调研"东热西送"项目建设工作(19%)
银川发布：11月1日银川三区将全面供暖！25日起试运行！(16%)	新浪微博：受理量低了的原因难道不是因为12345电话不通？(17%)	人民网：宁夏回族自治区>银川市>兴庆区委书记>恳请领导帮富地清华府的居民解决供暖问题(17%)
灵武市广播电视台：12345便民服务热线办件公示(15%)	新浪微博：写这个新闻的人能不能要点脸？电投热力的暖气冰冰的，投诉电话都打不进来！缴费的时候电投热力一天不少算，供热的时候能拖一天是一天，能低几度(15%)	远处的黑：[银川吧] 财新网《供暖不达标　银川"东热西送"工程遭民众质疑》(15%)

二、引导网络舆情正向发展的路径思考

网络舆情的发展依据时间轴线分析，具有"散播—集聚—热议—流行"四个阶段和"爆发、升华、延续"三个关口[1]。网络舆情发展过程中，政府、媒体、舆情监测机构和公众共同参与着舆情的生成和引导。网络舆论的走向、舆论的引导效果以及事件是否能够有效解决，取决于四者之间是否可以良性互动。北京师范大学喻国明教授认为，争取人心是舆情工作的第一要义，只有解决了立场问题，才能谈得上舆情引导问题的解决[2]。

---

[1] 曹劲松. 网络舆情的发展规律[J]. 新闻与写作, 2010(5).
[2] 喻国明. 网络舆情治理的基本逻辑与规制建构[J]. 探索与争鸣, 2016(10).

发生重大事件舆情或突出舆情，党政机关要在第一时间给予重视，缓解网民情绪。进而迅速调查事件，联系事件的知情人，多方位了解事件情况，调查真相。最后通过官方微博、官方微信公众号、媒体报道等方式向民众发布真实情况。针对事件紧急程度与严重程度，适时选择召开新闻发布会，避免对信息的堵、压和对媒体的噤声。

网络舆情发生，信息量大、信息源头繁杂，要准确把握舆情动态，必须借助网络舆情监测工具。当网络舆情发展呈现扩大状态，舆情监测部门要不间断收集舆情数据，挖掘网民的意见和情感走向，监测舆情发展中的意见领袖与主要信息来源，预测或追踪舆论走向。舆情监测机构为党政机关处理网络舆情提供了重要的数据与舆情发展分析报告，有利于党政机关及时把握网络舆情动向。

媒体是舆论引导的主体之一，我国媒体作为舆论机关，不仅有承载和反映舆论的功能，同时也有舆论导向的功能和义务。在突出社会事件发生时，媒体有责任传递正确、全面、翔实的信息和观点，使公众从消极、非理性的情绪中苏醒过来。网络信息发布没有门槛，缺乏"把关人"的功能，造成真假信息混杂，谣言不断。媒体通过发布事实信息和观点信息，对抗产生的谣言，阐述自己的立场，引导舆论走向，让舆情事件朝着有利于事件解决和社会稳定的方向转变。

提升公众的媒介信息处理能力很有必要。有研究学者将媒介信息处理能力划分为四个具体的方面：深度解读能力、批判质疑能力、独立思考能力与核实报道能力[①]。自媒体时代，公众既是信息的接受者，也是信息的传播者，微博、微信等新媒体赋予公众更为自主的传播权利，也让公众容易迷失在过剩的媒介信息中。同时，因为"把关人"的缺失，一些公众利用网络发布情绪化信息、不实信息，甚至色情、暴力信息，影响了社会稳定。提升公众的媒介信息处理能力意味着受众能通过媒介报道的表面信息思考本质，对媒介信息进行辨别、批判和认知。

---

① 焦俊波. 突发事件舆论引导机制研究[D]. 华中科技大学博士论文, 2013.

宁夏推进中华优秀传统文化传承发展研究报告

贾 峰

党的十八大以来，习近平总书记对传承发展中华优秀传统文化作出一系列重要论述，提出一系列新观点、新论断，深刻阐明了中华优秀传统文化的地位作用、历史源流、思想精华、鲜明特质，把对中华优秀传统文化的认知提高到了一个前所未有的高度。为深入贯彻习近平总书记系列重要讲话精神，中共中央办公厅、国务院办公厅印发了《关于实施中华优秀传统文化传承发展工程的意见》，为进一步传承发展中华优秀传统文化提供了根本遵循和价值引领。2018年，自治区党委办公厅、政府办公厅联合印发了《宁夏回族自治区实施中华优秀传统文化传承发展工程的方案》，该方案提出，到2025年，宁夏传承发展中华优秀传统文化体系要基本形成。

一、宁夏传统文化发展现状与存在问题

（一）宁夏传统文化资源丰富，但创新发展意识不强

宁夏历史悠久，早在3万年前，就有了人类繁衍生息的痕迹。这里是多种传统文化类型的交汇地，遗留下了丰富的文化遗产资源，截至2018年10月份数据显示，宁夏共有不可移动文物总数已经达到3818处。其中：全国重点文物保护单位35处，自治区级文物保护单位125处。水洞沟遗址、

作者简介　贾峰，宁夏社会科学院文化研究所助理研究员。

西夏陵遗址、开城遗址被列入全国150处大遗址名录，西夏陵、丝绸之路（宁夏段）入选《中国世界文化遗产预备名单》。尤其是近年来随着文化旅游业的迅速发展，这些遗址不仅得到了很好的保护，而且与之相关的文创产品开发也不断升级，助推了地方文化产业的快速发展。同时，宁夏在人类非物质文化遗产申报与扶持方面也取得了较大的成绩，现有国家级和自治区级"非遗"代表性项目名录达到18项和99项，国家级和自治区级"非遗"代表性传承人达到18名和164名，"六盘山花儿"入选联合国教科文组织人类非物质文化遗产名录。近年来，政府相关部门、民间团体多次组织部分"非遗"项目和传承人赴区外、国外进行交流展演，极大地提升了宁夏传统文化的对外影响力和美誉度。此外，隆德县被中国书法家协会授予首批"书法之乡"称号，西吉县被中国作家协会授予"文学之乡"称号。4个项目入选首批国家传统工艺振兴目录，9个县区、乡镇被文化部命名为中国民间文化艺术之乡。

这些丰富的文化资源为宁夏提升传统文化传承发展提供了丰厚的资源基础，但宁夏在传统文化创造性转化和创新性发展方面比较滞后。长期以来，我们形成了文化遗产资源主要用于旅游开发的思维模式，忽略了文化遗产资源附加产业的深度开发，高端文创产品的研发远远不能满足市场的需求。如以回族花儿为代表的大型歌舞剧演出场次少，传播范围有限。贺兰石系列产品研发缓慢、单一，不能充分凸显地域特色文化产品的优势。西海固文学改编影视的产业链缺乏有效衔接，创造性转化滞后等。

（二）传统文化理论研究成果数量逐年增多，但成果质量不高

开展中华优秀传统文化基础理论研究，是传承中华优秀传统文化最为有效的途径之一。近年来，宁夏学者在国家社会科学基金规划项目、文化部文化艺术研究项目、自治区社会科学基金规划项目、宁夏高校科学研究项目申报中，均有多项关于传统文化基础理论和应用对策方面的课题立项。据不完全统计，自21世纪以来，宁夏学者公开出版相关学术专著20余部，公开发表学术论文135篇，撰写研究报告20余篇。但笔者通过中国知网、读秀等数据库检索发现，这些学术作品引用率较低，公开发行相关图书均无再版或二次印刷。由此可以看出，研究成果学术视野局限、质量不高，亟待着力提升成果质量，扩大社会影响力。

（三）传统文化产业初具规模，但创造性转化活力缺乏

经过多年积累，目前宁夏文化产业已经初具规模。宁夏规模以上文化企业由2012年的54家增加到2016年的99家，文化产业增加值由51.7亿元增加到2016年的74.36亿元，逐年递增。很多民营文化企业和旅游公司瞄准了传统文化创意产业高回报特征，有的企业就地取材，与小农户、手工艺者直接签订生产协议。规模较大的企业多从国外、区外聘请高级设计师对产品的设计、生产、包装、销售进行策划设计，极大地提升了全区传统文化创意产业的质量和影响力。

作为文化产业的重要组成部分，创意设计是推动优秀传统文化创造性转化和创新性发展的重要媒介和手段，同时也是社会大众了解历史、了解文化的一个新窗口。例如，银川市兴庆区月牙湖村在推动精准扶贫工作的基础上，组织村民编制传统手工艺品，得到了市场较高的认可，农民收入得到了较大幅度提高，也传承了民间优秀传统文化的发展。但是，笔者通过调研发现，宁夏传统文化产业发展的瓶颈是创造性转化缺乏活力。具体表现为：一是产品开发样式单一、形式保守，缺乏与现代社会生活节奏的有效衔接；二是产品开发粗糙，不能顺应社会对高端工艺品的需求；三是网络销售渠道不畅，缺乏专业的营销公司运作。

（四）优秀传统文化传承、传播途径多元，但对外推介力度有待提升

当前传播渠道呈现多元化、网络化的特征，传承和传播中华优秀传统文化的途径与平台同样也呈现出网络化、多元化的时代特征。在传媒时代，只有占据了传媒前端，吸引外界更多的关注，才能占有更多的市场份额。近年来，宁夏加大了在电视、广播、平面媒体、新媒体等多渠道的推介宣传力度，但与东部发达省份相比，还远远不能满足现代化的传媒竞争。主要表现为：一是推介方式保守。近年来，宁夏虽然加大了文化资源的对外宣传频率，但主要依赖传统媒体，对新型传媒手段的使用不够充分。二是推介定位模糊。长期以来，我们没有对潜在的市场人群做分类定位，推介目标定位为区内、国内，模糊了对人群、年龄的精确定位，局限了推介的范围。缺乏对深度旅游人群的专门推介，旅游附加值不能实现最大化。因此，宁夏能否创新思维，结合地域文化特征强化推介力度、形式、范围，就显得尤为重要。

二、实现中华优秀传统文化传承发展的宁夏路径

（一）系统梳理宁夏传统文化资源，建设、开放、共享文化资源公共数据平台

宁夏相关文化行政主管部门应加大、细化对传统文化资源普查工程，在完成第三次全国文物普查的基础上，以实施中华文化资源普查工程为契机，进一步摸清全区文化资源家底，推动文化资源分级分类管理，构建准确权威、开放共享的中华文化资源公共数据平台。实施文化遗产数字化工程，推进全区可移动及不可移动文物、非物质文化遗产、历史文化名城名镇名村等数字化建设，为文化资源保护传承和开发利用打下基础。聘请区内外高端软件开发公司和交互设计公司，对全区文化资源数据平台进行精细化、特色化、便利化设计，突出互联网对传统文化推介的作用，让社会、研究机构、读者共享文化资源公共数据平台，让数据平台成为宣传宁夏、推介宁夏，助推宁夏文化旅游业发展的新窗口。

（二）加强对中华优秀传统文化的理论研究，增强国家认同、民族认同、文化认同

通过基础理论的深入研究来阐释中华优秀传统文化博大精深的文化内涵和人文精神，以当下宁夏经济社会发展的实际需求为导向，以满足当代人民群众更高层次的精神需求为目的，以创造性转化为手段，以创新性发展为要求，深刻阐明博大精深、丰富多彩的多民族文化是中华文化的基本构成，深刻阐明中华文明是在与其他文明不断交流互鉴中丰富发展的。在此基础上，着力构建当代具有中国底蕴、中国特色的思想文化体系、学术体系和话语体系，是进一步加强中华优秀传统文化研究阐释工作的核心所在。

宁夏应充分整合高等院校、研究机构、学术社团等资源，打造高端传统文化研究平台。以中华优秀传统文化优势学科建设为支撑，统筹推进文化典籍系统整理、思想意蕴阐释辨析、时代价值研究阐发与转化创新、协

同创新体制机制建设为一体的研究阐发体系。在自治区哲学社会科学规划项目、宁夏高校科学研究项目中增加或设立专项中华优秀传统文化课题。加大对传统文化研究专著的出版资助力度。通过研究成果的广泛传播来不断增强全区各族群众对伟大祖国的认同、对中华民族的认同、对中华文化的认同、对中国共产党的认同、对中国特色社会主义的认同，建设各民族共有精神家园。

（三）加强文物资源保护，对传统文化资源的开发和利用要有高度的精品意识与可持续发展的理念

要坚持保护为主、抢救第一、合理利用、加强管理的方针，做好文物保护工作，抢救保护濒危文物，实施馆藏文物修复计划，通过修复、展示让沉睡在博物馆库房中的文物"活起来"。加强对全区历史文化名城名镇名村、历史文化街区、名人故居保护和城市特色风貌管理，实施宁夏传统村落保护工程。通过对全区城市风格独特的建筑群、曾经为经济社会发展发挥过重要作用的工业遗产和历史悠久的乡村农业遗产细致排查，引入民营企业对相关工业遗址和农业遗址进行旅游开发，以旅游发展促进遗址保护。规划建设一批具有中华文化重要标识的自治区级文化休闲公园，在公园中装置以中华优秀传统文化为元素的雕塑、人文景观。挖掘和整理家训、家书文化，用优良的家风家教培育青少年，让子孙后代与我们共享祖先遗留的文化遗产。

（四）充分挖掘和保护宁夏乡土传统文化资源，实现传统文化发展与全域旅游深度融合

进一步挖掘和保护宁夏乡土文化资源，通过保护性开发的市场手段，加强对传统村落的保护力度，做好传统民居、历史建筑、名人故居的保护工作，提升乡土文化内涵，形成良性乡村文化生态。一是借助宁夏全面实施全域旅游发展的契机，梳理农村传统文化根基，建立农村优秀传统文化传承体系，利用特色文化资源，积极组织好乡村民俗旅游文化活动。既要充分利用宁夏乡土文化资源发展全域旅游，培育新的经济增长点，还要让子孙后代记得住乡愁。二是通过重大文化产业项目带动战略，加快文化产业基地和区域性特色文化产业群建设，打造一批有实力、有活力、有竞争力的骨干文化企业和文化战略投资者。

（五）全力推进中华优秀传统文化进校园，逐步开展传统文化进机关、进企业、进社区、进乡村活动

推动高等院校开设中华优秀传统文化必修课，丰富高等教育传统文化教育形式，鼓励大学生在理论学习之外，广泛参与、体验社会举办的各类传统文化活动。将中华优秀传统文化列为普通中小学地方必修课程，在编写中小学中华优秀传统文化课程教材时，强化中小学生对传统文化践行意识的养成。将中华优秀传统文化纳入全区机关事业单位干部继续教育培训规划，编写干部中华优秀传统文化读本，在机关事业单位倡导弘扬中华优秀传统文化传承发展的良好风尚，把中华优秀传统文化作为政德建设和党员干部教育培训的重要内容。以社区、乡村、企业等基层组织为依托，定期举办传统文化知识讲座，将传统文化中的优秀因子贯穿到家风、乡风、企业文化、社区精神文明建设的各个方面，充分激发基层民众对弘扬传承中华优秀传统文化的热情。充分利用全区各类公共设施、场所和阵地，通过宣传画、标语等通俗易懂的形式传播中华优秀传统文化的精神内涵和价值外延。进一步发挥传统媒体和新媒体作用，推送微视频、动漫等形式多样的文化作品，推进中华优秀传统文化宣传教育和大众传播，不断巩固社会各界对中华优秀传统文化的认知、认同、接受、传承，形成社会各界合力传承的良好局面。

（六）完善文化交流机制、创新文化交流方式，让宁夏的传统文化精品自信地"走出去"

文化是国与国之间、地区与地区之间友好交流最为有效的方式，一部小说、一首诗、一幅画、一曲音乐，都能给世界了解宁夏提供一个独特的视角。因此，我们在坚持国外、区外精品文化"引进来"的同时，更要逐渐完善全区文化交流机制，创新文化交流方式，让宁夏传统文化精品自信地"走出去"。树立高度的文化自觉与文化自信，充分挖掘宁夏传统文化资源，讲好宁夏故事、传播宁夏声音、展示宁夏形象，精心推出一批能代表国家水准、凸显中国价值、具有地域特色和表现时代精神的优秀传统文化精品。

宁夏文物保护利用现状的调研报告

宁夏回族自治区政协文化文史和学习委员会

一、宁夏文物保护利用的基本情况

近年来，自治区党委、政府深入贯彻落实习近平总书记关于文物保护工作重要指示精神和十九大报告提出的"加强文物保护利用和文化遗产保护传承"的要求，全面依法推进文物保护利用，取得了明显成效。

（一）文物保护法规政策体系逐步健全

自治区先后出台实施《宁夏回族自治区实施〈中华人民共和国文物保护法〉办法》《关于进一步加强文物工作的实施意见》《关于公布第一至第四批自治区文物保护单位保护范围的通知》《关于进一步加强文物安全工作的实施意见》等法规规章及规范性文件，为加强文物保护利用提供了有力的法律支持与政策保障。

（二）基本摸清文物家底

全面完成全区第三次全国文物普查、第一次全国可移动文物普查、长城资源调查、长征史迹文物调查，基本摸清了文物资源家底。截至目前，全区登记的不可移动文物有3818处，各级文物保护单位506处，其中：全国重点文物保护单位35处，自治区级文物保护单位137处，市、县级文物保护单位334处。全区现有长城遗存1012公里，其中：早期战国秦长城196公里，明长城816公里。有各类博物馆75座，其中：国有博物馆61

座，非国有博物馆 14 座，国家一级博物馆 2 座，国家三级博物馆 3 座。文物系统馆藏文物 10 万多件/组、27 万余件。

（三）一大批重要文物得到有效保护

文物执法和安全监管工作不断加强，全面开展文物安全大排查、大整治和法人违法三年整治活动，文物安全状况不断改善。西夏陵、丝绸之路（宁夏固原段）被列入国家申报世界文化遗产预备名单，董府、贺兰山岩画、中卫高庙、一百零八塔等一批重点文物保护单位及同心陕甘宁省豫海县回民自治政府成立旧址（清真大寺）、西吉将台堡等红色革命遗址得到有效修缮保护，长城、西夏陵、水洞沟遗址、开城遗址被列为国家 150 处大遗址，西夏陵被国家文物局确定为国家考古遗址公园，鸽子山遗址和彭阳姚河塬西周遗址考古分别被评为 2016 年和 2017 年中国考古十大新发现。

（四）推动文物合理适度利用迈出新步伐

博物馆免费开放不断深化，全区 75 座博物馆中已有 47 家实施免费开放，每年接待观众超过 100 万人次。加强传统历史文化建筑、传统村落的保护、传承和利用，对已列入"中国传统村落名录"的 5 个村庄，争取中央财政保护专项资金 1500 多万元，实施了一系列具体保护措施。隆德县、沙坡头区、利通区分别编制完成了《传统村落保护性规划方案》和《传统村落保护整体实施方案》。文物旅游资源开发步伐加快，文物景点逐步成为具有吸引力的文化旅游热点。全区 82 家 A 级景区中，文物单位有 17 家。2018 年上半年，全区文物景区接待游客 244.67 万人次。

二、宁夏文物保护利用中存在的问题

（一）文物保护利用工作亟待加强

基层文物保护管理和执法力量薄弱。从事文物保护和研究的专业人才匮乏，尤其是文物修复、古建修缮、文物保护工程等专业技术人才极为短缺。自 2012 年起至今，自治区每年财政投入文物保护经费 150 万元。党的十八大以来，随着文物保护广度和深度的不断拓展，经费保障已远不能满足文物工作发展的实际需求。市县在文物保护方面的财政投入更是捉襟见肘。涉及文物保护相关部门共同推进工作的机制不健全，整体合力没有形成。

(二) 文物资源的公共文化服务和社会教育功能尚未充分发挥

部分博物馆、纪念馆建成后,止步于完成基本陈列和基本服务,展览内容和形式不能推陈出新,展陈质量不高,解读诠释文物藏品的能力弱,缺乏吸引力。非国有博物馆馆藏文物保护利用缺乏专业性、规范化指导,加之受各种条件影响制约,得不到社会的广泛认知,因而造成了门庭冷落、文物资源闲置等现象。对革命文物资源利用方式单一,部分革命遗址因基础设施差或地域偏远,缺乏切实有效的保护措施来提高其利用价值。在城镇化进程中,受资金、技术等因素制约,对一些具有鲜明历史文化内涵和地域特色的传统建筑、村落、民居保护修缮不力,致使一些优秀传统文化没有得到有效的保护和传承。

(三) 文物保护利用与旅游融合发展的水平有待提高

文物与旅游融合发展的长远和整体规划缺失。全区各级文物保护单位与旅游部门融合向社会开放的仅有20多处,大多数文物保护单位处于自然开放状态。对文物的历史、艺术、科学价值的挖掘、研究、宣传不够,缺乏创新、突破,精品文物历史故事少。

三、对提升宁夏文物保护利用水平的建议

(一) 切实加强文物保护工作

一是坚持党对文物工作的领导。认真贯彻落实党中央、国务院有关文件精神,树立保护文物也是政绩的科学理念,形成党委领导、政府负责、部门协同、社会参与的文物工作格局。统筹好文物保护与经济社会发展,在保护中发展、在发展中保护。二是加强文物保护责任体系建设。按照属地管理原则,着重夯实市县政府依法履行文物保护主体责任和"谁主管、谁负责"部门法定责任,逐级分解、层层压实责任,签订文物安全责任书,把文物保护工作责任落实到岗、落实到人,做到责任全覆盖。划定文物保护利用的红线和底线,建立和完善由各级政府主管领导牵头、各相关部门协同联动的文物保护机制,实施文物保护责任终身追究制,对负有责任的领导干部,无论是否已调离、提拔或者退休,必须严肃追责。三是严格落实文物安全制度。坚持预防为主,认真组织开展文物安全状况大排查活动

和法人违法专项整治行动，对照问题清单，定单位、定人员、定责任、定时限，逐一跟踪督办整改，推进隐患和问题排查整治。自治区文物部门不定期对全区文物安全状况进行巡查，将检查情况向社会公开通报。公布文物安全举报电话，畅通文物保护社会监督渠道。加大执法力度，严肃查处违法行为，严厉打击文物犯罪。四是加强文物保护人才队伍建设。利用此次机构改革的机遇，科学配置各级文物保护管理机构、编制，积极探索政府购买服务等方式，充实文物保护员队伍。建立自治区文物科研基地，加强与国内外相关领域专家学者的联系，通过指导、研究、合作，培养我区文物保护鉴定专业人才。采取在高校、科研院所、文物部门等有关机构进行定期培训或者脱产学习，邀请有关专家进行辅导培训等形式，加强对现有人员专业知识和岗位技能培训。在区内高校开设文物博物馆学科，大力培养专业人才。五是加大自治区各级财政支持力度，重点用于自治区与市县文物修复、古建修缮、文物保护、文物安全防护及专业技术人才培训。

（二）充分发挥文物的公共文化服务和社会教育功能

一是加强革命文物保护利用。尽快出台实施革命文物保护利用工程的具体方案，加强对革命文物保护利用的总体规划、宏观指导和制度建设，明确主要任务、重点项目、财政保障机制等，公布全区革命文物名录，做好馆藏革命文物的征集、认定、定级、建账和建档工作。推进长征文化线路整体保护和中国共产党历史文物保护展示。加强与周边省区革命文物资源整合、统筹规划和整体保护利用。鼓励文博机构、高等学校、科研机构开展革命文物保护利用研究。推动革命传统教育进学校进教材进课堂，鼓励学校、机关、部队等到革命旧址、博物馆、纪念馆开展现场教学。二是大力提升博物馆、纪念馆公共文化服务覆盖面和社会教育质量。有重点、有步骤地支持各级博物馆、纪念馆提高展示水平和服务能力，以新时代主题和群众需求为导向，精心策划一批重大主题展览，不断完善凸显宁夏特色的展陈内容，通过联展、巡展活动，使文物保护成果更多地惠及人民群众。鼓励各博物馆加强馆际交流，提高博物馆藏品利用效率。三是支持非国有博物馆在公共文化服务中作用的发挥。根据国家文物局《关于进一步推动非国有博物馆发展的意见》精神，完善相关部门联合出台优惠政策，注重"扶持"与"规范"并重，推动非国有博物馆发展之路越走越宽。

（三）完善文物价值传播推广体系

大力推动文博单位数字化建设，借助"智慧宁夏"建设发展大好机遇，建立统一的宁夏文物数据库，实现互联互通、资源共享，建设高质量的"文物云"。实施文物全媒体传播计划，发挥政府和市场作用，用好传统媒体和新兴媒体，开展精品文物、精品展览数字产品制作与推广，向群众提供优质、便捷的数字化公共文化鉴赏服务。将文物保护利用常识纳入中小学教育体系和干部教育体系。充分发挥我区以郭文斌、马金莲等为代表的在全国有影响力的作家群优势，以文学的方式传播文物故事。加强业务培训，大力提升文物景区、博物馆、纪念馆讲解员（导游）队伍业务能力和综合素质。开展文物外展精品工程，打造文物外交品牌。

（四）加快推进文物保护利用与全域旅游融合发展

一是扎实做好文物保护与旅游开发整体规划，科学定位文物保护利用在全域旅游中的地位和作用，依托文物资源分布状况，深入挖掘丝绸之路文化、水洞沟史前文化、长城历史文化，对须弥山石窟、石空大佛寺、盐州古城历史文化旅游区、水洞沟等景区进行提档升级，打造特色鲜明、优势突出的文物旅游品牌。二是推进文物景区标准化建设，凡具有对外展示功能的文物景点，应按照自身资源禀赋等级、设施和服务水平，积极申报A级景区。保护、优化文物自然生态环境，使文物旅游既有丰厚的历史文化，又有优美的自然景观，增强旅游者的体验满意度。三是推进自治区博物馆、固原博物馆文物创意产品试点工作，发挥两馆引领作用，推动文物单位、文化创意设计机构、高校、职业学校等开展合作，提升文博创意产品设计开发水平。支持文博创意产业根据不同的文物资源特点，深入挖掘文化资源、价值元素和内涵，开发、生产适应现代旅游需求的文化创意产品。四是加大对文物旅游开发项目的支持力度，高标准、高水平建设一批重点文物旅游项目，防止拆真建假、拆旧建新等建设性破坏行为。

（五）加强传统村落的保护利用

一是建立国家、自治区级传统村落保护名录，加强隆德县城关镇红崖村、奠安乡梁堡村、中卫市沙坡头区迎水桥镇北长滩村、香山镇南长滩村，吴忠市利通区东塔寺乡石佛寺村5个国家级传统村落的保护利用，进一步挖掘、申报、认定一批自治区级传统村落，建立分级保护目录，落实保护措施。二是在美丽宜居乡村建设中，加强一些散落在乡村的古民居、古建筑、古村落、名木古树的保护利用，实施有效保护，让文化积淀厚重的传统村落转化为产业发展的活化旅游资源，转化为乡村振兴的精神动力和文化支撑。三是设立各级财政专项保护项目资金，在对传统村落中文物文化遗产加强保护的同时，进一步整治和完善村落内道路、供水、垃圾和污水治理等基础设施，完善消防、防灾避险等必要的安全设施，改善公共环境，提高传统村落的宜居性，促进乡村经济可持续发展。四是充分利用现代技术手段，建立传统村落和传统建筑分析研究、展示和传承利用数据库，积累一手历史资料。建立"政府为主、企业为辅、社会参与"的传统村落保护新机制，多渠道筹集资金，把传统村落保护开发纳入科学化、规范化、法治化的轨道。

·文化产业·

2017年宁夏文化及相关产业发展报告

张雪艳　王海群

2017年，自治区面对经济下行压力大和复杂多变的经济形势，坚持改革创新，坚定文化自信，文化及相关产业①（以下简称"文化产业"）发展趋势向好，成果明显，为全区经济发展起到了积极的推动作用。

一、2017年宁夏文化产业发展现状

（一）全区文化产业增加值及构成情况

2017年，全区文化产业增加值为81.45亿元，按现价计算（下同），比上年增长9.5%，比同期GDP名义增速高0.8个百分点，继续保持平稳增长，全区文化产业增加值占GDP比重为2.37%，比上年提高0.02个百分点（见表1）。

分行业看，文化制造业增加值为8.34亿元，比上年增长16.2%，占文化产业增加值的比重为10.2%；文化批零业增加值为5.70亿元，增长18.3%，占比为7%；文化服务业增加值为67.41亿元，增长8.1%，占比为82.8%（见图1）。

作者简介　张雪艳，宁夏回族自治区统计局社会科技与文化产业处处长；王海群，宁夏回族自治区统计局社会科技与文化产业处主任科员。

① 指为社会公众提供文化产品和文化相关产品的生产活动的集合。

表1 全区文化产业增加值及增长速度

行业	2017年	2016年	比上年增长(%)
文化产业增加值(亿元)	81.45	74.36	9.5
其中:文化制造业	8.34	7.18	16.2
文化批零业	5.70	4.82	18.3
文化服务业	67.41	62.36	8.1
全区地区生产总值(亿元)	3443.56	3168.59	8.7
文化产业增加值占GDP比重(%)	2.37	2.35	—

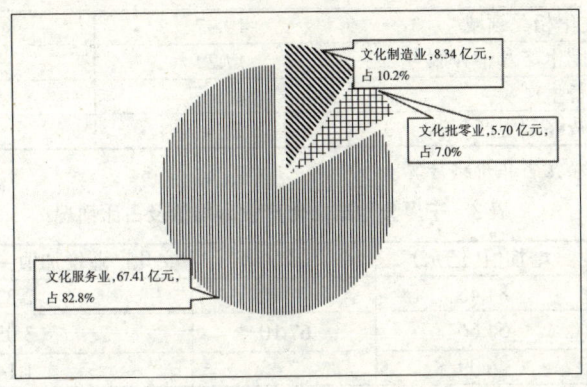

图1 宁夏文化产业分行业增加值占比情况

从活动性质看，文化核心领域创造的增加值为61.48亿元，比上年下降4.8%，占文化产业增加值的比重为75.48%；文化相关领域创造的增加值为19.97亿元，增长103.8%，占比为24.52%（见表2）。

(二) 分地区文化产业增加值及构成情况

分地市看，2017年，银川市文化产业增加值54.66亿元，比上年增长9.5%，占全区文化产业增加值的比重为67.10%；中卫市文化产业增加值9.07亿元，增长9.5%，占全区文化产业增加值比重为11.14%；吴忠市文化产业增加值7.47亿元，增长9.7%，占全区文化产业增加值比重为9.17%；石嘴山市文化产业增加值6.09亿元，增长9.5%，占全区文化产业增加值比重为7.48%；固原市文化产业增加值4.16亿元，增长9.5%，占全区文化产业增加值比重为5.11%。

五市文化产业增加值占GDP的比重依高低排序分别为：银川市3.03%、中卫市2.42%、固原市1.54%、吴忠市1.47%、石嘴山市1.14%（见表3）。

分县（市、区）看，2017年，全区22个县（市、区）文化产业增加值

表2 宁夏文化产业增加值及构成情况

类别名称	绝对额(亿元)	构成(%)
总计	81.45	100
第一部分 文化核心领域	61.48	75.48
一、新闻信息服务	10.25	12.58
二、内容创作生产	11.39	13.98
三、创意设计服务	19.52	23.97
四、文化传播渠道	8.60	10.56
五、文化投资运营	0.00	0.00
六、文化娱乐休闲服务	11.72	14.39
第二部分 文化相关领域	19.97	24.52
七、文化辅助生产和中介服务	17.29	21.23
八、文化装备生产	0.54	0.66
九、文化消费终端生产	2.14	2.63

注：绝对额按当年价格计算。

表3 宁夏分地市文化产业增加值及占比情况

地区	增加值(亿元)	构成(%)	文化产业增加值占GDP比重(%)
总计	81.45	100	2.37
银川市	54.66	67.10	3.03
石嘴山市	6.09	7.48	1.14
吴忠市	7.47	9.17	1.47
固原市	4.16	5.11	1.54
中卫市	9.07	11.14	2.42

总量超过10亿元的仅有2个，分别是兴庆区和西夏区，10个县（市、区）增加值总量不足1亿元；增加值占GDP的比重超过全区平均水平的地区有6个，其中，沙坡头区增加值占比最高，达到4.44%，其次分别是兴庆区占4.39%、金凤区占3.85%、西夏区占3.54%、永宁县占3.44%、贺兰县占2.75%。各地文化产业增加值及占比仍然存在较大差距（见表4）。

（三）规模以上文化产业法人企业发展现状

2017年，全区规模以上文化产业法人企业①（以下简称"规模以上文化企业"）单位数稳步增长，就业吸纳能力不断提升，但亏损面扩大，盈利能

---

① 指在《文化及相关产业分类(2018)》所规定行业范围内，年主营业务收入在2000万元及以上的工业企业；年主营业务收入在2000万元及以上的批发企业或主营业务收入在500万元及以上的零售企业；从业人数在50人及以上或年营业收入在1000万元及以上的服务业企业，其中文化和娱乐服务业年营业收入在500万元及以上。

表4 宁夏各县（市、区）文化产业增加值及占比情况

地区	增加值（亿元）	占GDP比重（%）
总计	81.45	2.37
银川市	54.66	3.03
兴庆区	23.96	4.39
西夏区	12.00	3.54
金凤区	8.42	3.85
永宁县	4.67	3.44
贺兰县	3.51	2.75
灵武市	2.08	0.48
石嘴山市	6.09	1.14
大武口区	3.41	1.58
惠农区	0.65	0.41
平罗县	2.02	1.28
吴忠市	7.46	1.47
利通区	4.13	2.18
红寺堡区	0.28	1.43
盐池县	0.60	0.70
同心县	0.46	0.72
青铜峡市	2.00	1.33
固原市	4.16	1.54
原州区	2.59	2.20
西吉县	0.60	0.97
隆德县	0.42	1.66
泾源县	0.22	1.39
彭阳县	0.33	0.67
中卫市	9.07	2.42
沙坡头区	7.63	4.44
中宁县	0.94	0.63
海原县	0.50	0.95

力有所下降。

从企业规模看，2017年，全区规模以上文化企业为108家，比上年增长9.1%，从业人员1.25万人，增长5.9%。其中，规模以上文化制造业企业25个，比上年增长19.0%，从业人员0.45万人，增长4.7%；文化批发和零售业企业20个，从业人员0.07万人，分别与上年持平；文化服务业企业63个，增长8.6%，从业人员0.73万人，增长7.4%。文化服务业单位数和从业人数稳步增长，且所占比重均超过一半以上，是全区规模以上文化产业发展的主体力量（见表5）。

表5 规模以上文化产业法人企业情况

指标名称	单位数（个）		增速（%）	从业人员（万人）		增速（%）
	2017年	2016年		2017年	2016年	
总计	108	99	9.1	1.25	1.18	5.9
文化制造业	25	21	19.0	0.45	0.43	4.7
文化批零业	20	20	0.0	0.07	0.07	0.0
文化服务业	63	58	8.6	0.73	0.68	7.4

从营业收入看，2017年，全区规模以上文化企业营业收入呈"两升一降"态势，其中，文化制造业实现营业收入29.67亿元，占全区规模以上文化企业营业收入的53.2%，增长37.8%；文化批发和零售业营业收入6.49亿元，占11.6%，增长25.3%；规模以上文化服务业营业收入19.65亿元，占35.2%，下降19.3%，支撑作用减弱（见表6）。

从盈利情况看，2017年，全区规模以上文化企业实现利润总额2.05亿元，比上年下降31.9%，其中，文化制造业实现利润总额0.59亿元，下降24.4%；文化批发和零售业实现利润总额0.21亿元，增长50.0%；文化服务业实现利润总额1.26亿元，下降39.7%（见表6）。

表6 规模以上文化产业法人企业情况

指标名称	营业收入（亿元）		增速（%）	利润总额（%）		增速（%）
	2017年	2016年		2017年	2016年	
总计	55.80	51.07	9.3	2.05	3.01	-31.9
文化制造业	29.67	21.53	37.8	0.59	0.78	-24.4
文化批零业	6.49	5.18	25.3	0.21	0.14	50.0
文化服务业	19.65	24.36	-19.3	1.26	2.09	-39.7

从行业分类看，文化产业9个行业类别中，宁夏涉及8个行业。营业收入占比排序前三位的行业依次是文化辅助生产和中介服务、文化传播渠道、内容创造生产，分别占营业收入总量的46.3%、15.9%、14.0%（见表7）。

分地市看，2017年，银川市规模以上文化企业71个，占全区规模以上文化企业总数的65.7%，从业人员0.73万人，占全区规模以上文化企业从业人员的58.4%；石嘴山市规模以上文化企业5个，占4.6%，从业人员0.02万人，占1.6%；吴忠市规模以上文化企业13个，占12.0%，从业人员0.19万人，占15.2%；固原市规模以上文化企业6个，占5.6%，从业人员

表7 宁夏规模以上文化产业9个行业情况

类别名称	单位数（个）	从业人员（人）	营业收入（亿元）
总计	108	12491	55.80
新闻信息服务	2	30	0.31
内容创作生产	20	1648	7.83
创意设计服务	15	2080	6.01
文化传播渠道	24	1391	8.90
文化投资运营	—	—	—
文化娱乐休闲服务	17	2937	6.35
文化辅助生产和中介服务	26	4357	25.84
文化装备生产	2	24	0.42
文化消费终端生产	2	24	0.14

0.05万人，占4.0%；中卫市规模以上文化企业13个，占12.0%，从业人员0.26万人，占20.8%。

2017年，银川市规模以上文化企业实现营业收入31.31亿元，占56.1%，增长4.1%；石嘴山市0.45亿元，占0.8%，增长7.1%；吴忠市10.23亿元，占18.3%，增长27.6%；固原市1.15亿元，占2.1%，下降53.4%；中卫市12.66亿元，占22.7%，增长25.6%（见表8）。

表8 宁夏分地市规模以上文化产业情况

名称	单位数（个）		增速（%）	从业人员（人）		增速（%）	营业收入（亿元）		增速（%）
	2017年	2016年		2017年	2016年		2017年	2016年	
总计	108	99	9.1	1.25	1.18	5.9	55.80	51.07	9.3
银川市	71	66	7.6	0.73	0.68	7.4	31.31	30.08	4.1
石嘴山市	5	4	25.0	0.02	0.01	100.0	0.45	0.42	7.1
吴忠市	13	11	18.2	0.19	0.18	5.6	10.23	8.02	27.6
固原市	6	7	-14.3	0.05	0.05	0.0	1.15	2.47	-53.4
中卫市	13	11	18.2	0.26	0.26	0.0	12.66	10.08	25.6

（四）文化产业固定资产投资额大幅上升

2017年，全区文化产业固定资产投资额达217.8亿元，比上年增长66.5%，占全社会固定资产投资的比重为5.7%，比上年提高2.1个百分点（见表9）。

表9　文化产业固定资产投资情况

类别名称	绝对额(亿元)	占比(%)
合计	217.8	100
一、新闻出版发行服务	0.1	0.1
二、广播电视电影服务	2.9	1.3
三、文化艺术服务	30.1	13.8
四、文化信息传输服务	16.6	7.6
五、文化创意和设计服务	7.9	3.6
六、文化休闲娱乐服务	121.9	56.0
七、工艺美术品的生产	0.5	0.2
八、文化产品生产的辅助生产	8.5	3.9
九、文化用品的生产	29.3	13.5
十、文化专用设备的生产	—	—

分类别看，2017年，文化产业投资额排名前三的分别是：文化休闲娱乐服务业投资额达121.9亿元，占文化产业总投资额的56.0%；其次，文化艺术服务业投资额30.1亿元，占13.8%；文化用品的生产投资额29.3亿元，占13.5%（注：本部分数据为《文化及相关产业分类（2012）》行业分类口径）。

二、宁夏文化产业发展中存在的问题

（一）文化产业总量小、占比低

2017年，全区文化产业增加值总量比上年增长9.5%，但仍低于全国平均水平3.3个百分点。从增加值占GDP比重来看，宁夏文化产业增加值占比偏低，低于全国1.83个百分点。各市、县（区）文化产业增加值总量偏小，占比偏低。10个县（市、区）增加值总量不足1亿元；8个县（市、区）占GDP比重低于1%。

（二）规模以上文化企业数量少，地区发展不均衡

2017年，全区规模以上文化产业法人企业108家。从企业数量来看，银川市独占"半壁江山"，其企业数量和文化产业增加值总量占比均超过全区六成。其他四地市企业数量及增加值合计占全区四成，区域发展不均衡。

（三）规模以上文化企业行业发展不稳定，企业盈利状况欠佳

2017 年，占比小的批发和零售业，营业收入和利润总额有所增长，而占比大的制造业和服务业两项指标呈下降趋势。

（四）城镇居民人均文化娱乐消费支出小幅下降

2017 年，全区城镇居民人均消费支出 20219 元，比上年减少 145 元，下降 0.7%，其中文化娱乐消费支出 1019 元，比上年减少 45 元，下降 4.2%，均低于全国平均水平。

三、推动宁夏文化产业发展的几点思考

党的十九大报告提出了建设社会主义文化强国战略，深化文化体制改革，完善文化管理体制，加快构建把社会效益放在首位、社会效益和经济效益相统一的体制机制，我国文化产业发展进入新阶段。宁夏文化产业发展也步入新常态的关键时期，打造文化产业发展新高地，必须积极推进"文化+"战略模式，要大力倡导多产业融合发展，努力促进文化产业与科技、金融、旅游、创意等相关产业融合发展，不断增强文化发展实力。

（一）深化文化产业体制改革，确定文化产业发展目标

要以全面建成小康社会和把文化产业建设成支柱产业为目标，充分认识文化产业发展中所面临的形势与挑战，进一步深化文化体制改革，加强对文化产业发展的规范管理，优化文化产业发展的内外环境，激发全社会的文化创造活力，提升文化企业的核心市场竞争力。

（二）加快文化产业结构调整，提升传统文化产业改造

把培育"文化+"为核心的产业融合作为文化产业转型升级和延伸文化产业链的重要举措，加快文化产业结构调整，促进出版、发行、广播影视等传统文化产业转型升级，构建特色鲜明、优势明显、具有核心竞争力和可持续发展能力的现代文化产业体系。

（三）优化区域发展，培育壮大文化产业市场主体

通过机制创新、资源整合和项目扶持等方式，优化文化产业区域发展，在发掘各地区文化特色的基础上，培育壮大文化市场主体，坚持抓大、强中、扶小相结合，利用好文化产业发展专项基金，提高文化产业资本运作

能力,推动文化产业高质量发展。

(四)培养文化消费理念,提升居民的文化消费水平

制定具体的文化消费刺激措施,引领文化消费意愿,激发文化消费行为。进一步拓展大众文化消费市场,满足人民群众对美好文化生活的需要。

宁夏全域旅游中的冬季旅游市场研究报告*

张红梅　曹晶晶　王　凯　宋　莉　贾耀锋

经统计，现阶段宁夏境内已开发的冬季旅游景区（点）共计132个，其中包含57家A级景区（点），从冰雪、养生、美食、风情、文化、运动、研学、避霾、荒凉等11个冬季旅游关键吸引力要素对宁夏境内的132个景区（点）的冬季旅游资源进行分析，明确了各个景区（点）冬季旅游的核心吸引力。

一、宁夏冬季旅游资源总体特征

一是类型多样、分布较广。宁夏冬季旅游资源按吸引点要素可分为11类，可进行冬季旅游项目的资源单体132个。资源种类较多，分布范围较广。二是资源组合、优势突出。冬季的大漠风光，塞上的滋补美食。温泉的暖与冰雪的寒，古城探秘与红色旅游在宁夏都有体现。温泉与滑雪冰火两重天，羊肉和葡萄酒的绝美搭配，乡村加红色旅游目的地相得益彰，构成了温泉+滑雪组合，美酒+美食组合，观光+体验组合，娱乐+研学组合等宁夏冬季旅游的特色旅游产品。三是文化多元、特色明显。以一批革命老

作者简介　张红梅，北方民族大学管理学院旅游系教授；曹晶晶，北方民族大学管理学院旅游系助教；王凯，北方民族大学管理学院副院长、教授；宋莉，北方民族大学管理学院旅游系教授；贾耀锋，北方民族大学管理学院旅游系教授。

*本文属宁夏哲学社会科学规划项目"宁夏全域旅游目的地满意度测评体系构建研究"（基金编号16NXBGL09）阶段性成果。

区为代表的革命文化，以古长城、关隘、烽火台、堡寨、烽燧、古道、古战场遗迹为代表的边塞文化及古军事文化，以兴州古城、灵州古城、原州古城为代表的古城历史文化，还有丰富多彩的民俗文化，是宁夏特色地域文化的多元体现。

二、宁夏冬季旅游发展中存在的主要问题

（一）冬季旅游资源优势未转换为产品优势

首先，宁夏冬季旅游基础设施薄弱、交通可进入性差、公共服务滞后。许多景区存在着冬季供暖、供水不足，餐饮不方便等问题，一些景区冬季实行轮休制，游客到旅游区难以享受到配套的景区服务。其次，冬季旅游的总体规划和营销传播缺乏创新与整合。冬季旅游知名度不高，品牌效应未充分体现。景区讲解和导服人员对冬游产品的文化内涵认识不到位，缺乏文化自信。最后，因宁夏处于干旱、半干旱气候区，冬季降雪量少，且无常年积雪，主要靠人工造雪开发冬季滑雪项目，冰雪旅游开发成本较大，而其他类型的冬游项目开发不足，存在单一化、同质化问题，缺乏强吸引力的特色精品。

（二）冬季旅游产品的质与量不能满足市场需求

一方面，人们收入水平提高，休闲旅游的支出占家庭日常支出的比例日益增加。到宁夏旅游的游客通常都有在其他知名旅游目的地旅游的经验，因此对旅游产品的质量要求较高。但是，宁夏冬季旅游产品供给现状难以满足中远途市场的需求。另一方面，在冬季的节假日期间，冰雪游、节庆游、研学游的游客接待量大时不能保证游客的旅游体验和满意度。

（三）冬季旅游市场开发力度欠缺，活力不足

主要体现在冬季旅游产品单一、线路少、旅游从业人员数量少、旅游宣传力度小、冬季开放景区减少等方面。许多旅游企业对宁夏冬季旅游的市场定位不准确，没有确定其市场主体是宁夏本土及周边游客还是中远途市场游客，市场开发力度和活力不足，导致宁夏冬季旅游市场的体量规模较小。

(四) 人均消费率、市场转化率偏低，经济效益不高

近两年，宁夏为带动冬季旅游，各景区策划了不少活动，除传统的游览观光外，还有许多民俗文化类、体验类、赛事类的活动。这些活动吸引了不少游客和市民的参与，但旅游消费主要体现在门票、交通和专项活动上，缺乏食、住、购、娱等深度体验消费项目，导致活动所产生的经济效益不高。看似繁荣热闹的冬季旅游背后，是活动策划在旅游各要素上结合不够紧密、配套不够完善而导致的市场转化率偏低。

(五) 冬季旅游品牌形象建设不足

宁夏旅游一直以"塞上江南·神奇宁夏"的旅游品牌形象而闻名，但这一形象定位与宁夏冬季旅游的形象并不十分契合，冬季旅游"冬游宁夏·享受阳光"的旅游形象主打阳光及休闲体验旅游，与北方冬季的严寒气候形成鲜明对比，较有吸引力。在品牌形象建设方面，宁夏冬季旅游形象应当与宁夏全域旅游形象更加契合，针对不同市场需求和不同区域特色构建适合宁夏冬季旅游的营销宣传体系，塑造有宁夏特点的 IP 形象，有助于冬季旅游形象传播。

三、宁夏冬季旅游市场环境 SWOT 分析

外部因素＼内部能力	优势(S)	劣势(W)
	·冬季旅游资源种类多样丰富 ·特色资源组合优势凸显 ·生态环境优质 ·宁夏旅游管理部门重视冬季旅游 ·宁夏旅游行业管理比较规范	·气温不够低、降雪量不够大，造雪成本高 ·冬季旅游同质化严重、产品开发欠缺，吸引力不足 ·地处西北内陆，交通不便 ·旅游配套服务及设施不到位 ·冬季旅游形象不清晰
机会(O)	SO 战略	WO 战略
·国民经济水平提高,冬季旅游市场需求迅速增长 ·党的十九大精神及自治区党委关于全域旅游的战略指导为宁夏冬季旅游带来更多的政策机遇 ·互联网+时代新媒体的运用为宁夏冬季旅游提供更便捷的营销平台	·结合传统渠道，运用互联网平台对宁夏冬季旅游进行推介，增加宁夏冬季旅游的曝光度，提高知名度 ·利用政策机会，保持行业环境优势	·运用政策优势，引进资金，加强基础设施建设，尤其是大交通方面 ·加强旅游培训，提高服务意识和服务水平 ·扶持当地的专业旅游营销团队

威胁(T)	ST 战略	WT 战略
·周边旅游的迅速发展和同类资源的激烈竞争都从一定程度上分散了客流 ·周边省市一些开发早、知名度大的景点吸引力更强	·提高景区创新意识和创新能力,打造旅游景区创新点 ·在本身资源优势的基础上,特色要求精,求异,求组合化	·以冰雪旅游作为突破口,深度体验以文化类、养生类资源为主 ·将体验和服务作为重点提升项目

结合以上分析,宁夏冬季旅游机会因素与优势因素相对凸显,未来应该采取的主要战略为 SO 发展型战略。

四、宁夏冬季旅游市场分析

依据宁夏近年来的国民经济和社会发展统计公报、政府工作报告及旅游局统计数据等资料,从市场规模、客源结构、旅游动机、游客特征等方面展现宁夏冬季旅游市场现状。

(一)游客接待量和旅游收入现状

近年来宁夏旅游发展持续增长态势强劲,2013—2017 年旅游接待总量从 1536 万人次到 3103 万人次增长了 102%,旅游总收入从 127 亿元到 277.7 亿元,增长了 118.7%。仅 2018 年上半年 1—6 月份的旅游接待总量 1699.5 万人次及总收入 138.7 亿元,均已超过 2013 年全年。

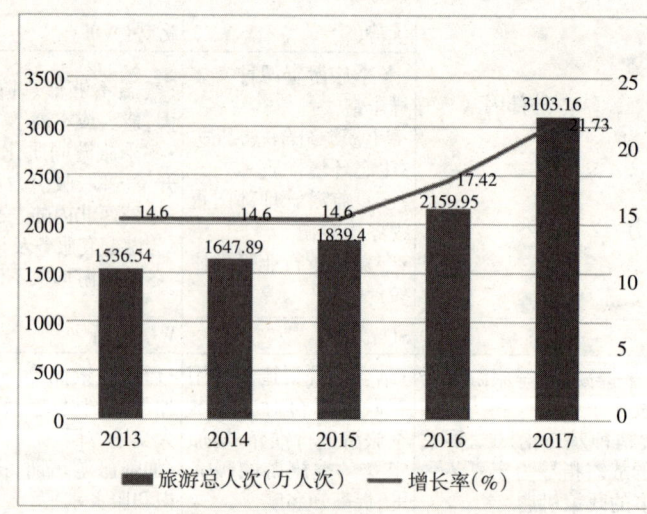

图 1 2013—2017 年宁夏旅游接待总量及增长率

(注:数据来自宁夏旅游政务网宁夏旅游经济发展统计公报。)

领域篇·文化产业

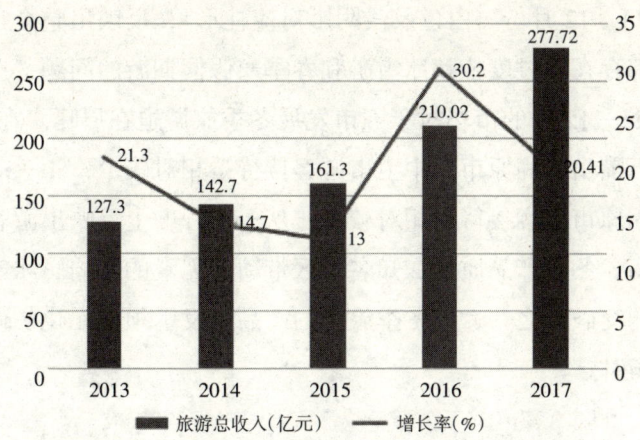

图2　2013—2017年宁夏旅游总收入及增长率

（注：数据来自宁夏旅游政务网宁夏旅游经济发展统计公报。）

（二）宁夏五市冬季游客接待量与旅游收入

宁夏冬季旅游的时间对应每年11月份到次年3月份，表1为宁夏五市2016—2017年、2017—2018年冬季游客接待量和旅游收入的对比，图三进一步呈现了五市冬季跨年前后（11—12月与次年1—3月）的游客接待量对比情况。

表1　宁夏五市冬季游客接待量与旅游收入（2016—2017年、2017—2018年）

地区	分类	接待人次（万人）	收入（亿元）
银川	2016.11—2017.3	368.00	31.200
	2017.11—2018.3	521.44	55.54
石嘴山	2016.11—2017.3	96.4743	6.635
	2017.11—2018.3	105.40	7.240
吴忠	2016.11—2017.3	144.353	6.993
	2017.11—2018.3	171.620	8.030
固原	2016.11—2017.3	81.9435	6.966
	2017.11—2018.3	119.600	6.100
中卫	2016.11—2017.3	75.3190	6.387
	2017.11—2018.3	134.54	6.230

由上述图表数据可见，近年来银川市在冬季旅游市场占有量方面居五市之首，体现了银川冬季旅游在环境、资源、市场方面的带动优势和引领

作用。由图3可见，五市在1—3月份（深阴影及黑色对应柱形）的旅游人数均超过11—12月份（白色及浅阴影对应柱形），反映出整个宁夏区域的冬季旅游都存在着过度依赖冰雪游和春季寒假假期游的问题，产品过于单一，打开11—12月的市场对于五市发展冬季旅游迫在眉睫。在11—12月数据中，石嘴山、固原市、中卫市游客接待量相对较少，1—3月数据中，石嘴山与固原市游客接待量相对较少，从一定程度上反映出游客冬游需求受出游距离、冬游产品质量、知名景区带动等因素的影响。冰雪游是宁夏冬季旅游的突破口之一，但冬季旅游的产品开发亟须多元化、体验化、特色化的市场引导。

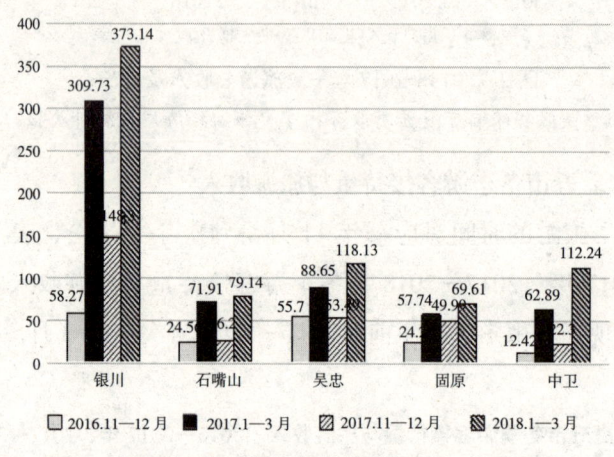

图3 宁夏五市冬季游客接待量跨年对比（万人次）

（三）游客行为特征

1. 旅游动机

2014年到2017年，全区接待游客以休闲观光旅游为目的占总游客比例各年分别为57.4%、64.4%、57.4%、37.1%，有所下降，以商务为目的的占总游客比例各年分别为9.8%、9.8%、14.8%、13.3%，呈上升趋势。其他分别还有探亲访友、会议以及其他等所占比例不高且变化不大。总体来看游客旅游动机主要以休闲观光旅游为主。

2. 游客人群

2014年到2017年数据显示：25—44岁群体分别占来宁夏旅游总人数53.8%、59.7%、56.59%、49.9%，70后、80后、90后仍然是宁夏冬季旅游主体,25—44岁游客比例总体呈下降趋势,45—64、15—24岁游客有上升趋势,企事业单位管理人员入宁旅游人数最多。

3.旅游信息获取途径

从游客信息获取途径来看,2014—2017年从网络途径获取信息的游客占总来宁游客的61%、69.3%、63.29%、64.84%,更多游客侧重于从网络途径获取信息,从电视获取信息的游客也在不断增加。因此,冬季旅游宣传要以网络宣传加电视宣传为主。

4.出行方式

数据显示:2014—2017年来宁以家庭自驾游的游客占总游客58.5%、60%、53.9%、67.79%,目前来看,宁夏接待的游客仍以家庭式自驾游方式为主,个人旅游出行方式也在不断增加。因此,各景区冬季旅游首先要提升自身的接待能力与服务能力。

5.游客满意度

2014—2017年,通过对来自全国各地的国内游客的问卷调查,在全部游客中,对旅游综合服务评价较好的均达到80%[2]以上,对旅游市场的综合印象评价均处于较好的状态。

(四)客源市场分析

1.客源分布

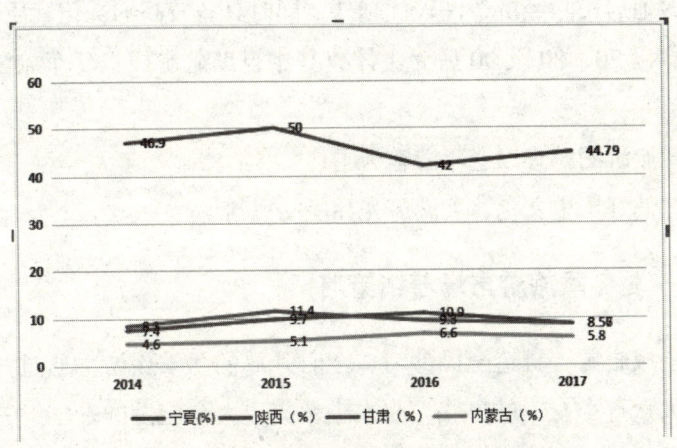

图4 入宁夏旅游核心客源市场所占总游客百分比

(注:数据来自宁夏旅游政务网宁夏旅游经济发展统计公报。)

通过以上数据可知，宁夏全年的核心客源市场主要为宁夏区域内的本地市场，其次陕西、甘肃、内蒙古为重点客源市场，河南、山东、四川、山西、北京、河北、江苏等地为潜力市场，还未有突破。因此，宁夏冬季旅游在突破区域内市场的同时应大力开发重点市场、潜力市场，在最大力度上增加各区域游客冬季来宁旅游的可能性，加大对其他区域市场的宣传推广。

2. 市场定位

（1）宁夏及周边本地市场特征

◇游客主体为宁夏本地居民及内蒙古自治区西部、陕西省北部和关中地区、甘肃省中东部等三小时经济圈内的城乡居民；

◇以冰雪、运动、研学、康体为主要出游目的；

◇游客主体年龄涵盖 14 岁以上和 65 岁以下的青少年段和中老年段；

◇家庭或亲友结伴出游，其次为单位、学校等集体组织；

◇以自驾车为主；

◇出游时间多集中在周末、公共节假日和学生寒暑假期，并以"一日游""二日游"为主。

（2）中远途及机会市场特征

◇500 公里之外的省市区中心城市和其他经济文化发达城市的游客，主要指京津冀、长三角、珠三角以及成渝地区的游客；

◇客源地居民除经济条件较优越外，同时具备较高的文化素质；

◇游客以 70、80 及 90 后为主体，其中自助旅游或自驾车旅游占较大比例；

◇随团旅游的游客以老年游客为主；

◇游客偏好历史文化、大漠风光和民间风情。

五、宁夏冬季旅游市场营销策略

依靠全域旅游，打造全民参与、全时开放的冬季旅游。通过"小众带大众，以大众育小众"的方式，在本土及周边大众旅游的基础上，培育更多高端旅游精品。以冰雪旅游为突破口，根据各地不同的特色和不同市场游客的需求，深挖各景区的文化内涵，打造独具吸引力的冬季旅游产品。

（一）宁夏冬季旅游营销定位

1. 总体形象定位

以"冬游宁夏·享受阳光"为宁夏回族自治区冬季旅游的总体形象定位。

2. 重点市场开发

目前，宁夏冬季旅游的游客以宁夏本地及周边省市居民为主，这一市场是冬季旅游的重点市场。另外，京津冀、珠三角、长三角、成渝地区等在内的区域游客是宁夏冬季旅游亟须争取的市场。

（1）宁夏及周边市场

◇以本地公共媒体为主要宣传推广手段，多推送2—4天的旅游线路；

◇推出一些亲子项目，适用于以家庭为单位出游的游客；

◇注意交通标识的完善，尤其是景区附近，导航系统无法精确到位的位置，指示标识要清晰、醒目；

◇重视对机关团体、企事业单位和学校的团体促销，建立长期伙伴合作关系；

◇通过微信、微博等形式开展经常性的市场随机调查，注重本地居民对旅游产品的满意度和口碑宣传；

◇各市推出不同的旅游口号，打造各具特色的旅游形象。

名称	全域旅游口号	冬季旅游口号
银川市	天下黄河富宁夏·塞上江南美银川	七彩阳光·魅力银川
石嘴山市	神奇宁夏·水沙秘境	运动休闲·活力石嘴山
吴忠市	丝路宁夏·水韵吴忠	黄河金岸·回味吴忠
中卫市	沙漠水城，花儿杞乡，休闲中卫	花儿杞乡·静养中卫
固原市	天高云淡六盘山	水墨乡村·文化固原

（2）中远途及机会市场

◇抓住地区差异化特征，突出特色；

◇提升旅游服务意识及能力；

◇开发特色民宿；

◇与京津冀、珠三角、长三角及成渝地区的旅游部门、旅行社建立良好的合作关系；

◇针对不同地域提出旅游口号。

名称	冬季旅游口号
京津冀	冬游一夏·乐享奇缘
珠三角	走陆上丝绸之路·看北国冰雪风光
长三角	神奇冬夏·七彩阳光
成渝地区	冬享阳光·甜蜜杞乡

（二）宁夏冬季旅游品牌营销策略

1. 冬季 IP 形象

随着旅游群体的大众化、旅游体验的品质化，用户对旅游消费要求也越来越高。代表着旅游文化气息与精神魅力的 IP 便应运而生了。

产品类型	IP 形象
塞上冰雪之旅	邀请冰雪项目运动员或其他公众人物作形象代言人，提升人气
温泉康养之旅	Logo：白色为底，贺兰山背景下方流动的线条寓意温泉
美酒美食之旅	纪录片、微电影等
民俗风情之旅	宁夏民俗歌舞演艺、非遗展演
历史探秘之旅	宁夏历史文化纪录片
红色经典之旅	红色旅游纪念品，《清平乐·六盘山》
运动休闲之旅	冬季徒步、深呼吸、慢游静养等标志性活动及卡通形象或吉祥物
研学体验之旅	Logo：白色为主色调，六盘山、贺兰山、黄河、长城等背景，学生背书包走进文化园的剪影

2. 冬季旅游宣传口号

总体口号：冬游宁夏·享受阳光	
产品类型	口号
塞上冰雪之旅	冰雪奇缘，塞上光影
温泉康养之旅	风花雪月真温泉，暖身养心慢生活
美酒美食之旅	慢品宁夏滋味，醉享贺兰佳酿
民俗风情之旅	欢欢喜喜闹社火，红红火火过大年
历史探秘之旅	寻古迹，追遗风，探秘塞上
红色经典之旅	追寻先辈足迹，弘扬革命精神
运动休闲之旅	吐故纳新，畅意休闲
研学体验之旅	乐学塞上，智慧人生

（三）宁夏冬季旅游产品营销策略

根据不同的旅游产品谱系，围绕"冬游宁夏·享受阳光"的品牌形象，可以分别划分出八种不同主题的线路。根据每个谱系的特色和分布，罗列出每个谱系中可列入线路中的景区（点）作为线路设计的参考。

1. 塞上冰雪之旅

依托区域内的冰雪产品，结合宁夏民俗、康养，打造特色冰雪类产品。

线路	主要景点
银川西线	贺兰山苏峪口国家森林公园滑雪场、瑞信温泉小镇、镇北堡西部影城、贺兰山岩画、西夏陵、贺兰山东麓葡萄文化长廊、宁夏有礼特色物产馆
银川东线	鸣翠湖国家湿地公园、檀溪谷温泉水世界、永宁文化园、中国枸杞馆
固原	六盘山滑雪场、须弥山石窟、龙王坝、将台堡、老巷子、隆德县系列民俗活动、茹河冰瀑

2. 温泉康养之旅

依托森林、温泉资源，结合冰雪旅游项目，打造温泉度假产品，深挖养生概念，结合回医养生，开发回医温泉疗养文化产品，以"温泉+"为开发模式，打造温泉康养旅游线路。

线路	主要景点
银川西线	瑞信温泉小镇、贺兰山苏峪口国家森林公园滑雪场、镇北堡西部影城、贺兰山岩画、西夏陵、张裕摩塞尔十五世酒庄、宁夏有礼特色物产馆
银川东线	檀溪谷水世界、鸣翠湖国家湿地公园、永宁文化园、纳家户特色小吃街、中国枸杞馆

3. 美酒美食之旅

依托宁夏葡萄酒资源、传统美食，打造美酒美食之旅。

线路	主要景点及项目
石嘴山	黄渠桥美食、沙湖
银川西线	张裕摩塞尔十五世酒庄、志辉源石酒庄、瑞信小镇
银川东线	巴格斯酒庄、玉泉营国际葡萄酒庄园、永宁美食大集、纳家户回味特色小吃街、鸣翠湖湿地公园、檀溪谷水世界
吴忠	金沙湾酒庄、东塔寺乡石佛寺村、吴忠博物馆、盐池革命烈士纪念园、吴忠美食

4. 民俗风情之旅

深挖宁夏传统民俗文化，结合冬季重大传统节庆，打造冬季旅游民俗风情之旅。

线路	主要景点
银川	鸣翠湖湿地公园、永宁文化园、镇北堡西部影城、瑞信温泉小镇
固原	龙王坝、将台堡、老巷子、隆德县新和村、茹河冰瀑
石嘴山	石嘴山文化博物馆、沙湖、春节花灯民俗节、迎新春社火展演、春节文化年货博览会
吴忠	黄河坛、黄河楼、108塔

5. 历史探秘之旅

以宁夏特有的历史文化为依托,结合红色文化、丝路文化、边塞文化等多种形式的文化内涵,打造历史探秘之旅。

线路	主要景点
银川	西夏陵、镇北堡西部影城、瑞信温泉小镇、贺兰山岩画、贺兰山1958文化产业园、东麓葡萄酒文化体验中心、宁夏博物馆、永宁文化园、水洞沟旅游区
石嘴山	石嘴山文化博物馆、沙湖、平罗塞上江南文化旅游产业园、五七干校博物馆
吴忠	吴忠博物馆、韦州古城、黄河坛、盐池革命烈士纪园、哈巴湖生态旅游区
中卫	沙坡头、中卫高庙、黄河宫、海原天都山西夏皇家石窟
固原	须弥山石窟、龙王坝、将台堡、老巷子、老龙潭龙文化宫(提前预约)、固原博物馆

6. 红色经典之旅

以宁夏丰富的红色文化为支撑,结合民俗文化和研学体验,打造红色经典之旅。

线路	主要景点
石嘴山	石嘴山文化博物馆、五七干校博物馆、沙湖
吴忠	吴忠博物馆、盐池革命烈士纪念园、同心红军西征纪念园
固原	须弥山石窟、龙王坝、将台堡(包含名人故居:贺龙、任弼时、关向英、刘伯承)、将军寨、六盘山红军长征纪念馆(提前预约)、固原博物馆

7. 运动休闲之旅

以各个景区每年冬季组织的集体户外运动或户外赛事活动,结合冰雪旅游、美酒美食旅游等,打造运动休闲之旅。

线路	主要景点
银川	贺兰山滑雪场、贺兰山岩画、瑞信温泉小镇、西夏风情园、张裕摩塞尔十五世酒庄、鸣翠湖湿地公园
石嘴山	石嘴山文化博物馆、沙湖、王泉沟、黄渠桥美食
吴忠	黄河楼、108塔、黄河大峡谷、盐池滩羊美食及鹿血酒
固原	龙王坝、老巷子、新和村、六盘山滑雪场

8. 研学体验之旅

以宁夏丰富的文化资源为依托，结合红色旅游，打造研学体验之旅。

线路	主要景点
银川东线	鸣翠湖湿地公园、宁夏博物馆、永宁文化园、水洞沟
银川西线	贺兰山岩画、镇北堡西部影城、宁夏博物馆、贺兰山滑雪场、张裕摩塞尔十五世酒庄
吴忠	吴忠博物馆、宁夏移民博物馆、黄河大峡谷、盐池革命烈士纪念园
固原	龙王坝、将台堡、将军寨、老巷子、老龙潭龙文化宫（提前预约）、六盘山红军长征纪念馆（提前预约）、农业生态科技园、固原博物馆

（四）冬季旅游线路营销策略

宁夏的冬季旅游线路一部分针对本土及周边市县居民主要以 2—4 天的线路为主。另一部分针对亟待开发的京津冀、珠三角、长三角以及成渝地区的游客，这一部分游客出游时间一般在 3—7 天。

1. 本地及周边市场

由于本地及周边市场游客出游时间偏短，深度的体验以游览一个市的景区（点）为主，可以考虑以冰雪游为突破口，从而带动其他类型的旅游线路。

地区	名称	线路安排
银川市	乐学银川	D1 水洞沟—军博园
		D2 宁夏博物馆—贺兰山岩画—西夏陵
	醉养银川之旅	D1 永宁文化园—水洞沟
		D2 镇北堡西部影城—贺兰山岩画
		D3 贺兰山苏峪口滑雪场—天沐温泉小镇
		D4 西夏陵—志辉源石酒庄
石嘴山市	纳新之旅	D1 北武当庙—平罗玉皇阁—民俗花灯节/迎新春社火展演
		D2 沙湖
吴忠市	冬品黄河金岸之旅	D1 黄河楼—金沙湾酒庄—山水沟生态园
		D2 青铜峡 108 塔—哈巴湖生态旅游区
中卫市	沙水杞乡之旅	D1 沙坡头
		D2 中卫高庙保安寺—中卫高庙—中卫向阳步行街
固原市	冬暖六盘山之旅	D1 须弥山石窟—西吉火石寨—西吉龙王坝
		D2 六盘山滑雪场
		D3 茹河冰瀑—将台堡红军长征会师纪念园—老巷子
	丝路研学之旅	D1 须弥山—萧关
		D2 固原市博物馆—将台堡红军长征纪念园
		D3 西吉龙王坝

2. 中远途市场

针对中远途市场的游客设计的线路要有冰雪项目。这一部分市场的游客多会选择参团出游，但也不排除有小部分自驾游的市场，因此在线路设计上要考虑距离问题。

线路名称	线路安排
冰雪奇缘之旅	D1 西夏陵—贺兰山岩画 D2 镇北堡西部影城—沙湖—民俗花灯节/迎新春社火展演 D3 永宁文化园—水洞沟—东塔寺乡石佛寺村 D4 108塔—沙坡头—向阳步行街 D5 须弥山石窟—火石寨—龙王坝村 D6 茹河冰瀑—六盘山滑雪场 D7 贺兰山东麓葡萄文化体验中心—瑞信温泉小镇
慢品宁夏之旅	D1 鸣翠湖国家湿地公园—檀溪谷温泉水世界 D2 志辉源石酒庄—贺兰山岩画-镇北堡西部影城 D3 沙湖—中国枸杞馆—巴格斯酒庄 D4 西夏陵—西夏风情园—张裕摩塞尔十五世酒庄 D5 黄河坛—金沙湾酒庄—山水沟生态庄园

（五）其他创新性营销策略

1. 文化营销

旅游文化营销应考虑消费者的文化消费能力。消费者的认识能力可通过自我的文化修养、知识和经验识别旅游产品所传递的文化价值取向，如果旅游消费者"看不懂""听不明""瞧不惯""赏不了"旅游产品的内涵文化，则旅游文化营销行为便无法达到营销效果。而宁夏冬季的冰雪旅游并不足以成为宁夏冬季旅游的主要项目，最能够抓住人心，让游客回味无穷的只能是文化，包括类似于老巷子的这种文艺又略带小资的文化，也包括像社火等传统文化。

首先，在文化包装与产品设计上要以文化为主导，使旅游目的地的包装具有较强的文化感染力，蕴涵丰富的文化观念，以满足旅游者在文化认知方面的心理需求。在包装时，为产品注入或民族的，或现代的、健康的文化意识，提升旅游产品的文化品位和文化含量，突出其附加价值，让旅游目的地成为文化的载体。

其次是文化促销，在运用文化促销时，必须确定目标、选择工具、制定方案、实施和控制方案，并对结果进行评估。文化营销也需借助多种媒体平台发布宣传信息，以老巷子为例，其宣传的模式应区别于其他景区，无论是广告语、宣传视频，或是平面广告都应体现文艺气息，简洁委婉，才能吸引小众游客。

2. 常规线上代理加线下体验营销

从旅游行业现状看，线上+线下的做法在旅游营销上已有实践。目前主要的 OTA 渠道包括同程、去哪儿等。作为宁夏本地的线上 OTA "丝路风情"仍需要另行下载软件，外地游客使用量较少，景区自行开发 App 成本的确不高，但推广营销宣传成本却很高，所以宁夏旅游的线上营销应更多地与行业代表性的 OTA 平台合作。

线下营销是针对"线上"营销而言的，线上营销是重点，但线下营销仍不可忽视。线下体验店的呈现能够让游客近距离体验旅游的魅力，同时线上平台也对活动进行同步展示，以达到营销目的。宁夏旅游体验店要充分挖掘宁夏古往今来的文化记忆，与宁夏旅游业有效地结合起来。依托本地旅游资源，与周边（内蒙古、山西、陕西）等地旅游景区/点洽谈合作，为有意向往周边旅游的客户提供更加全面的旅游信息和资源（如整体套餐服务），实现经济利益和客户意向最大化。

3. 新媒体手段整合营销

利用新媒体的手段，以内容为核心，获取有利于企业盈利的潜在销售线索。新媒体营销并不是单一地通过某一种渠道进行营销，而是需要利用多种渠道整合营销，包括微信公众号（订阅号、服务号）、新浪微博、社交网站（天涯、豆瓣等）、问答平台（知乎、分答等）、视频网站（哔哩哔哩、腾讯视频等）、短视频平台（美拍、秒拍、快手、抖音等）。

新媒体渠道不仅可以推广实物商品，旅游商品也可借此进行营销宣传。宁夏冬季旅游八大体系有着不同的 IP 形象，新媒体营销的内容要以 IP 形象为主要线索进行衍生。

4. 个性化+自助化的定制营销

在旅游消费领域日益崇尚自我个性的时代，自助游被越来越多的人所接受，这也使得自助旅游在我国发展迅速，已经成为一种旅游新时尚和潮流。自助旅游已成为我国旅游市场的主导力量，在旅游市场中占据重要地位。因此，各大行程助手 App 也是宁夏冬季旅游宣传渠道的重点之一，利用穷游行程助手、步步行程助手、游谱旅行网、出发吧、轻走旅行、一步旅行、路书、背包兔、走遍欧洲、极鸟、旅行加等平台，为游客提供线路设计推荐。

随着自助游渐渐成为人们首选的出行方式，定制游的市场逐渐打开它的大门，成为一个热门领域。旅游达人不单纯只是人员的加入，而是带着其服务目的地的资源和经验，对于平台来说将会扩充相应目的地的资源，对于用户和平台来说是双赢的。通过达人定制和达人咨询，针对性不同的客户群体都可探索出不同的定制方案，除了能够完成较高的市场转换率之外，还能通过游客们口口相传提高知名度，同时还可以通过游客们撰写的游记等吸引更多小众游客。

宁夏区属国有文化企业改革发展情况报告

宁夏回族自治区党委宣传部文艺处

从 2009 年开始,宁夏利用三年时间完成了经营性文化事业单位整体转企改制,组建了黄河出版传媒集团有限公司、宁夏报业传媒集团有限公司、宁夏广电传媒集团有限公司、宁夏电影集团有限公司、宁夏演艺集团有限公司和宁夏文化产业投融资有限公司 6 家区属国有文化企业。在坚持党对企业的坚强领导下,稳中求进、攻坚克难,2012 年全面完成公司制改革。在充分体现文化例外要求基础上,积极推进建立"产权清晰、权责明确、政企分开、管理科学"的现代企业制度。

一、改革发展总体情况

6 家区属国有文化企业,均为独资企业,实行母子公司三级管理,在岗职工 3898 人。经过几年发展,区属国有文化企业整体实力进一步增强。截至 2017 年年底,区属国有文化企业资产总额为 54.32 亿元,同比增长 4.1%;负债总额为 19.02 亿元,同比增长 5.5%;所有者权益为 35.53 亿元,同比增长 4%;利润总额为 1.23 亿元,同比增长 1.6%;净利润为 1.19 亿元,同比增长 0.5%。2017 年,宁夏报业传媒集团有限公司、黄河出版传媒集团有限公司、宁夏广电传媒集团有限公司、宁夏文化产业投融资有限公司、宁夏演艺集团有限公司和宁夏电影集团有限公司净资产收益率分别为:7.2%、4.7%、4.0%、0.9%、-2.2%、-13.5%;国有资产保值增值率分别为:

137.5%、104.6%、139.5%、100.9%、97.3%、87.4%。总体来看，新闻出版类、广播电影电视类、文化投资运营类文化企业经营状况较好，电影、文化艺术类文化企业经营状况还不容乐观。

二、多措并举，企业不断做强做大

始终坚持国有资本主导地位，坚持导向管理不放松，坚持社会效益第一位，完善法人治理结构，创新生产经营机制，加强党的建设，6家企业正在逐步做强做优做大。

（一）把社会效益放在第一位，促进经济效益与社会效益相统一

黄河出版传媒集团有限公司出版的《〈鹖冠子〉研究》获2016年全国优秀古籍图书奖二等奖，科幻小说《大漠寻星人》2017年获全国第十届儿童文学奖。宁夏报业传媒集团有限公司协调参展第十四届中国（深圳）国际文化产业博览交易会，我区获得4个"最佳组织奖""最佳展示奖"，以及"中国工艺美术文化创意奖"金奖1个、铜奖2个，电影《阿修罗》获"2018十大最受关注奇幻IP"奖，是我区连续八届参展取得的最好成绩。宁夏演艺集团有限公司创作的舞蹈《花·花儿》获第四届回族舞蹈展演一等奖，京剧《庄妃》《白蛇传》入选国家艺术基金2017年传播交流推广资助项目，话剧《闽宁镇移民之歌》入选2017年度全国舞台艺术精品工程重点创作剧目名录和扶持剧目。宁夏广电传媒集团有限公司打造的《黄土地脊梁》等6部微电影获国家和省部级奖励。宁夏电影集团有限公司投拍的电视连续剧《灵与肉》被评为2015年度全国优秀电视剧剧本，2017年被国家广电总局列为党的十九大重点推荐剧目，2018年两次在央视八套黄金时段播出，夺得上半年全国电视剧收视率排行榜冠军。在取得显著社会效益的同时，区属国有文化企业围绕主业优化产业结构，经营业绩稳中有增。黄河出版传媒集团有限公司2017年主营业务收入5亿元，非主营业务收入0.11亿元，集团合并利润0.38亿元绝大部分由主营业务实现。宁夏报业传媒集团有限公司传统主业在经营利润中占比45%，经营主业的报业传媒印刷有限公司2017年实现利润总额0.05亿元，排列子分公司第1名。宁夏广电传媒集团有限公司主营业务收入占经营总收入的98.61%。宁夏电影集

团子公司均经营主业，电影有限公司 2017 年实现票房收入 0.27 亿元。宁夏演艺集团有限公司积极创排新节目、打磨保留剧目，2017 年实现营业收入 0.17 亿元，主营业务收入占营业总收入的 90.53%。宁夏文投公司主营业务收入占经营收入的 97.93%。

（二）优化经营，综合业务有新拓展

实施多元化发展战略，积极反哺主业，区属文化企业业务拓展迅速。黄河出版传媒集团有限公司在改制初成立 29 家子分公司基础上，又成立 1 家综合发行集团、1 家分公司，12 家全资、2 家控股和 1 家参股子公司，向新能源、数字科技、教育咨询等领域拓展，资产总额 12.99 亿元。宁夏报业传媒集团有限公司在改制初成立 14 家分公司基础上，又成立 3 家分公司、12 家子公司、1 家控股子公司，向会展、旅游、物业、小额贷款等领域拓展，资产总额 9.52 亿元。宁夏广电传媒集团有限公司在改制初成立 32 家子分公司基础上，又成立 2 家全资和 3 家参股子公司，向广电工程技术、投资管理、电商等领域拓展，资产总额 15.92 亿元。宁夏电影集团有限公司改制初成立 3 家子公司，积极开拓周边影城建设，资产总额 1.88 亿元。宁夏演艺集团公司在改制初成立 8 家分公司基础上，又成立 2 家子公司，资产总额 1.55 亿元。宁夏文投公司成立 1 家控股子公司，打造了"塞北情"文化品牌，资产总额 12.46 亿元。

（三）严控风险，资本投向布局日趋合理

区属文化企业主要分布在新闻出版业、广播电影电视业、文化艺术业、文化投资运营业等行业及领域。截至 2017 年年底，按组织形式划分，区本级公司制文化企业 99 家，股份合作制文化企业 10 家，暂无上市文化企业。国有文化资本总额 13.02 亿元，占实收资本总额的 100%；国有法人企业资本总额 13.02 亿元，占实收资本总额的 100%。按行业布局划分，新闻出版类文化企业国有资本总额 22.51 亿元，占比为 41.44%；广播电影电视类文化企业国有资本总额 19.31 亿元，占比为 35.55%；文化艺术类文化企业国有资本总额 1.55 亿元，占比为 2.85%；文化投资运营类文化企业国有资本总额 12.68 亿元，占比为 23.34%；暂无境外投资情况。区属国有文化企业制定了比较健全的内部规章制度，能有效防范可预见的各种风险。

(四) 改革发展平稳推进

在坚持党对企业的坚强领导下，稳中求进、攻坚克难，2012年区属文化企业全面完成公司制改革。在充分体现文化例外要求基础上，积极推进建立"产权清晰、权责明确、政企分开、管理科学"的现代企业制度。政府与企业的关系正在逐步理顺，企业内部制衡机制正在逐步形成，产权结构正在逐步优化。一是现代治理结构初步建立。逐步形成用制度规范经营、按制度办事、靠制度管人的机制。在基本管理制度上，区属国有文化企业已建立起以公司章程为核心，涵盖"三重一大"议事规则等的公司治理制度体系。仅企业章程修订工作，宁夏电影集团从2015年以来开展过4次，其他5家企业各开展过1次，把党建工作、社会效益第一和社会价值优先的经营理念及要求写入企业章程。在治理结构上，除宁夏文投公司外，其他5家企业已构建起"双向进入、交叉任职"的领导体制，确保履行内容导向管理第一责任人职责要求的落实。在机构设置上，从事内容创作生产传播的黄河出版传媒集团内设编委会，制定了《进一步落实集团出版单位意识形态工作责任制的意见》；宁夏电影集团成立艺术委员会，设艺委会主任；宁夏演艺集团设立艺术总监，对内容导向进行评估审查，拥有否决权。二是生产经营机制逐步规范。经营管理日趋科学，不断由生产管理向技术创新管理转变。黄河出版传媒集团实行出版单位生产调度会管理模式，科学调整生产进度和运行。宁夏广电传媒集团规范物资采供流程，完善了固定资产、无形资产等管理制度。宁夏电影集团探索出由中国电影人主导、全球电影人参与的华语电影制作模式。宁夏演艺集团按照重大活动优先化、演出利民化、营销立体化、管理专业化理念，加大宁夏人民剧院演出频度和惠民演出覆盖率。宁夏文投公司撬动社会资本参与。三是股份制改革逐步推进。加快股份制改革步伐，在推进国有文化企业多元化上迈出可喜步伐。宁夏报业传媒集团目前有2家控股子公司：报业传媒印刷公司，参股比例94%；报业天豹物流公司，参股比例51%；1家国有相对控股子公司：新思维房地产开发公司，参股比例45.42%。宁夏广电传媒集团顺利收购信达地产股份公司持有的宁夏广播电视网络公司 49%的股权,与中国广播电视网络公司签订战略投资框架协议。宁夏电影集团推进电影有限公司股份制改革,持有 15%的股份。四是内部考核体系逐步完善。各企业推进定量与定性评价相结合的较为系统的内部考核目标体系。黄河出版传媒集团制定《员工绩效考核规定(试行)》,实行分类考核,出版单位突出社会效益优先,其他业务单位强化经营指标任务考核。宁夏报业传媒集团制定《年度经营目标考核办法》,将绩效薪酬与业绩考核结果挂钩。宁夏广电传媒集团分层实施绩效考核。宁夏文投公司制定《综合管理经营目标暨党风廉政建设考核办法》,班子成员实行年薪制,管理岗位及员工实行出勤工资。五是内部管理结构逐步健全。各企业进行了管理方式的探索和尝试。黄河出版传媒集团缩减职能部门机构数,推行"扁平化"管理。宁夏报业传媒集团对同质化业务实行集团公司统一部署、经营单位分工负责,对未开展实质性经营业务的石嘴山市分公司办理注销手续。宁夏广电传媒集团通过上划广播电视网络公司三个部门,减少管理层级;通过将电视维护业务划转广播电视网络公司,压缩同质化业务;通过独立运营广电新媒体公司等,提高运行效率。

(五)薪酬管理逐渐规范

为建立科学合理的激励约束机制,更好地激发企业高级管理人才的积极性,2018 年自治区党委宣传部和财政厅联合制定印发了《自治区属国有文化企业负责人经营业绩考核和薪酬管理办法》(以下简称《办法》),按照《办法》对区属文化企业负责人经营业绩进行考核。2016 年区属文化企业主要负责人平均年薪为 33.77 万元,与 2015 年相比增长 13.4%。各企业领导人 2016 年度基本年薪分配系数:主要负责人为 1,副职负责人为 0.8;绩效年薪分配系数:主要负责人为 1,副职负责人根据个人履职情况分别在 0.6—0.9 之间确定,合理拉开差距,分配方案由企业报自治区财政厅备案后执行。2017 年度经营业绩考核工作正在进行,待考核结果出来后再按《办法》核定主要负责人 2017 年薪酬标准。

三、存在的主要问题

（一）监管体制还未理顺

目前，自治区国有文化资产监督管理委员会组建工作虽然正在积极推进，在自治区党委宣传部设立国有文化资产监督管理处的"三定"方案虽然也已明确，但区属国有文化企业"四管"相统一的体制还未真正建立起来，多头管理、重复管理以及党建工作缺位的问题还未得到根本解决。

（二）管理制度还不健全

区属文化企业各项监管及配套制度还不够健全，致使区属国有文化企业资产处置、产权登记、资产评估、负责人薪酬核定、履职业务支出等工作无法可依，影响了区属国有文化企业发展。

（三）改革发展还不深入

有效的法人治理运行机制尚未形成，权责不清、约束不够、缺乏制衡等问题不同程度地存在着。现代企业制度尚未全面建立市场化经营机制。政企不分、政资不分情况依然存在。区属国有文化企业资产规模普遍较小，企业整体实力和抗风险能力有待加强。

（四）抵御风险能力还不强

受资金短缺制约，加之新兴产业冲击，企业经营形势异常严峻。2017年，6家区属国有文化企业资产总额和利润总额虽然比2016年有所增长，但营业收入下降了3%。目前资产总额超过10亿的区属国有文化企业只有3家，资产总额在5亿和10亿之间的区属文化企业只有1家，剩余的2家区属文化企业资产总额均未达到2亿元，而资产负债率达到60%的企业已超过2家，分别为：宁夏报业传媒集团有限公司62.91%，宁夏电影集团有限公司75.19%。企业普遍经营困难，债务偿还能力弱。

四、对进一步推进区属国有文化企业发展的思路

在习近平新时代中国特色社会主义思想指引下，针对制约国有文化企业改革发展的深层次矛盾和重难点问题，在完善双效统一机制、健全有文化特色的现代企业制度上用劲发力，确保实现新突破。

（一）要切实理顺国有文化资产监管机制

把完善国有文化资产监管体制作为推进全区文化改革发展的主牵引，在完成国有文化资产监管委员会和国有文化资产监管处组建工作的基础上，将建章立制的基础性工作开展起来，抓紧出台《自治区国有文化资产监督管理暂行办法》《自治区属国有文化企业工资改革决定机制的办法》等制度文件，尽快理顺国有文化企业管理体制，实现管人管事管资产管导向相统一。

（二）要不断健全监管制度体系

提高政治站位，加强区属国有文化企业顶层设计，健全完善各项规章制度。研究出台区属国有文化企业资产监督管理办法、资产评估管理办法、负责人履职待遇业务支出管理办法、董事监事派出管理办法、资产进场交易管理办法、无形资产管理办法等一系列规章制度，确保区属国有文化企业在监管工作中有法可依、有据可循。

（三）要加快完善企业法人治理结构

在产权较为清晰的宁夏文投公司推进组建董事会，逐步向其他5家企业推进，全面落实企业党委成员以双向进入、交叉任职方式进入董事会和经营管理层的要求。推进区属国有文化企业组建监事会，设立外部董事。从事内容创作生产传播的企业，年底前完成编审和艺委会设立工作。

（四）要积极培育企业做强做优做大

推动区属国有文化企业交叉持股或进行跨地区跨行业跨所有制并购重组，支持宁夏报业传媒集团印刷有限公司上市。通过项目带动，推进企业转型升级，加快宁夏印刷文化产业园、宁夏动漫基地、西夏文化创意创业产业园等项目建设；加快实施党报"六进"工程、宽带乡村及中小城市（县）基础网络完善工程、六盘云·智慧家庭云平台、融媒体服务云平台等项目；建设影视剧本储备基地，夯实影视业发展基础。

（五）要着力推动扶持政策落地

加大文化政策支持力度，修订《自治区关于加快文化产业发展若干政策意见》，对企业在土地使用、贷款担保等方面实行特殊政策。建立扶持引导和股权激励相结合的投融资平台，积极推进设立自治区级文化产业发展子基金。通过增加政府购买服务、原创剧目补贴幅度，扶持文艺院团创作；

修订《自治区哲学社会科学、文学和艺术奖励办法》《自治区优秀文化作品奖励暂行办法》，形成国家文化奖项政府奖励资金逐年增长机制。

（六）要不断优化人才培养环境

完善人才激励机制，出台《宣传思想文化人才培养及奖励办法》《宣传思想文化系统名家工作室建立办法》。创新人才引进机制，允许国有文化企业在引进人才上实行薪酬待遇特殊政策。通过挂职兼职、特聘专家、项目合作等方式，柔性引进高层次急需紧缺人才。加大培养办学力度，委托全国艺术类高校为我区定向培养人才；与宁夏艺术职业学院联合办学，分批分层培养秦腔、京剧等人才。

关于整合贺兰山文化旅游资源做大做强贺兰山文化旅游品牌的思考

曹吉刚

2016年9月,宁夏成为继海南之后全国第二个省级全域旅游示范区,宁夏旅游业迎来了历史性的发展机遇。随着全域旅游示范区创建工作的推进,宁夏旅游游客接待量和旅游总收入呈现出快速的发展态势。2017年,全区接待游客达到3103万人次,全区旅游总收入达到278亿元,两项指标10年内首次双双实现20%以上增长。旅游总收入占全区地区生产总值超过8%,旅游业已进入自治区战略性支柱产业行列。但宁夏与全国其他省份相比仍存在很大差距,主要原因是宁夏目前仍缺乏有影响力的拳头产品和知名品牌,旅游产品核心竞争力不强,吸引力不足,特别是缺乏重量级旅游景区做支撑。结合目前宁夏旅游资源现状和未来发展潜力,对贺兰山东麓文化旅游资源的整合,构建大贺兰山旅游景区,打造贺兰山旅游品牌,将会对宁夏全域旅游示范区建设,打造西部旅游目的地起到巨大的推动作用。

一、整合贺兰山文化旅游资源,做大做强贺兰山文化旅游品牌的现实价值

整合贺兰山文化旅游资源,打造贺兰山东麓生态文化旅游带是宁夏全域旅游发展的关键着力点,是构建银川都市生活圈的有力抓手,是推动宁

作者简介 曹吉刚,宁夏旅游投资集团旅游发展有限公司副总经理。

夏文化旅游发展的重要支撑。通过先期对银川的西夏陵、贺兰山岩画、滚钟口、贺兰山国家森林公园等文化旅游资源进行全面整合和深度开发，并与贺兰山东麓葡萄酒资源进行融合，一是在产品方面可以推出包括观光旅游、葡萄酒旅游、体育旅游、探险旅游、科考旅游、生态旅游、研学旅游等众多专项旅游产品，从而实现由观光型旅游向观光休闲度假型旅游的转变。二是在投资建设方面，通过组建统一的大型运营公司，搭建新的招商引资平台，吸收社会多方资金逐步完善贺兰山生态文化旅游带的基础设施和配套服务设施，快速提升景区（点）的建设档次和服务能力。三是在品牌塑造方面通过构建"大贺兰山文化旅游景区"，按照统一规划、统一开发、统一建设、统一经营、统一宣传推广，把贺兰山打造成为宁夏旅游一张新名片，塑造大贺兰山的文化旅游品牌形象，使优质的贺兰山文化旅游资源转化为良好的经济效益，助推宁夏全域旅游示范区建设。

二、贺兰山东麓旅游资源基本概况

贺兰山东麓地区综合区位优势明显。贺兰山东麓现分布5A级旅游景区1家、4A级旅游景区3家、2A级旅游景区1家，其他景点5处，农家乐20余家，葡萄酒庄近百家。贺兰山东麓旅游资源无论山水风光或人文胜迹，大都保留了未经雕饰的原始风貌，景观独特，神秘感强，如贺兰山岩画、西夏陵等，这些唯我独有的垄断景观，使贺兰山东麓所拥有的旅游资源具有无法完全复制的特点。贺兰山东麓旅游带已成为宁夏旅游资源富集度最高、游客接待量最大的地区之一，也是世界公认的最适宜种植优质酿酒葡萄的"黄金地带"，以及生产高端葡萄酒的绝佳产区。

（一）西夏陵

西夏陵是国家4A级旅游景区，全国重点文物保护单位，国家重点风景名胜区，门票68元，2017年游客接待量42万人次，旅游收入1896万元，隶属于西夏陵区管理处，由银川西夏陵文化旅游投资有限公司经营管理。

（二）苏峪口国家森林公园

苏峪口国家森林公园即宁夏贺兰山国家森林公园，景区为国家4A级旅游景区、国家级森林公园、国家级环保科普教育基地，属山岳森林景观类旅游景区，门票80元/人（含景区交通），2017年游客接待量突破25.6万人次，旅游收入1763万元，原隶属于宁夏贺兰山国家级自然保护区管理局，由宁夏贺兰山国家森林公园有限公司负责经营管理，2018年6月景区交由宁夏旅游投资集团托管运营。

（三）贺兰山岩画景区

贺兰山岩画景区为国家4A级旅游景区，国家级重点文物保护单位，属于历史文化遗址类旅游景区，门票70元/人（含景区观光车），2017年游客接待量60万人次，旅游收入1759万元，隶属于银川市岩画管理处，由贺兰山文化旅游投资开发有限公司经营管理。

（四）滚钟口旅游景区

滚钟口是宁夏开发最早的旅游景区之一，发展缓慢，现为国家2A级旅游景区，主要以宗教文化类旅游资源为主，门票35元/人，2017年游客接待量16万人次，旅游收入354万元，经营管理机构为贺兰山滚钟口管理所，隶属于银川市园林局。

（五）拜寺口双塔

拜寺口双塔为国家重点文物保护单位，是迄今国内保存最完整的两座西夏时期的佛塔，此外沟内还有大量西夏时期的皇家行宫遗址和一座方塔遗址。方塔遗址内出土的西夏文《吉祥遍至口合本续》刻本，被列为国宝级文物。拜寺口双塔现由贺兰山岩画管理处代为管理，由贺兰山文化旅游投资开发有限公司经营，现免票，年游客接待量2万人左右。

（六）葡萄酒旅游资源

贺兰山东麓处于世界葡萄种植的黄金地带。产区有着无限的机遇，成为国内最具有潜力的葡萄产业发展基地，最优良的葡萄生态带，以高端葡萄酒的形象引领市场。近年来，贺兰山东麓产区葡萄种植面积达到了59万亩，其中酿酒葡萄51万亩，已投产的葡萄酒庄达到了85家，加工能力近20万吨，综合产值达到了65亿元人民币。贺兰山东麓葡萄酒已有多个品牌在国内外获得大奖，在国际葡萄酒市场中具有一定的影响力。目前部分酒庄特色明显，景观优美，并具有一定的旅游接待设施和能力，为下一步开展贺兰山葡萄酒旅游奠定了基础。

（七）其他旅游资源

马莲口、插旗口、黄旗口作为贺兰山开发程度较低的几个景点，沟谷内溪水潺潺，自然景观十分优美，特别适合开发野外露营、徒步穿越、丛林探险、生态科普等特色旅游产品。

三、贺兰山东麓文化旅游产业发展的优势

（一）资源丰富，发展动力强劲持久

贺兰山地理位置优越，文化旅游资源丰富、葡萄酒资源得天独厚，旅游发展起步早、影响大，已具有一定的客源基础和经济收益。随着国民经济的增长、人民收入水平的提高、国家政策支持、宁夏打造全域旅游目的地和银川都市生活圈的要求，都会为该区域旅游产业注入强劲持久的发展动力。

（二）交通基础设施完善

贺兰山东麓旅游作为宁夏旅游"一核两带三廊七板块"的重要组成部分，多年来自治区政府和银川市政府投入了大量的资金，先后建设了新小线、镇苏路、滚苏路三条旅游专线与110国道、石银高速、银川绕城高速相联通，并对道路两边进行了绿化，开通了旅游公交线路，景区间道路通畅，景区内基本的旅游服务设施已健全，具备了一定的旅游接待能力。

（三）经营主体单一、政府强势主导

苏峪口、贺兰山岩画、滚钟口、拜寺口、黄旗口、插旗口等旅游景区景点都有政府相关单一部门进行管理，不存在多部门交叉管理的现象，经营主体单一，政府具有绝对的主导地位，整合难度相对来说较小。

四、贺兰山东麓旅游业发展存在的问题

贺兰山东麓的旅游产业发展成绩显著，但水平较低，在加快发展过程中面临着资源大富集与发展小规模、资源高品位与经济低效益、产品单一性与需求多样性、品牌国际性与市场区域性、客源结构高层次与配套服务低水平等诸多矛盾。

（一）各自为营、缺乏整合，不能形成品牌

西夏陵风景名胜区（以下简称"风景区"）是1988年国务院公布的第

二批国家级风景名胜区,被列入 2006 年住房和城乡建设部公布的首批国家自然与文化双遗产预备名录。范围包括西夏陵、马莲口、滚钟口、拜寺口、苏峪口、贺兰口岩画 6 大景区及三关口长城 1 个独立景点,原规划面积 86.34 平方公里。

根据总体规划,风景区管理处于 1997 年经银川市政府批准成立,从而奠定了风景区保护和开发利用的机构框架。"西夏王陵风景名胜区管理处"和"银川西夏陵管理处",一个机构,两块牌子,为银川市人民政府直属正处级事业单位。但是,由于历史遗留问题,"西夏王陵风景名胜区管理处"成立以后,只是发挥着"西夏陵管理处"的职能,管理范围仅在西夏陵景区。其他景区却由不同行业部门进行管理,各景区发展极不平衡,在发展规划上缺乏统一规划定位,导致一方面出现资源整合不够、景区景点各自为营、同质开发等一系列问题;另一方面优质资源未能得到有效的开发利用,宝贵的旅游资源未能产生显著的经济效益,不能真实地展现贺兰山旅游品牌形象,更不能成为旅游目的地产品,严重制约了区域旅游业的发展。因此,整合贺兰山东麓旅游资源,重铸品牌,打造贺兰山东麓文化旅游带势在必行。

(二)文化内涵挖掘不充分

悠久的历史、独特的文化遗存孕育了贺兰山东麓多姿多彩的人文旅游资源,但当前的文化旅游产业发展还比较薄弱,西夏文化、贺兰岩画文化的研究挖掘还不充分。其他一系列诸如多民族文化交融、葡萄酒文化、长城边塞、田园观光、休闲体育、研学旅游、森林探险、文化科考等还未得到开发和挖掘,载体单薄,不能满足多数游客的需要。

(三)旅游产品缺乏核心竞争力

据有关资料显示,西北五省区入境旅游人数占全国的 20% 左右,来宁夏的不到 0.2%。调查也显示苏峪口和滚钟口主要以当地人为主,虽说西夏陵和贺兰山岩画、镇北堡西部影城外地游客约占客源的 70%—80%,但整体在全国处于被"边缘化"地位,成为旅游"低地"。主要原因是区域旅游形象缺乏载体,景点的特色不突出,文化内涵挖掘不充分,度假产品、特色产品尚未得到充分开发,未形成特色鲜明的旅游品牌产品和品牌线路。

（四）缺少项目带动，旅游附加值低

据调查资料显示，来宁夏的游客通过旅行社出游的不足 5%，说明散客的自主性越来越大，而现有旅游项目不能适应新形势的需求，休闲娱乐项目少、度假产品缺乏、门票收入成为各景区主要收入，旅游延伸消费没有，游客逗留时间较短，旅游附加值低。

（五）投入不足、旅游公共服务设施有待提升

贺兰山东麓旅游基础服务设施建设相对薄弱，旅游产业发展缺乏大投资和长效的投入机制，旅游景区的相关配套设施较差，景区之间的协作发展比较差；旅游专线开设不足，线路少、班次少、不连贯，且有季节性等因素，没能把各景点串联，阻碍了景点吸引力和线路的整合。同时旅游住宿设施和旅游咨询接待设施档次较低，有的景区还是空白，旅游产业散、弱、小、差的状况没有得到根本性改变，落后的旅游服务设施已不能满足旅游业发展的需求。

（六）保守经营、宣传力度不够、知名度不高、发展缓慢

近年来，贺兰山东麓区域政府部门管理的旅游景区已明显落后于其他后来开发建设的私营景区。如滚钟口作为宁夏第一个对外开放的旅游景区，苏峪口、贺兰山岩画十年前就被评为 4A 级旅游景区，多年来游客接待量无明显增加，而区内后来开发建设的水洞沟、黄沙古渡等私营旅游景区则发展迅猛。

贺兰山作为中国西部的一座历史名山，岳飞的一首《满江红》——"驾长车，踏破贺兰山阙"使贺兰山被世界华人所熟知，但贺兰山东麓的旅游在全国范围内知名度不是很高，旅游者对贺兰山文化更是知之甚少，究其原因就是保守经营，营销宣传不足。

（七）人才储备不足

旅游业是典型的人才密集型产业，旅游资源的开发、旅游产品的设计、旅游服务的提供以及旅游市场的管理都需要不同层次的旅游专业人才来承担和实施。现今旅游业在急速地发展，业态融合更是大势所趋，然而真正从事旅游行业的专业旅游人才却少之又少，复合型人才更是凤毛麟角，这也是制约旅游产业发展的原因之一。

(八) 企业实力和市场运作能力远不能满足旅游发展的需要

贺兰山沿线各旅游企业资源的占有基本沿袭体制改革以前的状况，计划经济体制的影响至深。如西夏陵、滚钟口等景区，让企业通过自身的力量达到占有资源的质变，存在一定困难；如通过联合运营、相互持股、资产重组等方式进行资源整合,形成具有一定规模的旅游企业，这样就可以拓宽融资途径，为后期开发建设、提档升级提供资金保障。

(九) 葡萄酒产业与文化旅游产业未能联动融合发展

首先，贺兰山东麓葡萄酒旅游起步较晚，目前具备旅游接待能力的酒庄不足10余家，葡萄酒与餐饮、养生、旅游、地域特色文化未能有效融合。其次，在顶层设计上缺乏完整的葡萄酒旅游发展规划，严重地制约了葡萄酒旅游的科学化、系统化、有序化发展。再次，普遍缺乏葡萄酒旅游基础设施及公共服务体系，酒庄建设之初就没有考虑后期开展旅游接待的需求。最后，葡萄酒酒庄只注重葡萄酒品质获奖和品牌价值的提升，却忽视了如何在此基础上塑造旅游品牌。

五、整合贺兰山东麓文化旅游资源的路径

(一) 整合的载体——宁夏旅游投资集团

宁夏旅游投资集团有限公司于2016年11月挂牌成立，注册资本15亿元，集团下设旅游发展、资本管理、商务投资开发、国际会展4家二级子公司，三级全资、控股子公司19家，参股子公司12家。集团重组成立以来，认真贯彻落实自治区党委、政府决策部署，紧紧围绕全域旅游战略规划的践行者、资源要素的整合者、融合创新的引领者"三大使命"，抓重组、推改革、谋项目、促发展，各项工作稳步推进、发展根基逐步夯实、生产经营趋稳向好，目前集团旅游产业涉及景区、酒店、餐饮、旅游网络、旅行社、旅游营销、旅游产业基金等诸多方面，旅游产业链条正逐步形成。

完善的旅游产业链条对提升旅游企业竞争力有很大的推动作用。宁夏旅游投资集团作为一个整体，涵盖食住行游购娱，集团通过发挥整体优势以较低的交易成本、规范的服务，可有效提升企业在市场上的竞争力。

通过旅游投资集团整合贺兰山东麓旅游资源，将改变资源的占有方式，

实现旅游资源跨行业、跨地区的联合，有效地提高旅游产业的集中度，使贺兰山文化旅游带形成"食住行游购娱"为一体的旅游产业体系，助推贺兰山东麓文化旅游产业强劲发展。

（二）整合措施

要整合贺兰山文化旅游资源，打破资源分割、各自为营的现状，就必须通过政府支持、市场运作的手段来实现。首先要争取银川市和自治区相关部门的支持，由宁夏旅游投资集团与银川通联资本投资运营有限公司联合设立"贺兰山文化旅游集团有限公司"，通过整合西夏陵文化旅游投资有限公司、贺兰山国家森林公园有限公司、贺兰山文化旅游投资有限公司（贺兰山岩画运营公司），取得西夏陵、贺兰山岩画、贺兰山国家森林公园经营权，银川市将拜寺口双塔、滚钟口经营权同步划入"贺兰山文化旅游集团有限公司"。原有景区管理部门如，西夏陵管理处、贺兰山岩画管理处、贺兰山自然保护区管理局、滚钟口管理所照常履行监督管理和保护工作，使经营生产和保护管理相分离，这也符合自治区党委、政府《关于推进从事生产经营活动事业单位改革的实施意见》的通知精神。

"贺兰山文化旅游集团有限公司"由旅游投资集团通过分批注入货币资本进行控股，利用旅投集团的融资平台和旗下产业基金，筹集资金对区域资源进行深度开发、提升、推广以及贺兰山旅游品牌塑造。

六、整合思路

（一）总体定位

打造"中国西部知名旅游目的地"，打响"国家级风景名胜区"的品牌。以宁夏全域旅游示范区和西部独具特色旅游目的地为背景，以优质葡萄酒产区特质和深厚的文化底蕴为基础，创建"圣地·贺兰山红酒之旅"国家级旅游度假区，贺兰山全域5A级景区，推动贺兰山东麓旅游产业向"大产业、大文化、大服务、大市场"的方向发展，助推宁夏跨入中国旅游目的地行列。

（二）发展思路

一是变景点观光为休闲度假，为传统景区注入休闲度假功能，转变传统以景点观光为主的旅游开发模式，转向全域深度体验旅游开发模式，变"快餐观光"为深度慢游，打造中国特色休闲生活方式的延续和国际化的度假目的地。二是变产业资源为核心吸引，发挥贺兰山东麓旅游产业资源的优势，加强葡萄产业与农业、工业及第三产业的外部整合，构建葡萄酒泛旅游产业体系，打造特色鲜明的东方葡萄酒旅游目的地。三是变区域大众为国际高端。高品级的旅游资源，应具有完备的、高品级的可以与国际对接的旅游产业体系和具有巨大影响力的产品，贺兰山东麓旅游应摒弃低层次低水平建设，按照国际化标准和国际市场需求，完善集散功能及产品体系，提供高端产品和服务，逐渐改变以区域大众观光接待为主的开发方向，走高端品质和个性开发路线，以国际市场撬动国内市场。

(三) 规划布局

依据贺兰山东麓旅游资源的分布特点，特提出"一轴两带一中心"的规划布局，具体为：一是以镇北堡至苏峪口旅游公路为主轴，进行旅游新业态的布局建设。主要项目有镇北堡民俗风情小镇建设项目、贺兰山葡萄酒旅游度假区建设项目、自驾车房车露营公园建设项目，通过这些项目的建设使贺兰山文化旅游带和镇北堡旅游圈联系更加紧密，旅游业态更加丰富。二是强化滚苏路文化旅游带沿线苏峪口、贺兰山岩画、拜寺口、滚钟口、马莲口、黄旗口、插旗口等景区景点的整合，旅游资源的开发，旅游设施的完善。重点提升特色餐饮服务，培育研学旅游产品，完善游客接待咨询设施；开发苏峪口高山森林度假旅游产品和拜寺口修禅养生度假旅游产品；完善滚钟口旅游服务设施，使其尽快成为国家4A级旅游景区；开发野外露营、徒步穿越、丛林探险、贺兰山主峰登顶、攀岩攀冰等特色旅游项目，以达到丰富旅游产品、延伸旅游服务、提高旅游附加值，适应旅游市场发展需求的目的。三是依托贺兰山东麓葡萄酒产业及文化长廊,对振兴路两侧葡萄酒庄园旅游基础设施进行完善,大力发展酒庄观光、采摘、酿造体验游；建设葡萄酒主题民宿和度假酒店，培育葡萄酒度假、葡萄酒健康养生等高端旅游业态；策划、组织、实施葡萄酒主题节庆会展活动，带动贺兰山东路文化旅游产业和葡萄酒产业的融合发展，打造贺兰山葡萄酒文化旅游带。四是以镇苏路和滚苏路交汇处为中心，建设贺兰山旅游服务集散中心（覆盖贺麓庄园、苏峪口迎宾区、贺兰山 1958），整合苏峪口国家森林公园、贺兰山岩画、拜寺口、黄旗口、马莲口、插旗口、贺兰山东麓葡萄酒长廊为"宁夏贺兰山"一个大景区，实行一票制。开发一日至三日旅游线路，开通至滚钟口、贺兰山岩画、镇北堡、插旗口、葡萄酒庄旅游观光车，建设自行车服务中心，提供自行车维修、租赁、寄存服务，通过这些交通系统的设置，可以使各景区相互联动、游客互送，增加游客停留时间，拉伸旅游产业链。

宁夏贺兰山东麓葡萄酒文化长廊旅游发展研究报告

李陇堂　魏小衬　梅诗婧　宋小龙

贺兰山东麓是业界公认的最适宜种植优质酿酒葡萄的"黄金地带"，以及生产高端葡萄酒的绝佳产区。为了大力推进贺兰山东麓葡萄及葡萄酒产业发展，自治区党委、政府先后出台了《中国（宁夏）贺兰山东麓葡萄产业文化长廊发展总体规划》及一系列政策和措施，经过几年的建设发展，贺兰山东麓已经初步形成融生态体验、文化旅游、产业融合、统筹城乡于一体的中国西部著名的葡萄酒文化长廊。

一、贺兰山东麓葡萄酒文化长廊建设历程

宁夏属于西北及黄土高原葡萄种植区，是我国葡萄栽培历史最为悠久的地区和传统的优质葡萄生产区，同时也是我国葡萄栽培面积最大的地区。改革开放以来，传统的种植业焕发出了生机与活力，在继续发展鲜食葡萄的同时，将种植品种重点转向酿酒葡萄。1982年，玉泉营农场建立宁夏第一个大型葡萄酒基地，1997年银广夏葡萄酒公司创立，1999年自治区农科院与民族化工集团在芦花台园林场定植了酿酒葡萄基地。2001年，成立了宁夏葡萄产业协会，主要职责是管理和协调宁夏葡萄及葡萄生产、营销、科研等活动。

作者简介　李陇堂，宁夏大学资源环境学院教授、宁夏地理学会理事长；魏小衬，宁夏大学资源环境学院硕士研究生；梅诗婧，宁夏大学资源环境学院硕士研究生；宋小龙，宁夏大学资源环境学院硕士研究生。

2002年，宁夏葡萄产业被财政部列为全国财政重点支持的19种农产品之一。

2003年4月，宁夏贺兰山东麓所产葡萄酒被国家有关部门批准为原产地地域保护的葡萄酒。宁夏将葡萄产业确定为农业发展的优势特色产业，列入了农业产业化发展纲要。2004年12月，宁夏回族自治区政府下发了《自治区人民政府关于加快宁夏葡萄产业发展的实施意见》，指明了葡萄产业发展的指导思想，要求以质量效益为目标，全面提升葡萄（酒）的质量、产量及加工等水平，尽快把贺兰山东麓地区建成品牌带动能力强、有较大影响力的全国优质酿酒葡萄酒生产、加工和鲜食葡萄生产基地。

2006年，自治区财政厅等五厅局在关于印发《推进特色优势产业发展的政策意见》中，将葡萄产业作为重点扶持的产业。2007年，自治区政府《加快建设农业特色优势产业大县，推进新一轮农业结构调整的意见》及相关产业发展政策意见精神，确定葡萄等六大区域性特色产业为重点。2008年，自治区人民政府常务会通过了《宁夏葡萄产业发展规划》，形成了葡萄产业规划、产业技术支撑体系、示范园区及物流营销平台相结合的产业发展体系，为把宁夏葡萄产业做大、做强、做优奠定了基础。2010年12月，自治区政府指示要按照优良品种、高新技术、高端市场、高效益"一优三高"的思路规划建设贺兰山东麓葡萄文化长廊，大力发展葡萄产业及相关的体验经济、会展经济和文化旅游经济，通过文化打造、生态引领、产业推动，打造一个竞争力强、辐射面广、国内最大、全球知名的葡萄文化生态经济产业带。为全面促进宁夏葡萄产业发展，将贺兰山东麓百万亩葡萄酒长廊打造成宁夏的"和谐产业、朝阳产业、动力产业、支柱产业、形象产业"，特制定贺兰山东麓百万亩葡萄长廊基地建设规划，指导全区葡萄产业发展。2015年，初步形成了以银川市（西夏区、永宁县、贺兰县）、石嘴山市、青铜峡市、红寺堡区和农垦系统为主体的五大葡萄酒产区。截至2016年年底，宁夏贺兰山东麓成为中国集中连片最大的酿酒葡萄产区。

二、贺兰山东麓葡萄酒文化长廊建设现状

（一）独特的生态条件、雄厚的产业基础

贺兰山东麓以其独特的地理、气候和土壤等生态条件优势，被国际公

认为世界最适合种植优质酿酒葡萄的地区之一。这里的土壤以灰钙土为主，土质疏松，透气性好。地处半干旱区，日照时间长，昼夜温差大，葡萄病虫害少等。生产的葡萄香气发育完全，色素形成良好，含糖量高，品质极佳。

贺兰山东麓葡萄酒产区现已规划建设酒庄200多家，目前已经建成投产的葡萄酒庄达到了86家，加工能力近20万吨，正在建设的酒庄有113家。全区现有葡萄基地面积61万亩，其中酿酒葡萄53万亩，全年完成固定资产投资13亿元，生产葡萄酒1.2亿瓶，销售4.15万吨，实现销售收入50亿元，带动劳动力就业12万人，实现综合产值近200亿元，为葡萄酒生态旅游发展提供了坚实的产业基础。

（二）高品质的葡萄酒，知名度不断提高

贺兰山东麓葡萄酒产区有40多家酒庄的葡萄酒在国内外各类比赛中获得500多项奖项，其中荣获金奖60多项，特别是在国际《品醇客》杂志、布鲁塞尔、法国巴黎这三大葡萄酒大赛中取得的成绩更为突出，因而贺兰山东麓产区被誉为国内产区的黑马。2017年柏林葡萄酒大奖赛冬季赛，贺兰山东麓葡萄酒产区的21款葡萄酒获金奖，占中国获金奖总数的72.4%。仅在2018年第25届布鲁塞尔国际葡萄酒大赛中，宁夏贺兰山东麓包揽中国获得的全部4枚金奖。2018第十五届Decanter（《品醇客》）世界葡萄酒大赛中，贺兰山东麓产区再创历史最好成绩，36家酒庄共获88个奖项，其中金奖1项，连续4年领跑这一赛事的中国奖牌榜，贺兰山东麓葡萄酒产区已在国内外享有较高荣誉和知名度。

自2014年"宁夏贺兰山东麓葡萄酒地理标志"成功注册以来，已经有近二十家酒庄获批使用地理证明商标。宁夏葡萄酒产区已列入世界葡萄酒地图，标志着宁夏葡萄酒产区已进入世界葡萄酒产区版块并被国内同行所认可。

（三）国家级风景道的重要组成部分

2017年年初，国务院公布的国家重点专项规划《国家"十三五"旅游业发展规划》中提出，建设"贺兰山六盘山国家级风景道"，贺兰山东麓葡萄酒文化长廊是该风景道的重要组成内容。《宁夏"十三五"全域旅游发展规划》中要求，加快开发贺兰山东麓葡萄文化旅游长廊建设，全面打造葡萄酒休闲度假旅游，实现葡萄酒产业与生态旅游的全面融合。

(四) 贺兰山东麓葡萄酒庄位于宁夏旅游发展的核心区

贺兰山东麓是宁夏旅游发展的核心区，在宁夏全域旅游中占有极其重要的地位，旅游发展的基础雄厚，可以依托现有的旅游基础设施和市场，迅速实现葡萄酒旅游的跨越式发展。总之，贺兰山东麓具有做大做强葡萄酒生态旅游得天独厚的资源、产业、品牌、基础设施和政策等条件和优势。

(五) 丰富而特色鲜明的葡萄酒旅游资源

自唐代开始，贺兰山东麓就开始种植葡萄，特别是近十多年葡萄产业发展迅速，在长期的葡萄种植和葡萄酒酿造过程中，宁夏贺兰山东麓形成了百里绿色葡萄长廊，积淀了深厚的文化传统，形成了丰富而特色鲜明的葡萄酒生态旅游资源，如以葡萄种植为基调的风景如画的田园风光、风格各异的葡萄酒庄、多样的葡萄品种资源和酒窖等，以及葡萄酒博物馆、葡萄酒节庆和围绕葡萄酒庄形成的品酒、特色餐饮、住宿、野营、娱乐等休闲度假服务，为葡萄酒旅游奠定了丰富的旅游资源基础。

三、贺兰山东麓葡萄酒文化长廊旅游发展存在的问题

(一) 葡萄酒产业+旅游整体处于起步的初级阶段

贺兰山东麓葡萄酒产区开发生态旅游的酒庄不足10余家，直接有旅游接待能力的酒庄仅5家，其余近80多家酒庄没有开发相关的葡萄酒旅游产品和项目。已开发生态旅游的绝大多数酒庄旅游业态初级，主要以葡萄园观光、采摘、酿造体验等形式为主。生态旅游的开发过程中也未能将田园风光、生态教育、饮酒文化、食物文化、葡萄酒养生文化、葡萄酒与地域文化等方面的文化进行有效融合，葡萄酒生态旅游产品内容单一，缺乏文化内涵、体验性和生命力。因此，贺兰山东麓丰富的葡萄酒旅游资源未得到应有的重视和开发。

(二) 贺兰山东麓各葡萄酒庄普遍缺少发展葡萄酒旅游的专项规划

宁夏贺兰山东麓葡萄产区至今没有一部完整的葡萄酒旅游发展总体规划，旅游发展缺少战略性的指导文件。绝大多数酒庄（庄园）至今尚未做过葡萄酒旅游或旅游专项规划，现有的旅游开发随意性较大，未能在旅游规划的专业引导下进行旅游产品设计、旅游项目建设、旅游市场营销等一

系列葡萄旅游开发活动,严重制约了葡萄酒旅游的科学化、系统化、有序化发展。除了几家典型的发展葡萄酒旅游的酒庄外,其余80多家酒庄基本上没有相关的葡萄酒旅游规划,也没有开展葡萄酒旅游。

(三) 葡萄酒旅游尚未融入贺兰山东麓旅游廊道体系

自治区相关规划提出要整合贺兰山东麓众多的旅游资源,建设贺兰山东麓葡萄酒长廊。但是到目前为止,除了张裕等少数酒庄与旅行社合作给予价格优惠初步融入贺兰山东麓旅游线路外,其他酒庄普遍存在没有专门的旅游专线、旅游班次等问题,也没有和贺兰山东麓丰富的旅游资源结合起来开发。虽然已经建设了沿贺兰山东麓葡萄酒产业观光大道,但仍然没有开辟专门的葡萄酒旅游路线。

(四) 普遍缺乏葡萄酒旅游基础设施及公共服务体系

大多数葡萄酒庄(庄园)紧紧围绕葡萄酒庄与葡萄产业的发展建设了道路、供电、给排水、网络等基础设施。但这些设施基本上是以葡萄种植、葡萄酒生产及加工为目标而建设,缺乏针对葡萄酒旅游发展,建设满足游客"吃、住、行、游、购、娱"实际需要的旅游基础设施,如游客服务中心、旅游标识系统、旅游厕所、餐饮设施、购物设施、住宿设施等旅游服务设施和公共服务体系。

(五) 葡萄酒旅游品牌和旅游整体形象尚未形成

一直以来,贺兰山东麓葡萄酒产品颇受国内外认可,先后有40多家酒庄的葡萄酒在国内外各类品鉴评比中获得200多项奖项,其中荣获金奖的酒达56种。但产区大多数酒庄只注重葡萄酒产品品种、注册商标以及获奖等,却忽视了如何在此基础上提升品牌价值,塑造葡萄酒旅游品牌形象,包括中国驰名商标的认定等,因此未能对国内的葡萄酒市场,以及葡萄酒旅游市场产生强大的吸引力。酒庄之间竞争大于合作,没有自己的葡萄酒旅游品牌项目和品牌形象,贺兰山东麓未能对葡萄酒旅游形象进行有效的打造和营销宣传。

(六) 葡萄酒旅游开发、管理、营销等多类型的人才短缺

贺兰山东麓葡萄酒产区很多酒庄在葡萄种植、葡萄酒酿造及葡萄酒营销等方面投入了较强的专业人才。但在旅游开发、经营、管理与服务方面,

除张裕酒庄（4A级景区）有较为专业的旅游服务部门以外，其他酒庄大都缺少葡萄酒旅游开发、运营管理、市场营销、礼仪、接待、讲解等方面的专门岗位和部门，专业人才严重缺乏，其突出反映了两大问题：第一，旅游开发与管理缺位，没有专门部门引导；第二，未建立专业人才培养和引进保障机制。

（七）受葡萄酒市场波动影响，资金短缺阻碍葡萄酒旅游发展

当前，全球葡萄酒销售出现滞销。调研得知酒庄大都存在不同程度的葡萄酒库存积压，部分酒庄目前还销售的是2013年酿造的葡萄酒，特别是近几年国外葡萄酒的对宁夏葡萄酒冲击很大，许多酒庄盈利减少，因此没有大量资金投入再生产来维持酒庄的运营，更无法投入更多的资金来发展葡萄酒旅游延长产业链条；部分新建酒庄，受其他葡萄酒著名品牌影响，加之市场销售量小，酒庄未能评星，且资金问题成为制约葡萄酒旅游发展的一大瓶颈。

（八）产区酒庄定位普遍不能满足当今大众旅游时代的发展

贺兰山东麓葡萄酒产区多数酒庄推出的葡萄酒旅游产品也都以面向中高端消费群体为主，包括建立会员制度等。而现阶段酒庄的大部分客源主要为大众消费者，且以宁夏本地区为主，区外甚至国外游客非常少，与"贺兰山东麓葡萄酒文化长廊"总体规划设想的旅游发展格局有相当的距离。同时，多数酒庄设计之初定位主要考虑到接待高端商务人群，主要经营各种葡萄酒娱乐会所，葡萄酒定价普遍偏高，与现在发展大众时代的全域旅游不相符。因而，原来的面向中高端人群的葡萄酒市场及价格定位、产品定位等都已无法满足大众旅游、大众消费时代的需求。

（九）葡萄酒文化的培育与传播缺失

贺兰山东麓葡萄酒旅游缺乏葡萄酒文化根基、氛围和消费者的群体认同，极大限制了葡萄酒旅游的游客来源。究其原因：第一，地域文化冲击，宁夏及西北地区消费者偏好喝白酒，葡萄酒饮品主观化被认为过于柔和更适宜女性饮用。第二，葡萄酒文化氛围缺失，贺兰山东麓葡萄酒产区在多年来的发展中，未形成特色鲜明的葡萄酒生态文化、消费文化和贺兰山东麓葡萄酒地域文化。

四、加快贺兰山东麓葡萄酒文化长廊旅游发展的对策建议

(一) 科学编制贺兰山东麓葡萄酒旅游规划，引领葡萄酒旅游持续健康发展

第一，要提高发展葡萄酒旅游对促进贺兰山东麓葡萄酒产业及葡萄文化长廊建设重大意义的认识，自治区应根据贺兰山东麓已有的相关发展规划、葡萄酒产业发展实际情况及葡萄酒庄建设现状，尽快编制贺兰山东麓葡萄酒文化长廊旅游开发总体规划，科学布局贺兰山东麓葡萄酒旅游的发展，将贺兰山东麓葡萄酒旅游纳入自治区全域旅游发展战略之中。在现有的交通道路基础上规划和完善贺兰山东麓葡萄酒产区的统一旅游标识系统，引导游客前往贺兰山东麓葡萄酒庄；加快贺兰山东麓葡萄酒旅游交通建设，开辟贺兰山东麓葡萄酒旅游专线，与旅游标识系统相辅相成；注重小型葡萄酒博物馆的建设，充分反映各自企业及酒庄的历史、发展历程、文化特色；引导和支持贺兰山东麓葡萄酒旅游的发展，使葡萄酒旅游尽快成为宁夏旅游发展新高地。

第二，各酒庄要结合现有的葡萄酒发展现状，尽快编制酒庄葡萄酒旅游开发的详细规划，有实力的酒庄应首先建设和完善特色餐饮、住宿、接待的旅游基础设施。如饮食上要结合酒庄的风格，在酒庄餐饮上提供与建筑风格相匹配的美食服务等；研发具有贺兰山东麓风格，特别是具有不同酒庄风格的葡萄酒特色旅游纪念品。制定年度发展目标，指导近期、远期葡萄旅游开发建设。

(二) 加快葡萄酒旅游和贺兰山东麓旅游廊道体系的深度融合

贺兰山东麓葡萄酒产区旅游资源涵盖了许多宁夏主流特色旅游资源，实现葡萄酒和旅游的"联姻"，不仅要突出中国特色的东方葡萄酒文化精神内涵，还要融合地方（贺兰山东麓）区域特色旅游资源，将葡萄酒旅游融入贺兰山东麓旅游大环境中，把葡萄酒产区当作旅游景区，把葡萄田园风光和葡萄酒等葡萄旅游资源转化成旅游产品。在贺兰山东麓旅游基础设施建设中，要充分考虑葡萄酒旅游基础设施的建设，还要体现贺兰山东麓葡萄酒产区的地域标识。

以葡萄酒庄和基地为核心，打造若干个新型葡萄文化旅游集聚区与景区。整合贺兰山东麓地域旅游资源、自然景观与葡萄酒旅游资源，合理优化旅游线路，打造若干以葡萄酒文化旅游为主体功能的葡萄酒庄旅游聚集区与葡萄酒文化旅游景区。各葡萄酒庄聚集区与景区要突出自身特色，凸显自己所在区域的特色；在庄园及葡萄种植基地重点发展适合大众旅游的旅游展示区和体验区，如采摘区、葡萄酒简单酿制区、葡萄酒品尝区、文化交流区等旅游主体功能区。

开发满足不同消费群体且与葡萄酒相关的旅游产品。首先，将大众旅游模式与高端酒庄小众旅游模式对接，满足不同年龄、性别、职业、偏好、教育程度、经济收入等不同背景消费人群的差异化选择，提高葡萄酒旅游产品的开发档次。同时，要去除酒庄同质化经营模式和产品单一的现象，在现有的葡萄酒体验产品基础上，开发出不同且富有特色的葡萄酒旅游主题活动产品，如私人小型酒庄或类似于体验朋友种植、葡萄酒生产的旅游产品等。

（三）促进葡萄酒文化与区域文化整合，塑造葡萄酒旅游品牌形象影响力

以节庆会展为平台，带动和促进贺兰山东麓葡萄酒旅游的宣传力度。贺兰山东麓要以独特的葡萄酒文化与生态旅游资源为抓手，通过两大产业资源的整合、产业活动的重组，策划3—5个著名的葡萄酒旅游节庆，开展"春、夏、秋、冬"不同节气的旅游节庆活动，以期在较短的时间能迅速带动起贺兰山东麓葡萄酒旅游的快速发展。各大星级、列级酒庄要以葡萄酒博览会、葡萄春耕展藤节、葡萄采摘酿造节、葡萄酒文化艺术节等节庆和会展等多种形式活动作为产业融合的纽带，通过产业活动的方式来实现葡萄酒旅游的发展。

政府、葡萄酒企业、行业协会等应协同搭建葡萄酒文化与知识传播渠道，以提高消费者对葡萄种植与葡萄酒的认知、葡萄酒企业品牌的识别、葡萄酒文化鉴赏的水准，强化对贺兰山东麓葡萄酒旅游的品牌忠诚度，尤其是政府引导酒庄向区内外推介，从而缔造"葡萄美酒贺兰山"的旅游品牌影响力。

（四）加强部门联动，完善体制机制，构建葡萄酒旅游服务体系

贺兰山东麓葡萄酒旅游的发展涉及旅游、葡萄酒产业、国土、林业以及财政等多部门，因此要建立葡萄酒旅游发展的部门联动机制，综合协调和沟通，为葡萄酒旅游的发展创造良好的外部环境与政策上的便利；建设"贺兰山东麓葡萄酒旅游综合服务中心"，编印《贺兰山东麓葡萄酒旅游一册通》《贺兰山东麓葡萄酒旅游交通图》等宣传材料，为旅游者提供相关信息和服务。搭建葡萄酒旅游信息共享平台，为走廊内各参与方（酒庄、投资者、游客）提供有关信息，实现信息共享。加强自治区文化和旅游厅、宁夏葡萄酒产业局及自然资源厅的深度合作，共同谋划产区发展对策，及时妥善解决葡萄酒旅游发展出现的现实问题。

（五）制定和完善优惠政策，优化葡萄酒旅游发展环境

第一，政府应尽快制定鼓励酒庄发展葡萄酒旅游的土地、财政和税收等相关优惠政策，建立旅游发展基金，奠定贺兰山东麓葡萄酒产区葡萄酒旅游发展基础。第二，组建宁夏葡萄酒旅游发展智库，为贺兰山东麓葡萄酒产区葡萄酒旅游发展提供战略决策建议。第三，加快葡萄酒旅游专业人才队伍建设。政府要支持区内高等院校和科研机构，加大对葡萄酒旅游开发、经营、管理、营销、服务等专业人才领域的投入，注重葡萄酒旅游高素质应用型人才的培养和储备；引进区外葡萄酒旅游高端人才，共同推进产学研协同创新。

2018年宁夏影视剧生产创作发展报告

王 芳

文化，是一个国家和民族的思想引领、精神支柱、道德教养、知识哺育，也是一个国家和民族赖以生存发展的精神力量。习近平总书记在党的十九大报告中指出："文化自信是一个国家、一个民族发展中更基本、更深沉、更持久的力量。没有高度的文化自信，没有文化的繁荣兴盛，就没有中华民族伟大复兴……满足人民过上美好生活的新期待，必须提供丰富的精神食粮。"宁夏以坚定文化自信，推进影视剧的生产创作发展，坚守艺术理想，以对中华优秀传统文化进行创造性转化和创新性发展为目标，以工匠精神倾力打造出了一批影视作品，用影视艺术为新时代传神写照，增光添彩，用优秀的影视剧精品扎实推进文化繁荣发展，构筑共有精神家园。

2018年，宁夏影视剧生产创作紧紧围绕迎接党的十九大召开、自治区成立60周年等重要时间节点，将"宁夏创造"这一目标作为影视剧作品所追求的品质和打造精品影视作品的战略思路，努力把献礼节目打造成艺术精品，在作品内容上注重"宁夏特写"，从挖掘宁夏本土历史文化资源和风土人情出发，以讲好宁夏故事落脚，创作生产一批具有民族特色、富有宁夏气质，有分量、有底蕴的"宁夏创造"优秀影视精品，力争实现"宁夏创造"擦亮宁夏历史文化名片。

作者简介　王芳，宁夏回族自治区党委宣传部新闻培训中心记者。

一、2018年宁夏影视剧生产创作发展基本概况

目前,宁夏共有经过备案的影视制作机构20余家,其中较有影响力的有七八家,如宁夏电影集团、宁夏广电传媒集团、宁夏浪涛文化传媒有限公司、宁夏明道文化传媒有限公司、宁夏和合影业等。其中宁夏电影集团、宁夏广电传媒集团两家国有控股文化传媒公司为龙头企业。电影方面:2018年,在宁夏备案发证和获得拍摄许可证的电影有《闽宁镇》《走出西海固》《宣战》等12部,被退回修改的有9部,2018年已获得公映许可证的有2部,分别是《阿修罗》《这一道沟,那一道梁》,即将获得公映许可证的是《闽宁镇》《双十一脱单记》。电视剧方面:2018年在宁夏备案的电视剧有《四十年》《北京梦》《灵州盛会》。已制作完成并播出的有《灵与肉》《我拿什么奉献给你》《一千零一夜之拯救黄金城》。

2018年可以说是宁夏电影电视剧增长数量最多、体量最大、质量最好的一个收获之年。当年出品的电影总共有4部,分别是《闽宁镇》《阿修罗》《这一道沟,那一道梁》《双十一脱单记》;正在拍摄制作的1部,是宁夏悦海文化传媒公司拍摄制作的扶贫题材电影《在路上》。已制作完成的电视剧有3部,分别是《灵与肉》《我拿什么奉献给你》《一千零一夜之拯救黄金城》;正在拍摄制作的电视剧有3部,分别是《灵州盛会》《北京梦》《四十年》。总体上来说,2018年宁夏产出的电影电视剧呈现出政治素质过硬、地域气质突出,有分量、有底蕴、有质感的特点。其中,电影《闽宁镇》以东西合作、精准脱贫为主题,电影《这一道沟,那一道梁》以移民搬迁为主题,剧本入选中宣部、国家新闻出版广电总局优秀剧本扶持项目;电影《阿修罗》从人性的真善美出发,开启了工业电影时代的序幕;电影《在路上》是宁夏首部基层"第一书记"扶贫题材影片;电视剧《灵州盛会》挖掘本土历史事件和历史文化,体现民族融合发展;改编自著名作家张贤亮同名小说的电视剧《灵与肉》以人间正向的价值观歌颂人性真善美,激发观众情感共鸣,传递时代正能量。该剧已于今年6月在央视第八频道播出,多次打破收视纪录;电视剧《我拿什么奉献给你》反映宁夏人民防沙治沙用沙的壮举,描绘宁夏建设环境示范区的美好愿景。该剧已于今年

7月在江苏地面频道、山东齐鲁频道播出。

二、2018年宁夏影视剧项目介绍及分析

（一）电影方面：主旋律突出，结合社会热点贴合度强，反应精准扶贫题材的电影成为首选

电影《闽宁镇》是一部以宁夏回族自治区永宁县闽宁镇20年发展为主线的主旋律影片，该题材是习近平总书记扶贫思想的现实结晶，是东西部合作、精准脱贫的成功实践，更是全国扶贫攻坚的典型范例。影片紧紧围绕"在奔小康的路上一个都不能少""社会主义是干出来的"这一主题，把实施乡村振兴战略、脱贫富民战略有机结合，努力将中国智慧和伟大的发展道路融入作品。电影《闽宁镇》已被中央宣传部、国家电影局列入迎接改革开放40周年全国影片重点项目，宁夏回族自治区党委将此片列为自治区60周年大庆献礼影片。该片由执导电影《杨善洲》的著名导演董玲团队主创，剧本历经10稿，内容细致，主题升华，符合主旋律和时代背景。该片已于2018年12月在全国公映，为改革开放40周年、宁夏回族自治区成立60周年献上一份厚礼。

电影《阿修罗》打造重工业电影产业航母。由宁夏电影集团潜心打造的史诗电影《阿修罗》，尝试推进电影产业升级，探索华语电影全球化之路。在艺术规划的顶层设计过程中，历时6年，耗资7.5亿元，以"当下化落地，现代化解读，世界级呈现，国际级制造"为生产标准，精心打造出商业电影巨制《阿修罗》。

《阿修罗》在拍摄过程中，对概念设计、制片管理、前期拍摄、后期制作等各环节都提出了极高的要求。剧组聘请了具有20年好莱坞一线大片拍摄经验、曾参与执导过《暮光之城》《海扁王》《王牌特工》等多部知名电影的华裔导演张鹏出任导演，又聘请了数位国际著名电影制作人组成主创团队：服装造型师奈拉、视效总监查理、摄影指导帕特里克等等，其中不乏奥斯卡奖获得者。

电影《这一道沟，那一道梁》关注农村题材，以小人物的视角呈现移民搬迁政策的大情怀。党的十八大以来，习近平总书记从人民利益和幸福

出发，提出了"精准扶贫"的战略思想，并要求扶贫要实事求是，因地制宜。十九大报告更是对扶贫攻坚提出了新任务、新要求。电影《这一道沟，那一道梁》，由宁夏浪涛文化传媒有限公司创作、拍摄，于2017年4月获得中共中央宣传部、国家新闻出版广电总局电影剧本扶持，是宁夏近年来获得国家扶持的重点项目之一。影片反映了在党和政府的领导下，南部山区群众生活沧桑巨变，描述了生态移民工程和环境治理的成功实施，展现了西海固人民从贫困到富裕、从农村到城镇的巨大变迁。反映了党和人民群众团结一心、攻坚克难，用双手创造美好生活的过程和幸福感，是宁夏地区长期以来在经济、人文、环境等各方面工作成绩的影视缩影，影片弘扬主旋律、传播正能量，从筹划到拍摄历时两年半时间，期间受到中宣部、自治区党委宣传部、自治区广电局等单位的高度重视，作为重点文艺扶持项目和自治区成立六十周年献礼的影片，经过精心打磨、高质量拍摄和后期制作等各个严谨的工序，目前该影片已制作完成，获得公映许可证，并于今年9月份在彭阳县举行了首映式，下一步即将在央视电影频道和全国农村院线上映播出。

正在拍摄制作的扶贫题材电影《在路上》聚焦宁夏农村精准扶贫。党的十八大以来，党中央把脱贫攻坚作为关乎党和国家政治方向、根本制度和发展道路的大事，扶贫开发成为实现全面小康社会的底线目标，并明确到2020年我国现行标准下农村贫困人口实现脱贫，贫困县全部摘帽，解决区域性整体贫困。在扶贫攻坚战的大局势下，电影《在路上》应运而生。该片讲述了"第一书记"不畏艰难险阻，排除万难，把落后的龙湾村发展成为中国最美乡村的旅游胜地的真实故事。该片已于2018年4月在国家广电总局备案；目前正在买断剧本版权，策划、筹备、导演、演员拟选工作完成，导演制作团队初步确定。

爆笑荒诞爱情喜剧电影《双十一脱单记》由炎黄文化传媒（宁夏）公司拍摄制作完成。以爱情为主题，以云南大理风光为拍摄背景。该片已制作完成。

（二）电视剧方面：电视剧不仅具有商品属性，而且具有意识形态属性

这意味着电视剧既关联生产、流通、利润、民族文化产业等环节，又关联着思想导向、价值观念、道德情感、民族精神等命题。2018年，宁夏电视剧产业总体特点是以文化历史为载体，突出宁夏元素，发出宁夏声音。

1. 电视剧《灵州盛会》

《灵州盛会》挖掘历史事件，关照现实。30集电视剧《灵州盛会》是由宁夏回族自治区党委宣传部、宁夏新闻出版广电局和北京电视艺术中心联合筹拍的一部大型历史电视剧，在2017年年初被自治区党委列为宁夏回族自治区成立60周年重点文艺精品。《灵州盛会》是一部承载着宁夏社会各界关注与期望的影视作品，此剧以唐朝贞观年间在宁夏境内"古灵州"发生的历史事件"灵州会盟"作为主线，生动再现了多元一统、生生不息的中华历史片段，倡导了民族团结、和谐包容的理念和"以和为贵"的价值观，表现出中华民族虚怀若谷、兼容并蓄的精神，符合同心共筑中国梦的当代价值理念。

该剧于2017年3月份开始创作，预计2019年国庆节前后在中央广播电视总台央视一套黄金时段播出。

2. 电视剧《灵与肉》

该剧改编自著名作家张贤亮先生的同名小说《灵与肉》，以人间正向的价值观歌颂人性真善美，激发观众情感共鸣，传递时代正能量，将社会主义核心价值体系进行当下化落地，引发广大观众对于人生观和价值观的正

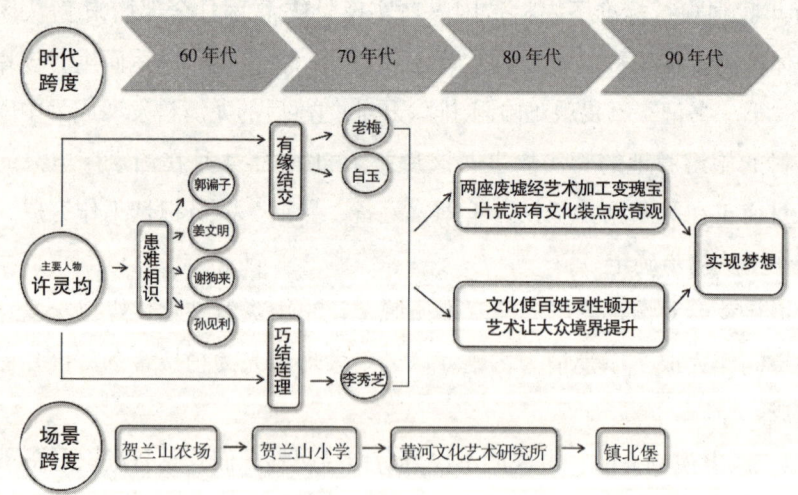

确定位。以当下公允价值观，通过艺术再现的方式，展现原小说主人公许灵均最终实现梦想的生命体验。该剧是一部强调艺术水准，与时代需求相匹配的具有中国气派的诚意之作。思想精深、艺术精湛、制作精良，符合当下观众的情感诉求，能够引起广泛的社会关注，为中国电视剧现实主义题材创作探索出一条新的表现方式和途径。

电视剧《灵与肉》的艺术成就及可圈可点之处：

一是美学突破。作为美学呈现的重要元素，主场景的规划设计和典型环境描述尤为重要，边塞感是显著场景特征。《灵与肉》的主场景在距贺兰山拜寺口双塔南约一公里处实景搭建，占地23000多平方米，整体耗资700多万元，场景中烽火台、月亮门、古长城遗址、马厩等建筑，都在很大程度上凸显边塞感，摆脱窑洞、黄土高坡等传统概念中的西北风貌，展现西北大漠的塞外风情。起伏的山脉、戈壁、草原、深入地下的沟壑、漫天风尘、狼烟等视觉元素构成西部典型环境和总体艺术形态。

自然环境、人文环境、社会环境对主人公许灵均灵魂的桎梏和人性的隔绝都将收敛到主场景的浓缩环境中，构成许灵均与周边人的震荡关系，赋予社会价值，以大情怀的格局和特有的西北生活方式彰显出独有的人文价值和美学样态。

《灵与肉》拍摄外景搭建

二是技术创新。为营造与众不同的影像空间，电视剧《灵与肉》采用电影制作级别的技术设备，选用2.35:1的电影级别宽画幅比，配合4K高分辨率的影像标准，并采用创新性航拍技术手段，为整部电视剧提供独特拍摄视角，为观众带来更多"一镜到底"的视觉享受。此外，航拍无人机红外及可视化视频识别系统也首次突破使用在电视剧的拍摄中，以一种崭新的拍摄视角，通过镜头表现骏马奔驰、雄鹰翱翔等"塞上江南"独有风景，呈现出西部边塞广袤大地及雄浑的贺兰山风貌，展现跌宕起伏、悲欢离合的人物命运。

三是收视统计。2018年6月17日，该剧在央视八套晚间黄金档正式播出，并于6月30日完美收官，根据中央电视台收视率调查结果显示，该剧每集平均收视率在1.5%以上，最高峰值达到2.5%，位列同期全国电视剧收视率排行榜第一名，累计收看人数超过1亿人，成为2018年度热播电视剧。

3. 电视剧《我拿什么奉献给你》

该剧是宁夏回族自治区党委宣传部与宁夏和合影业发展公司、北京世纪华纳影视公司联合拍摄的一部讲述防沙治沙用沙的伟大历史功绩，展现宁夏回族自治区成立60年来宁夏人民与自然和命运不屈不挠斗争精神的电视剧。

该剧于2017年10月通过电视剧拍摄制作备案公示，2017年11月25日全剧杀青，于2018年7月获得发行许可证；已在江苏地面频道、山东齐鲁频道播出。目前正在积极协调在中央广播电视总台央视一套黄金时段播出。

4. 电视剧《北京梦》

《北京梦》是一部反映在改革开放40年的大背景下，以"北漂"为代表的新时代创业者的大型时代剧，通过展现家国情怀、社会责任、时代召唤来立意主旋律。目前已经建立剧组，正在海选演员，协谈播出平台，预计明年2月份开机。

5. 电视剧《一千零一夜之拯救黄金城》

52集3D动画电视剧《一千零一夜之拯救黄金城》由宁夏明道文化发展有限公司牵头，以3D动画电视剧为突破口，以"一带一路"经济文化为依托，打造出来的面向全世界的动漫产品和国际化IP。该剧运用先进的动漫制作技术，打造不仅仅局限于少年儿童的动漫IP，传播勇敢、奋斗精神，项目专注于CG视觉艺术、多媒体设计等对影片的全面应用。目前，公司正在与中央电视台少儿频道进行洽谈，初步达成协议，预计不久将于该频道播出。

三、2018年助推宁夏影视产业发展的具体做法

（一）严把剧本审查备案关

坚持关口前移，从影视剧备案、剧本创作、拍摄制作等关键环节入手，严把资料审核关、备案公示关、内容审查关，依法依规审查影视作品，支持宁夏影视制作机构出精品、出力作。

（二）加强影视精品创作生产

以自治区成立60周年和改革开放40周年为契机，指导重点影视剧剧本创作，推出了以《灵与肉》《闽宁镇》为代表的一大批精品工程和精品剧目。这些剧政治素质过硬，历史底蕴深厚，观众期待值高，能够成为2018年推动宁夏影视剧繁荣发展的代表之作。

（三）积极吸引社会力量投资影视剧创作生产

全年吸引社会资金超过8.36亿元，其中《阿修罗》吸引社会资金7亿元、《一千零一夜之拯救黄金城》吸引社会资金3500万元、《寻宝诀之大漠古城》吸引社会资金1500万元、《这一道沟，那一道梁》吸引社会资金568万元、《灵州盛会》吸引社会资金8500万元。

四、制约宁夏影视产业发展的瓶颈因素

影视剧创作生产短板的问题依然突出。现有的影视制作机构有创作生产能力的不足10家，年度绩效普遍偏低。备案公示的影视剧逐年增加，但拍摄制作完成的少，公开发行的更少，影视剧创作生产乏力的状况尚未真正扭转。

五、对宁夏影视剧生产创作发展的几点思考

一是认真做好项目申报工作，全力扶持宁夏影视创作生产。从影视剧备案、剧本创作、拍摄制作等关键环节入手，跟踪推进影视剧创作生产扶持政策，提高扶持标准，降低扶持门槛，支持宁夏影视制作机构出精品、

出力作。

二是立足本土，突出宁夏元素。及时了解已备案影视剧的拍摄制作情况，指导重点影视剧剧本创作，推动影视剧繁荣发展。

三是鼓励民间融资诸如影视产业资本，增强影视业发展活力，积极吸引社会力量投资影视剧创作生产。

四是加强影视剧人才队伍建设。发挥影视协会行业服务功能，推荐有发展潜力的青年编剧参加电影编剧进修班。

2017—2018 年宁夏旅游业发展态势与展望

任 婕 马建强

近年来，宁夏旅游业发展持续向好，旅游基础设施逐步完善，产业投资更加活跃，文旅融合发展渐成趋势，旅游市场持续高速增长，经济社会效益更加显著，"全域旅游"发展呈现良好局面。宁夏旅游经济发展统计公报显示，2017 年，宁夏接待国内外旅游总人数 3103.16 万人次，实现旅游总收入 277.72 亿元，同比分别增长 21.73%和 20.41%。此两项指标增长均高于 20%，这是宁夏近十年来的首次突破。2018 年上半年，宁夏接待国内外游客 1699.51 万人次，实现旅游总收入 138.69 亿元，同比分别增长 14.07%和 10.27%。

一、2017—2018 年宁夏旅游业发展态势

（一）文旅融合趋势愈加明显

自 2017 年国家八部委联合印发《十三五时期文化旅游提升工程实施方案》以来，宁夏针对文化旅游发展面临的突出矛盾继续在推动文化与旅游融合发展上下功夫。依托物质和非物质遗产遗迹等资源推广，深化文化体验游。相继推出剧目《悦游银川》《北疆天歌》《黄河拜水盛典》《烽火西

作者简介　任婕，宁夏社会科学院文化研究所助理研究员；马建强，宁夏社会科学院经济师。

夏》，电视剧《灵与肉》，纪录片《六盘山》等，推进演艺产业、影视业等与旅游业融合共进。2018年是文旅业发展的转折年。3月，国务院机构改革方案提出组建文化和旅游部，不再保留文化部、国家旅游局。走好文旅融合发展之路，更有效地发挥产业优势和文化自信、建设文化强国愈发成为业界关注的焦点。10月，宁夏整合文化厅和旅游发展委员会职责，组建成立宁夏文化和旅游厅，这将有利于促进文化和旅游的深度融合。

（二）大力推进全域旅游建设

2016年宁夏获批全国第二家全域旅游示范省区，2017—2018年宁夏按照全域旅游发展新理念，将全域旅游示范区创建推向全面纵深发展，先后出台了一系列政策、法规和文件，如出台了《宁夏全域旅游三年行动方案》《关于加快全域旅游示范区建设的意见》等，新修订了《宁夏回族自治区旅游条例》，编制了《宁夏全域旅游发展总体规划》。旅游管理部门积极主动争取项目、资金、土地等支持，指导市县开展全域旅游示范市县创建工作。有针对性地做好优质旅游创新发展的专题培训和人才培养工作。组织2018年宁夏旅游商品专题培训班，宁夏饭店服务职业技能竞赛，评选十大金牌导游、十大金牌讲解员和百名旅游服务之星，夯实宁夏文化和旅游服务人才基础。

（三）全力实施"旅游+"融合发展工程

实践调研结合2018宁夏旅游工作报告来看，一是积极引入旅游休闲农业。在引黄灌区，集中推广宁夏引黄古灌区世界灌溉工程遗产品牌，集中展示塞上江南、鱼米之乡风景。在中部干旱带打造生态移民、防沙治沙特色农业旅游产品。重点开发南部开发风土民俗、梯田观光等乡村体验游。积极打造十大特色产业示范村，科学评定现代农业庄园、休闲农业示范点、五星级乡村旅游点、家庭林场等并给予资金支持，展开"十大旅游扶贫重点村""乡村旅游扶贫百名模范户""乡村旅游千名致富带头人""十大旅游特色农家乐"评选活动。智能化运营"宁夏乡里约"网站和APP。二是支持石嘴山老工业基地遗存、太阳山南华山风力发电基地等发展工业旅游。包括宁夏伊利乳业工业旅游景区、红山河工业旅游观光园等在内的26家工业旅游企业入选全国工业旅游单位名录。三是创建和评选"十大特色旅游街区"，以及宁夏观光夜市项目进入吴忠市、固原市，六盘山观光夜市建成开业。四是积极创建国家级体育旅游示范基地。2017年，宁夏沙坡头旅游区入选国家命名的体育旅游示范基地中的沙漠运动基地。银川、盐池、灵武、红寺堡等地开发出形式多样的低空旅游产品。五是差异化开发研学旅游产品，鼓励深度挖掘红色文化，设计推出六盘山红色文化研学游线路，以及宁夏长城遗址寻访游、贺兰山岩画考察探秘游等10项特色化研学旅游线路。六是发展生态康养旅游，计划创建一批国家旅游康养示范基地。

（四）加大旅游市场的整治和制度建设

和谐有序的旅游市场秩序是旅游地发展的保障。宁夏相继出台了《关于加强旅游市场综合监管的意见》和《关于全面提升旅游服务质量 实施十百千万工程的若干意见》等重要文件。深入开展旅游市场秩序综合整治"四季行动"，不断推进"1+3"（旅游局"升格"旅游发展委员会+"旅游警察、旅游巡回法庭、工商局旅游分局"）综合监管机制建设，旅游市场井然有序。2018宁夏旅游工作报告显示，2017年，宁夏有效旅游投诉161件，受理136件，结案136件。2018年，宁夏开展旅游景区和高速公路服务区食品安全专项治理，全面提升了旅游食品质量安全整体水平。2018年上半年，宁夏共收到游客投诉60件，正式受理48件；没有发生重大旅游安全生产事故，旅游发展环境更加优化。2018年下半年，宁夏旅游运行监测管理服务平台国标化改造完成并投入使用。启动建立了旅游业诚信"红黑名单"。文化和旅游部在宁夏中卫市召开"黑导游"专项整治工作推进会。

（五）旅游营销风生水起

2017年，宁夏以旅游宣传为手段、以文化为纽带，与国内、与世界的联系互动不断加强，尤其是辐射东南沿海城市和西部地区的跨区域旅游合作不断加强。2018年，宁夏在旅游营销工作中，重点加强与东南亚国家旅游交流合作，搭建同东南亚重点客源市场沟通平台，先后在印尼和新加坡等国举办了"美丽中国·神奇宁夏"旅游推介会。2018环球旅游小姐世界总决赛在沙坡头旅游景区举行，成为世界了解宁夏的又一扇窗口。还推出了同程旅游"全域宁夏"专题、西北旅游营销大会、深圳文博会宁夏旅游专题推介、"湘约"宁夏湖南宣传周、宁夏旅游南京推介会、"珠三角地区"宁夏旅游年等宣传举措。宁夏在区域旅游发展的格局中从边缘向前沿转变。此外，城市宣传片《Here is 银川》以物质和非物质要素吸引游客和投资商等群体，内容涉及对地方旅游资源和特色旅游产品的集中展示，在提高宁夏旅游业的知名度和美誉度层面，影响力和传播力不俗。2018年11月启动宁夏文化旅游形象主题品牌口号和形象标志公开征集工作，成果将为进一步推动宁夏文化旅游市场化、国际化起到"门脸"般的作用。

（六）旅游投资呈增长趋势

2017年至2018年上半年，宁夏旅游业投资呈现增长趋势，主要是投资总规模的增势较为明显。从2018宁夏旅游工作报告数据来看，2017年宁夏开工建设旅游项目234个，完成投资175亿元，项目开工数和完成投资分别同比增长36.1%、36.3%。2018年上半年，全区开工建设旅游项目168个，完成投资46.95亿元，项目开工数和完成投资分别同比增长41.01%、36.87%。从投资的构成来看，旅游项目的实体投资在持续增长。具体来看：财政投资的重点领域集中在全域旅游的基础设施配套上，如宁夏东部古城历史文化环线旅游风景道、固原旅游环线和游客集散中心、泾源县旅游服务带、旅游厕所等配套工程的实施。社会资本的热点投向主要集中在星级旅游饭店、旅行社、葡萄酒庄体验、自驾车房车营地、乡村旅游等领域。

二、对2017—2018年宁夏旅游业发展态势的解析

两年来，在政府、行业、市场、社会的共同推动下，宁夏旅游业发展形势喜人。集中体现在旅游管理部门工作、行业发展态势和旅游需求扩大等层面。如在城乡品牌提升方面，银川市入选全国十大旅游休闲示范城市、全球首批国际湿地城市。中卫市通过第二批国家级旅游业改革创新先行区验收。西吉龙王坝、泾源县冶家村等被评为中国最美休闲乡村，闽宁镇原隆村被评为中国乡村旅游创客示范基地，贺兰县四十里店村、新平村，泾源县冶家村，大武口区龙泉村入选农业农村部推介的2018年中国美丽休闲乡村。在遗产遗迹保护利用工作中宁夏引黄古灌区申报世界遗产成功，这是我国黄河流域主干道上首个世界灌溉工程遗产。在景区景点与旅游商品

创新发展方面,沙坡头旅游景区获评第三届全国旅游服务质量标杆单位和国家体育旅游示范基地,沙湖景区荣获2018年度《中国国家旅游》最佳生态旅游目的地,大武口奇石山文化旅游区、盐池哈巴湖生态旅游区两家景区被批准为国家AAAA级旅游景区。灵武长枣庄园和固原龙王坝村入选农业农村部推介的全国百个乡村旅游精品景点线路。贺兰山岩画获"中国黄河50景"殊荣。陶毛毛红黑枸杞粉、月容雅妆护肤套装、荞真堂手工滩羊布艺、天然葫芦手工雕刻日用品系列获2018中国特色旅游商品大赛金奖,中国印象岩画系列伞和贺兰山岩画办公用品系列获2018中国旅游商品大赛银奖。2018首届"丝路明珠·魅力银川"全域旅游商品创意设计大赛面向全社会征集作品。在旅游厕所数量和水准提升工作中,宁夏通过"厕所革命"引领旅游公共服务全面提升,旅游厕所建设取得历史性突破;在旅游宣传营销方面,2017年宁夏智慧旅游运行服务监测管理平台荣获中国"互联网+"优秀案例提名奖。2018年,"全域宁夏"上线同程旅游全域旅游频道,浏览量激增。"宁夏旅游吃货"进入中国旅游微信影响力排行榜150期"自媒体"榜单前十。"让我们去宁夏,给心灵放个假"等旅游形象广受青睐,旅游品牌知名度进一步扩大。

(一)产品与市场困境的解析

1. 文旅融合发展究竟能否实现"诗和远方终于在一起",需要依靠深度融合

现阶段,宁夏文化旅游业的融合更多表现为简单的捆绑或以文化的名义开发旅游产品组织旅游活动,缺乏对文化的深层次挖掘与游客感知的认同。尤其是中华优秀传统文化、革命文化以及黄河流域农耕文明的文化艺术形式,仅满足游客观赏猎奇还远远不够。文旅项目应是有主题有内涵有氛围的,要求内容创设的一致性,绝非各业态的简单拼凑。

2. 旅游主管部门对星级饭店的监管权限情况的分析

《2018年第一季度全国星级饭店统计公报》《2018年第二季度全国星级饭店统计公报》数据显示,宁夏2018年上半年比上年同期平均房价增幅较大,尤其第二季度迎来旅游旺季增幅64.40%,居全国50个重点旅游城市首位。但上半年星级饭店平均出租率降幅居全国50个重点旅游城市前2

位。快速增长的价格与服务质量是否成正比有待考究。游客关心的是与价格相对应的卫生和质量配套。

表1 宁夏2018年上半年星级饭店房价统计情况

	与上年同期比较平均房价	平均出租率	每间客房平摊营业收入
2018第一季度	↑12.39%	↓	↑
2018第二季度	↑64.40%	↓	↑

针对高档旅游饭店的卫生问题，文化和旅游部要求高度重视旅游服务质量监管工作。值得注意的是，酒店的公共卫生监管属于卫生行政部门，文化和旅游主管部门只有协同调查处理的权限。对星级饭店旅游服务质量的保障，文化和旅游主管部门要切实加强与卫生、工商、消防等部门在强化部门联动方面沟通配合，以保证有效有力的监管。

3. 观望中的旅游PPP

《宁夏回族自治区"十三五"全域旅游发展规划》提出要推进旅游基础设施和公共服务PPP等投融资模式改革创新。2017年自治区人民政府印发了《自治区政府办公厅关于进一步推进政府和社会资本合作模式（PPP）的实施意见》，制定了《自治区政府和社会资本合作模式（PPP）操作管理办法》，促进PPP政策在宁夏落实，建立了统一的管理体系。据宁夏回族自治区2017年度PPP工作总结，2017年宁夏共有140个项目进入财政部政府和社会资本合作（PPP）综合信息平台项目库，投资总额2317.03亿元。项目涵盖市政工程、生态环境、交通运输等16个基础设施和公共服务领域，虽包含了旅游项目，但比例很小。

4. 研学旅行受追捧的背后，存在不少问题

近两年来，随着国家提倡中小学推进研学旅行，各地研学旅行崛地而起。研学旅行是文化与旅游深度融合最直观的实践载体之一。我们现有的研学旅行项目绝大多数仅是市场行为，随便在游览的过程中加入几个问题，或为增加娱乐性加入个别体验环节，却忽略掉了课程化的引领，也忽略掉了研学旅行是否在提高历史文化知识、培养科学素养、发挥探索精神中起到驱动作用。

(二) 旅游市场解析

1. 接待国内游客数持续增长

2017年至2018年上半年,宁夏接待国内旅游人数大幅增长。根据宁夏旅游经济发展统计公报,2017年,全区接待国内游客3078.52万人次,同比增长21.61%。其中,接待过夜国内游客1416.85万人次,占全区接待国内游客人数的46.02%。全区实现国内旅游收入275.22亿元,同比增长20.39%。其中,过夜国内游客在宁花费171.32亿元,占接待国内游客旅游收入的62.25%。

表2 2017年至2018年上半年宁夏旅游市场规模

区域	2017年接待国内旅游人数(万/人次)	2017年接待区内旅游人数(万/人次)	2018年1—6月接待国内旅游人数(万/人次)	2018年1—6月接待区内旅游人数(万/人次)
全区	3078.52	1379.78	1699.51	944.52
银川市	1283.9	429.34	763.07	360.47
石嘴山市	327.42	151.86	152.61	77.17
吴忠市	471.87	278.64	250.97	197.81
固原市	492.68	270.58	257.75	166.97
中卫市	502.65	269.77	271.32	170.04

2. 出境旅游高速增长

2017年,宁夏有旅行社135家,含25家出境组团社和5家赴台资质旅行社。出境游客12.28万人次,同比增长18.99%。宁夏旅游经济发展统计公报显示,出境人次列在前十位的国家和地区分别是泰国、中国台湾、日本、马来西亚、新加坡、澳大利亚、中国香港、中国澳门、韩国、印度尼西亚。《2018年中国跨境旅行消费报告》数据显示,2018年宁夏游客出境游平均花费4521元,主要出发地为银川。总体来看,宁夏出境旅游增速快,但仍处于起步阶段,主要表现在:出境人数占总人口的比例依然偏低;出境宁夏游客多数选择跟团游,此块市场运作依然相对粗糙,与之相关的产业供给还有很大的成长空间需要攀升。

3. 入境旅游稳步发展

以宁夏旅游经济发展统计公报为数据来源,2017年,宁夏接待入境游客12.36万人次,同比增长18.84%。全区宾馆(饭店)接待过夜入境旅游者 6.53 万人次，同比增长 27.58%。入境过夜游客平均停留天数为 3.71 天，实现外汇收入 2.50 亿元人民币，同比增长 30.06%。2018 年 1—6 月接待入境过夜游客 3.79 万人次，同比增长 56.02%；实现入境旅游收入 1.54 亿元，同比增长 42.72%。就当前宁夏入境旅游市场的趋势来看：一方面，中国香港、中国台湾、美国、东南亚等主要入境客源市场均有增长。另一方面接待入境过夜旅游者的城市以银川为主，其他几市的入境旅游接待能力亟待提高。随着入境旅游系统工程的理念在业界得到广泛认可，旅游公共服务和市场监管日趋提质和优化、生态环境持续改善，加之人民币贬值等现实因素的推动，宁夏入境旅游稳步发展的周期将进一步得到稳固。

三、对宁夏旅游业的发展展望

一是全域旅游将继续是宁夏旅游业发展的核心理念。在主题公园迎来热潮、特色小镇和乡村旅游迅猛发展、"厕所革命"新三年行动等大背景下，宁夏全面深化全域旅游目的地建设，引导理念转型，激发制度活力，势必将带动宁夏旅游微观旅游要素及其配套组合设施的快速完善和提升、精品景区的提质升级、特色小镇的体系化发展建设、乡村旅游发展质量的提高、旅游厕所的合理布局。二是文旅融合将继续深化，文化旅游业增加值占 GDP 的比重将不断增长。宁夏未来文旅产业的发展关键在于资本、创意和科技等要素的竞争力。以根植于文化的产业形态和生活形态为特征，打造属于宁夏的超级旅游 IP 能充分撬动资本和增强驱动力，也能更有效地发挥产业优势和文化自信，建设文化强区。三是酒店逐渐向多元化特色化发展，以公寓、民宿为主的非标准化住宿需求将激增。这是市场适应消费多元化需求的反应，适度标准化和规范化将有利于非标准化住宿业提高品质。

2018年宁夏文化会展业发展报告

马 珍

中国会展业在区域分布上，基本上形成了以北京、上海、广州、大连、成都、昆明、西安等城市为中心的环渤海会展经济带、长三角会展经济带、珠三角会展经济带、东北会展经济带及中西部会展城市经济带等五大会展经济产业带框架。全国四分之三的展会集中在 24 个主要城市，北京、上海、广州三大会展中心城市优势明显。与这些会展中心城市比较，宁夏文化会展业还处于发展的初级萌芽阶段。2018年宁夏文化会展业以自治区成立 60 周年大庆成就展为主，举办文化类会展活动近 30 场，整体上以文化博览和文化传播为主要内容来打造全区文化产品与文化品牌，拉动文化消费，促进宁夏文化产业发展。

一、2018年宁夏文化会展业发展基本情况

2018年全区先后举办了中国（宁夏）智能科技及应用博览会、宁夏文化艺术节、2018美丽乡村文化大集、第二届非物质文化遗产博览会、第二届中国·银川文化艺术创意节、银川国际会议展览中心成立十周年暨银川市会展业发展高峰论坛、文化同心·根脉传承"非遗"展、网络达人浪固原等文化类会展博览活动。银川会展中心举办的各类大型展会活动就有 34 场，

作者简介 马珍，宁夏社会科学院文化研究所助理研究员。

总展览面积达42万平方米，参观人数近400万人次，文化类会展活动10场以上，其中，第二届非物质文化遗产博览会展览面积1万平方米，设计展位500余个，吸引了全区及周边省市约300个"非遗"项目及文化产业实体参展，参观人数超过2万人次。

2018年宁夏文化会展业发展呈现出以下亮点：一是宁夏文化会展业突破了银川市一枝独秀的格局。全区按照"一主四辅"会展城市空间布局，五市立足各自的特色产业和区域文化优势，培育文化会展项目，大力拓展会展经济带动功能。银川市持续打造"会展在银川"的品牌，努力向中国西部重要的会展中心城市迈进。自2008年以来，银川市文化会展活动数量规模逐年增长，每年举办上规模的会议展览150场以上，全市从事会展行业的企业达100余家，骨干企业超过30家，从业人员增加到1000余人。银川国际会展中心连续三年被评为"中国标志性场馆"，银川市则连续三年荣获得"中国会展名城"。2018年7月，银川市举办了以"十年一剑铸辉煌，砥砺前行谱华章"为主题的银川市会展10周年高峰论坛，向区内外展示了银川市会展业发展成果。2018年，吴忠市委市政府发布了《关于进一步促进会展业发展的政策措施》，成立了会展业发展领导小组。举办了桃花节、民俗嘉年华、牡丹观光节等节庆活动；中卫市举办了云天大会、大漠黄河国际旅游节、中宁枸杞文化节等文化节会，签约引进项目6个。二是积极"走出去"参加各类文化会展，推动文化产业发展。自治区组织优质文化企业参加了首届中国国际进口博览会、中国与拉美国际博览会、十四届中国（深圳）国际文化产业博览交易会和第29届香港美食博览会等国内外知名文化展会。通过设立宁夏综合馆，展示宁夏形象，推介特色文化产品，开展文化项目对接，进行文化投资洽谈。秦长城文化艺术旅游产业博览中心的文创产品贺兰砚《鎏金银壶印章"一带一路"遗存》获第十四届中国（深圳）国际文化产业博览交易会"中国工艺美术文化创意奖"铜奖等。通过"走出去"参加各类文化会展活动，有力地推动了与全国各地文化会展业的联系合作，促进了人文交流，提升宁夏文化的影响力。三是政府、企业和行业协会积极推进会展人才的培训和培养。宁夏博览局与中国贸促会培训中心签署战略合作协议,举办展览从业能力培训(宁夏)班、展览管理高级研修(宁夏)班和注册会展经理培训班,成立贸促会宁夏培训基地,并在石嘴山市举办了宁夏贸促会商事法律培训;宁夏国际会议展览业协会开展了首次内训活动,以提升参训人员综合素质,提高各项业务技能;宁夏国际会展有限责任公司、宁夏神州行会议会展服务有限公司、宁夏华宇立展国际会展有限公司等会展企业都在企业内部开展员工培训活动,积极开展校企研学。其中,宁夏合合会众会议展览有限公司主办了银川市会展从业人员能力提升班,这是一次专业性较强的培训活动。四是行业协会成为政府、企业、市场之间联系的纽带和桥梁。行业协会既是企业在市场竞争中站稳脚跟、赢得市场、做大做强的必然选择,也是企业走向市场的向导,是企业权益和社会经济秩序的维护者。2018年,宁夏国际会议展览业协会加入全国省级会展行业协会联席会议,9月举办了第三届中国宁夏(银川)国际会展教育座谈交流会和会展旅游人演讲大赛,进一步推动了宁夏会展教育事业的发展,培育了新时代宁夏会展人才。12月举办了中国宁夏(银川)国际会展经济高峰论坛暨大宴凤城——第三届宁夏仙鹤楼饺子文化节。融合会展、旅游、餐饮等产业,实现会展业创新发展。

二、宁夏文化会展业发展中存在的问题

(一) 会展专业人才匮乏

宁夏文化会展人才面临诸多困难。以银川市为例,银川市会展企业有三十几家,专业的会展人才非常缺乏,大部分会展企业并没有专业人才,绝大部分是从事其他专业的人员转入或根本就没有专业背景的人士,会展人才队伍建设较为滞后,组织策划、市场营销等专业人才更显短缺;部分企业招展招商较为困难、融资难,每年都有会展从业人员离职,新鲜血液补充困难;高校相关的会展专业人才的培养工作滞后。

(二) 文化会展企业的市场运营能力不强,缺乏核心品牌展览会,自创品牌太少

2018年,银川市公布的28个会展项目中,展览类的有茶产业、广告

标识产业、体育旅游健康产业、特色产业博览会等，可以看出，文化类展览活动市场竞争力相当弱。

（三）各类行业协会自身建设薄弱，服务水平低，既不能在一定程度上协助政府监管会展市场，更不具备权威性和市场调控能力，发挥作用相当有限

相继成立的银川市会展业协会、宁夏国际会议展览业协会、宁夏会展行业协会等行业协会，在如何创办行业会展活动和引进、培育会展人才、会展机构等方面还缺少具体工作措施。

三、推动宁夏文化会展业发展的思路

（一）会展人才建设应向着专业化、精细化方向发展

为培养综合素质强、一专多能的文化会展专业人才，一是要建立高等职业教育、行业协会教育和企业教育相结合的会展教育培训体系。高等院校应成为会展教育的核心，担负着课程规划、学历与学位教育、科研等职能；行业协会主要从事资格认证教育，同时组织业内人士相互研讨，交流经验；企业要结合企业文化对员工进行培训。二是要实施开放性教育，积极吸收国外先进的办学经验和教学体系，同国外最先进的管理模式接轨，可与国外高等教育机构、国内外有权威的相关行业协会、国内外具体从事会展活动策划及经营与管理的企业合作办学，增强教育培训的实用性和针对性。三是加强师资队伍建设，培养职业化的教育与科研队伍。

（二）以市场为导向，拓展文化消费需求领域，开发文化会展业新的消费模式与路径

宁夏文化会展企业应思考宁夏市场，到底什么展会能带动宁夏文化会展产业发展。如动漫展会的兴起就是迎合了青年群体的兴趣爱好，成为文化会展业的亮点，成为文化会展业的新供给、新动力。自治区应根据实际，创新宁夏文化会展业发展路径。一是在市场消费构成分析的基础上，准确把握市场发展走向，既要关注文化产品的精神价值，还要注意挖掘其商业元素，并合理引入会展文化市场。如非物质文化遗产博览会就可以通过深入挖掘文化产品的价值和商业元素，扩大博览会的影响力，努力促成文化

会展品牌。二是在拓展会展文化消费需求时，加大互联网与服务升级，推动会展业信息化建设，广泛运用现代信息化技术。既要适应年轻一代的兴趣爱好，又要关注正向引导，形成更高档次的精神文化需求，做好宣传推广工作的同时加强对外宣传。三是建立文化会展项目认定制度，对于宁夏文化产业关联度大，市场化程度高，影响力大的文化会展进行评审认定，重点扶持认定的文化会展。尽可能整合多方资源举办高端精细化的文化会展活动，这样既可避免同行恶性竞争，优化资源，又可向人们展示城市的精神风貌，扩大城市影响，提高城市的知名度和美誉度。

(三) 积极扶持会展行业协会发展，发挥会展行业协会的作用

要增强会展行业协会的权威性、代表性和公平性，引导行业协会为会展企业做好信息服务，联系沟通等方面服务，吸纳更多的专业会展企业成为会员，使其成为企业自律和交流的平台，真正发挥行业管理、行业自律和行业服务的功能，推动和引导自治区文化会展业健康有序发展。

区域篇
QUYUPIAN

2018年银川市文化建设发展报告

胡志平 鲍洁

  2018年是改革开放40周年、宁夏回族自治区成立60周年，银川市作为首府城市始终秉持"解放思想、实事求是、与时俱进、求真务实"的态度，以首府责任、首府标准、首府担当，奋力争当全区文化建设"排头兵"，在推动精神文明建设和促进文化繁荣发展上开创了新局面，为践行"绿色、高端、和谐、宜居"城市发展理念，打造国际化现代化的"丝路明珠 魅力银川"城市形象提供了强大的精神动力和文化支撑。

一、2018年银川市文化建设成效

（一）颁布实施文明行为地方性法规，让立法促进城市文明

  2018年9月14日，《银川市文明行为促进条例》（以下简称《条例》）经自治区十二届人大常委会第五次会议审查批准，于2018年11月1日正式施行。这是宁夏第一部综合性、系统性、内容全面的文明行为地方性法规，是银川打造都市圈核心区的现实需要，是巩固文明城市创建成果的题中之意，也是提高市民文明素养的内在要求。

  一是民心所望，期盼社会文明立法。银川市实现了全国文明城市"三连冠"，市民文明素养与社会文明水平有了明显提高，但随着经济社会的发

作者简介 胡志平，银川市委宣传部副部长；鲍洁，银川市委宣传部文艺科干部。

展和文明城市创建的不断深化,城市软实力的竞争,更多的是市民文明素养上的比拼。习近平总书记强调:"法安天下,德润人心,要坚持依法治国和以德治国相结合。"通过制定文明行为促进条例,将社会主义核心价值观的相关要求转化为具有可操作性的法律规范,用道德提高认识、用条例规范行为、用法治作为支撑,是践行社会主义核心价值观的重要保障。面对新时代、站在新起点、围绕新目标,银川要推进更高水平的文明城市建设,就要走出一条独树一帜的文明发展之路,通过文明城市建设,提高文明城市创建的法治化水平。

二是彰显特色,推动城市文明进步。为做好《条例》制定工作,市人大常委会、市文明办通过《电视问政》曝光不文明现象、征集不文明行为,在《条例》中积极回应社会关切,将环境卫生、公共秩序、交通秩序等作为重点内容在法规中加以规范。同时,《条例》侧重于正面引导、正向激励,支持遵德守纪、见义勇为、助人为乐等高尚道德行为,倡导文明新风并提出多种举措进行鼓励。提高市民道德素质,提升社会文明程度,需要政府主导、各部门密切配合、社会各界群策群力、共建共享的巨大合力,全面系统推进文明行为促进工作。

三是注重实施,让法规有温度有力度。《条例》出台后市人大常委会、市文明办及政府有关部门积极引导社会舆论,多渠道、多形式进行宣传,真正让《条例》家喻户晓、深入人心。同时,在《条例》颁布实施一段时间后,市人大常委会将及时跟进,开展执法检查,深入查找实施中存在的突出问题,提出有针对性的意见和建议,推动《条例》执法到位、执法有效,不断促进市民文明自觉,在全社会营造养成文明行为的良好氛围,促进文明行为自觉蔚然成风。

(二) 立德树人构筑同心,思想道德建设更加有效

一是加大社会宣传力度,以社会正能量引领时代新风尚。2018年对全国人民尤其是宁夏人民是极其不平凡的一年,银川市不断加大社会宣传力度,以社会正能量引领时代新风尚,为改革开放和自治区60周年大庆献礼。银川市分别在高速公路擎天柱、重点路段公交站台、路名牌、建筑围挡、出租车、公交车体等制作张贴宣传标语8000余幅,制作安装主干道路

灯杆道旗近6000幅。广场、商圈景点景区、公园绿地通过电子屏、宣传牌制作宣传标语500余条。发动市属各单位（部门）利用宣传栏、电子屏等宣传阵地张贴、悬挂、播放宣传标语近500条。组织开展"图说我们的价值观"、社会主义核心价值观及时政类公益广告的宣传落实。

二是广泛开展群众性精神文明创建活动，使文明行为深入人心。印发了《银川市深化全国文明城市建设工作三年（2018—2020年）行动计划》。全面推进文明单位、文明村镇、文明家庭等系列创建活动，把文明城市建设向县市拓展，把文明单位创建向新经济组织、新社会组织等层面延伸，首次引入第三方测评，对到届的120家市级文明村镇、文明单位进行了复验和重新命名。对新申报市级文明村镇、文明单位、文明校园的59家单位进行检查验收，最终由市委、政府命名表彰了7家市级文明村镇、32家市级文明单位、11家市级文明校园。不断深化未成年人思想道德建设，组织广大未成年人深入开展"经典诵读""日行一善""做一个有道德的人""网上祭英烈""高举团旗跟党走·奋力实现中国梦""红领巾成长课堂"及未成年人心理健康教育专家巡讲等形式多样主题实践活动，强化未成年人校外思想教育。2018年被自治区文明办命名表彰"新时代好少年"3人，推荐第四届自治区美德少年13人，评选表彰"新时代银川市好少年"13人，推荐优秀童谣103篇。

三是扎实推动移风易俗，使其融入乡风文明建设中。在全市印发《银川市"推动移风易俗 弘扬时代新风"主题实践活动实施方案》，通过举办交流学习观摩会、实施"三个一批"项目、创排文艺节目下乡、开展文明创建活动、深化"美丽乡村"创建工程等提升乡风文明建设水平。深入开展移风易俗"过筛子"工作，督促全市各村建立健全红白理事会、村规民约等组织机构和机制，实现了全市各村村规民约全覆盖，全市276个行政村于9月底全部完成"过筛子"任务，有效遏制高价彩礼、婚丧喜庆大操大办等陈规陋习蔓延势头。

四是加快推进志愿服务制度化、常态化。印发了《银川市关于进一步加强志愿服务工作的实施意见》，采用政府购买服务的方式，加大第三方机构和社会组织参与力度，将平台运营、活动策划、奖励激励等服务外包，有力激活了各个层面的参与积极性。以"全民公益日"为抓手积极组织开展各类志愿服务活动，定期通报各单位志愿服务活动开展情况，全市注册志愿者达到28.4万人，占全市常住人口的14.2%，市直机关干部职工人均参与志愿服务时长超过13小时，志愿服务氛围日趋浓厚。在全市公共文化设施、社区、医院、景点景区及窗口单位普遍设立了志愿服务站，全市首个个人"雷锋纪念馆"在新琇苑社区顺利落户并免费向社会开放。成功举办了全区志愿服务工作现场推进会。2018年全市开展志愿服务活动1.95万次，服务总时长达到3.27万小时，参与总人次达13.28万人次。

(三) 创新机制，文化事业繁荣发展

一是公共文化设施建设明显提升。完成了银川剧院、银川国际版画创研中心、丝绸之路雕塑园等一批地标性文化设施建设，积极推进秦腔保护传承基地、宁安文化园改建工程建设。新建了60个基层综合文化服务中心、30个城市阅读岛、80个示范性农民文化大院、100个广场舞推广点，进一步完善了公共文化服务设施网络。文化设施运营管理服务水平显著提升，深入推进各级公共文化服务机构免费开放，根据群众需求，创新拓展服务项目和空间，延长了免费开放时间。认真落实《银川市政府向社会力量购买公共文化服务实施方案》，实施政府购买公共文化服务项目77个，进一步提升了文化服务标准化、均等化水平。

二是群众文化活动丰富多彩。深入推进"四送六进"文化惠民活动，全面推行菜单式、订单式服务机制，推行"你点单·我送戏"服务模式，通过"大舞台、大讲台、大展台"等服务形式，对接满足群众文化需求，全年共完成送戏下乡演出、广场文化演出超2000场次，送图书60万册，举办各类公益性艺术培训300班次，放映公益电影超1万场，切实将群众喜闻乐见、寓教于乐的优秀文艺作品送到群众身边。扎实推进"书香银川"工程，成功举办了第二届乡村读书节、职工朗诵大赛、月阅相约等大型阅读推广活动13项。精心举办了社火大赛、第三届秦腔节、第五届社区文化节、第四届少儿艺术节、第二届青年戏剧节、第五届广场民族健身舞大赛、全区群众文艺汇演等大型文化活动（赛事），年均开展活动70项1000余场次，直接服务群众达300万人次以上。进一步提升了群众参与度、满意度，把文化惠民落在实处，打通公共文化服务最后一公里。

三是喜迎自治区成立60周年系列文化活动精彩纷呈。按照"隆重、热烈、节俭、务实"的原则，充分展示自治区成立60周年以来银川市各族人民团结奋斗、昂扬向上的精神风貌，组织演职人员1000多人次，高标准、高质量、高水平完成了中央代表团欢迎欢送仪式、中央电视台"心连心"慰问演出、庆祝大会银川方队展演等工作。各项活动组织有序，演出规模、表现形式、艺术创新等方面赢得了广大群众和社会各界的赞誉。安排开展广场文化、送戏下乡、艺术展览、文化交流、市民艺术节、精品展演、才艺展示、群众艺术赛事等各类群众性文化活动70余项、860余场次，充分展示了60年来银川市经济、社会和文化事业发展取得的辉煌成就，得到了自治区及社会各界的充分肯定。

四是特色文化活动品牌效应显著。着力打造了"中国银川黄河艺术节"，邀请黄河流域9省区文化院团来银开展文化交流演出12场，举办原创音乐节、黄河大合唱、全国摄影展等17项文化艺术活动，吸引参与群众10万人次。重点推出了"中国银川贺兰山艺术节"，开展了"群星璀璨"才艺大赛、广场舞大赛、贺兰山音乐节、非遗博览会等17项丰富多彩的主题活动，举办演出76场，吸引近10万名区内外专家、客商和市民群众参与。创新推出"美丽乡村 文化大集"，整合文化、卫生、科技、商务等10项惠民服务，组织开展综合性、一站式惠民活动200场。着力推出了"银川对话"对外交流平台，在成功举办中美、中英版画展基础上，成功举办"中国·意大利版画作品联展"，邀请了27位意大利艺术家、34位国内艺术家，对181幅版画艺术珍品进行展览，有效推进银川市对外文化艺术交流，切实提升了银川的文化知名度和美誉度。

五是精品艺术创作硕果累累。按照《银川市重点文艺项目扶持办法》要求，开展2018年度全市重点文艺项目扶持奖励工作，确定扶持奖励2018年度重点文艺项目39项，其中，文艺作品17部，文化活动22项。组织创排的红色舞剧《不到长城非好汉》作为自治区60大庆献礼剧目，受到广泛好评；杂技剧《岩石上的太阳》获国家艺术基金的支持，填补了10年来银川精品文艺创作的空白；银川社会民间团队创排的眉户剧《甜村新梦》、情景喜剧《幸福社区》获文化部和市委宣传部孵化奖励剧目，扶贫攻坚舞台剧《圆梦》完成全区巡演，驻场旅游剧《月上贺兰·家园》创排工作有序推进。全年共有7部剧目和书法、美术、摄影作品获得国家级奖项11个，6项艺术作品获得国家艺术基金资助支持，争取国家、自治区文艺创作资金700多万元。

六是对外文化交流呈现新局面。成功举办中国·意大利版画连展，阿拉伯国家舞台技术人员研修班培训等国际文化交流活动，组织开展了毗邻地区文艺展演、少数民族文艺调演、大地情深国家院团来银演出等文化区域联动活动，得到了国家文化部及社会各界的充分肯定。鼓励银川文化"走出去"，舞剧《月上贺兰》受德国孔子学院邀请赴德国杜伊斯堡、卢森堡、瓦登、特里尔市进行文化交流演出11场，演出总场次超700场。受文化和旅游部委派，组织银川特色文艺展演赴非洲尼日尔、加纳、喀麦隆三地开展访问演出11场，切实加强了中非文化互鉴交流，向世界展现了银川特色文化的魅力。

七是文化遗产保护措施有力。探索联合保护长城新模式，建立了宁蒙毗邻地区长城保护工作联席会议制度。积极争取国家文物局玉皇阁安防工程、海宝塔保护修缮工程和五虎墩长城抢险加固工程项目资金1300万元。制定印发《银川市历史文化名城"价值研究与传播计划"项目实施方案》，积极开展文物安全大检查、长征主题纪念设施遗址普查、不可移动文物保护情况摸底调查工作，并荣获全区第一次全国可移动文物普查先进集体称号。加强非物质文化遗产传承与利用，健全非遗保护基地、传承基地、传承所保护管理机制，开展参加各类非遗传承展示活动1000余次，初步形成"人人关注、人人参与"的良好局面。

（四）搭建平台，文化产业创新发展

一是新兴文化产业发展迅速。坚持政府搭台，市场推动，坚持"文化+"融合发展，充分发挥文化的催生力、拉动力、集成力，积极搭建影视产业、文创产业、文旅产业、演艺产业及相关领域的发展平台。创新举办中国·银川互联网电影节。依托"互联网+"和"智慧银川"平台，致力于打造互联网影视产业新业态，积极探索互联网电影的"银川标准"，加强国内外互联网影视交流合作，为优秀的互联网影视作品提供展示交流的平台，探索电影产业与经济社会各领域融合发展的新模式，共同推动银川乃至中国互联网影视产业的繁荣发展，成功打造了一张崭新的"银川文化名片"。举办中国·银川文化艺术创意节，举办了创意节形象代言人选拔赛、电子竞技大赛、文化创意产业高峰论坛、文化创意项目路演暨签约会及青年设计师成立仪式等活动，全面聚焦银川文化创意产业发展，搭建创新驱动战略发展平台。

二是文化产业发展平台取得实效。适应现代信息网络、云计算、大数据技术发展，重点实施创新驱动战略，着力整合资源，打造互动式、一站式线上线下文化消费平台，先后研发搭建百家文化电商平台、全市文化消费服务云平台、"书香银川·阅月相约"读书平台、宁夏演艺在线、文化创意产品知识产权交易等平台建设。同时积极推动线下体验式消费平台建设，重点打造"宁夏礼物"文创产品研发展示中心、"艺盟"非遗产品研发展示中心、宁夏文化电商谷、大阅城文创展示中心等重点文化消费集聚空间。积极开发旅游文创产品，着力打造旅游精品剧目，鼓励演艺进景区，促进现代旅游文化消费，加快贺兰山东麓葡萄文化博览中心、玉泉营葡萄产业城、贺兰山东麓葡萄酒小镇、镇北堡影视文化旅游小镇、玉泉葡萄小镇等项目建设，初步形成了以文化探秘、生态观光、运动休闲、养生度假等为特点的复合型文化旅游融合发展项目。开展"银川市文化消费品牌榜评选"活动，评出六大文化领域共58个文化消费品牌，丰富文化产品供给，提升文化消费品质。此外，通过推出"银川金秋"市民文化消费季、"银川欢乐购物季·新春文化消费篇"、市民文化节暨文化消费惠民季、百家文化电商线下体验周、文化消费品牌体验之旅等活动，进一步打造集聚式文化消费空间，拓宽文化消费渠道，引领文化消费时尚，营造文化消费环境。

三是国家文化消费试点城市建设卓有成效。为全面做好国家文化消费试点城市工作，银川市坚持创新机制，多管齐下，综合施策，深入探索适合银川市的"文化+消费"创新融合模式，成立了银川市引导城乡居民扩大文化消费试点工作领导小组，通过政府购买、文化惠民补贴等措施，丰富文化产品有效供给。截至 2018 年 6 月 30 日，参与试点工作累计达到 200 万余人次，财政资金补贴 5000 余万元，直接拉动文化消费 57163 万元，文化消费试点工作成效显著。银川市被文化和旅游部文化产业司在文化消费西部片区兰州会议上通报表扬，并被评为文化消费试点城市奖励计划奖励城市。

四是文化市场健康有序。建立政府机关使用软件正版数据信息库，推动政府机关软件正版化工作制度化、规范化。强化"扫黄打非"工作，扎实开展了"净网"、"清源"、"固边"、"护苗"、"秋风"等五大专项行动，使出版物市场面貌进一步改观，版权环境进一步优化。加大案件查办工作力度，开展"案件查办年"活动，落实全面覆盖与"双随机"相结合的日常监督检查制度，全年检查各类文化经营场所超 6000 家次。

二、2018 年银川市文化建设中存在的问题

一年来，银川市文化建设取得了长足发展，但是与先进地区相比还有一定的差距，还存在一些问题和困难。

一是城市文明程度仍需不断提升。在不文明行为调查中显示，银川市文明环境满意度整体水平还有待提高，不文明现象时有发生，需要规范的不文明行为还有许多。

二是基层公共文化服务水平不均衡。全民阅读活动覆盖面多以城市为主，在基层开展的阅读活动相对较少，基层阅读设施和阵地利用率较低，基层公共文化服务设施建设和维护费用缺乏；文艺创作"既无高原又无高峰"，产量低、创作能力较弱。

三是文化产业基础薄弱。银川市文化产业起步较晚，经验不足，还依然存在着诸多发展问题，特别是与 2020 年全面实现小康社会文化产业增加值占 GDP 的目标值要大于 5% 的指标体系还有一定的差距。

四是文化人才依然匮缺。公共文化事业、文化产业依托新兴科技、高端技术、文化人才等发展能力较弱。创新文化人才队伍缺口较大。复合型管理人才少，新兴行业专业人才少，创意型人才少，缺乏领军性的文化人

才，在创作力量上较为薄弱。

三、对提升银川市文化建设路径的建议

坚持以习近平新时代中国特色社会主义思想为指导，贯彻新发展理念，牢牢把握首府城市战略定位，加快推动公共文化建设，大力促进精品艺术创作，着力传承优秀传统文化，推动文化交流合作，不断满足新时代人民群众对高品质文化生活的新期待。

（一）巩固文明城市创建成果，推进社会主义核心价值观建设

一是深入开展中国特色社会主义和中国梦宣传教育活动。强化价值追求、凝聚银川城市精神，深入开展中国特色社会主义和中国梦宣传教育，推进社会主义核心价值观建设，坚持用先进典型引领城市精神。加强对核心价值观的研究阐释和宣传普及，充分运用各类媒体、文艺作品、公益广告和群众性文化活动等开展主题宣传，建设一批核心价值观主题公园（广场）、主题社区。利用重大纪念日、祭奠日、民族传统节日等开展有教育意义的纪念活动，弘扬主流价值观念，传递社会正能量。

二是大力开展深化全国文明城市建设活动。继续对深化全国文明城市建设工作中存在的重点问题和薄弱环节开展督查、测评、通报、考核及"电视问政"力度，在各级各类媒体上公布督查结果，推动问题得到及时解决，倒逼相关部门加大整治力度。建立文明城市长效机制，进一步理顺城市管理体制，加大督查暗访力度。巩固社区减负成果，确保《社区服务事项准入清单》落到实处。

三是继续开展"最美银川人"评选表彰活动。不断从全市基层、服务行业一线和公民思想道德建设领域深入挖掘各类先进典型，弘扬凡人善举，加大培树典型和帮扶关爱力度，彰显好人好报理念。积极培育、挖掘、选树"身边好人""感动人物"并积极向中央、自治区推荐，争取更多的人荣登"中国好人榜"。大力宣传最美人物、道德模范的感人事迹，营造人人崇尚模范、学习模范、争当模范的良好风尚。

四是进一步抓好未成年人思想道德教育。进一步完善学校、家庭、社会"三结合"教育网络，推进各类教育服务平台建设。深入开展"日行一

善""做一个有道德的人"和"中国梦"主题实践活动。评选表彰推荐一批"美德少年"、最美凤城少年。加大"乡村（城市）学校少年宫"建设力度，完善配套设施建设，加强日常监管。加强校园周边环境整治力度，对校园周边环境、小饭桌、网吧、游戏机经营场所、出版物市场开展集中性的排查整治专项行动,为青少年健康成长营造良好环境。

五是继续抓好"全民公益日"活动。继续推进志愿服务网络平台社会化运作，不断丰富和完善平台服务体系，强化线上志愿服务对接认领、工时审核、项目审查、积分兑换等功能，搭建方便快捷、运转高效的网络服务平台。继续在每月 20 日前后集中组织开展"全民公益日"活动，充分利用志愿服务网络平台，强化组织发动、项目策划、活动发布和学习宣传力度，督促和发动全市各级党政部门事业单位及企业、社区广泛参与，突出活动实效性、便民性和可参与性，推动志愿服务活动规范化、常态化。

（二）着力推进现代公共文化服务标准化特色化建设

一是提升公共文化设施水平。优化银川演艺中心及附属设施产业项目业态布局，积极创新经营管理模式，探索建立场团合一、创作生产与市场销售为一体的演艺产品经营机制。提升银川国际版画创研中心运营管理水平，拓展版画技术培训、版画制作体验、版画及艺术品线上线下交易等业务。不断增强全市综合文化服务中心的服务功能，新建基层综合文化服务中心 40 个。完成秦腔保护传承基地、数字文化馆等项目建设。全面推进乡镇综合文化站、村级文化活动室、农家书屋标准化建设。

二是加强公共文化服务效能建设。大力实施文化惠民工程，推行"你点单，我送戏""你买书，我买单"等服务方式，推动公共文化服务与群众需求有效对接，加大"下沉式""联动式"服务力度，让群众享有更多文化获得感。打造银川特色文化活动品牌，以弘扬时代主旋律、丰富群众文化生活为主线，重点办好黄河艺术节、贺兰山艺术节、国际青年戏剧节、全区社火巡演、百姓春晚、社区文化节、全民阅读、广场民族健身舞大赛、美丽乡村文化大集、秦腔节、戏曲进校园等活动，提升银川文化影响力。不断深化公共文化服务改革创新，全面推行政府向社会力量购买公共文化服务，鼓励社会力量参与公共文化服务，建立健全公共文化服务需求表达和反馈机制，采取座谈会、公开征集、微信平台、第三方等方式疏通文化民意表达通道，提升公共文化服务效能，提高公共文化服务标准化、均等化、社会化、数字化水平。

三是深入推进乡村文化振兴行动。实施"一村一品"创建工程。指导各乡镇村挖掘本土文化资源，开展特色文化项目创建活动，努力实现一乡镇一支特色农民艺术团、一村一支特色文化活动队、一个特色文化活动品牌。实施千名乡土文化人才培养工程。建立"千名乡土文化人才库"，加大定向定点分级培训，完善培训计划和机制。组织100名专业文化干部建立村级联系点、50家城市文艺院团与农村团队结对子，形成城乡人才联动帮扶机制。

四是扎实开展"书香银川 全民阅读"工程。继续推进城市阅读岛、图书流动服务点、社区阅读中心、农家书屋建设，拓展公共阅读空间。鼓励组建朗读协会、读书会等民间阅读组织。组织好世界读书日、银川读书日、百姓讲堂、盲人助读、共享读书乐等系列活动，办好乡村读书节、新年读书节、经典诵读、读者沙龙、全城微阅读等活动。

五是加强文物保护与利用。积极推进银川玉皇阁防雷工程、长城阿拉善左旗磨石口长城3段保护修缮工程、明长城银川市兴庆区水洞沟10、11号敌台保护修缮工程建设；争取国家资金开展"十三五规划"文物保护管理设施建设工程宁夏境内长城保护管理设施建设（银川市闽宁镇）项目；开展将军楼《宁夏满族历史展览》文物征集、布展工作。完善非遗名录，加强和改进代表性项目和代表性传承人管理，健全非遗传承基地、传习点管理机制。

（三）加快推进文化旅游产业融合发展

一是实施项目带动战略。启动银川市文化产业智库建设。重点推进秦腔戏曲传承保护基地、脱贫帮困非遗培训基地、清水营影视拍摄基地、西部影视特效制作基地等项目建设。做好文化旅游产业项目征集储备工作，丰富文化产业项目库。积极探索发展"文化+创意""文化+科技""文化+金融""文化+旅游"等新业态，推动文化与工业、农业等相关产业融合发展。积极参与开展各类项目推介、洽谈、引资活动，加大文化产业招商引资力度。

二是推动文化产业园区建设。坚持政府引导、市场运作、合理布局的原则，大力推动银川剧院附属设施文化产业综合体、宁安文化园、西夏古城文创产业园、银川戏剧产业园等特色文化产业园区建设，通过重大项目引进、重点工程建设，吸引品牌企业落户园区，打造银川市文化产业发展高地，形成功能齐全、特色鲜明、孵化作用明显、带动力强的产业基地。积极引导推进自治区级文化产业示范园区、基地、示范户的创建，力争创建1—2个自治区级文化产业示范园区，3—5个自治区级文化产业示范基地，8—10个自治区级文化产业示范户。

三是引导扩大文化消费，搭建产业发展平台。完善运营平台，作好消费数据的监测和统计分析，综合实施文化消费季、消费宣传周、文化惠民卡、西部非遗博览会等多重举措，推进旅游演艺精品创作和驻场演出，开发建设票务终端销售平台，促进现代演艺娱乐产业发展。

四是提升文化市场监管水平。深入开展"扫黄打非"专项行动，完善文化市场信用信息数据库，构建守信激励、失信惩戒的监管机制。落实全面覆盖与"双随机"相结合的日常监督检查制度，积极开展各类文化市场专项整治行动。深入推进文化市场技术监管与服务平台的应用工作，不断完善基础数据库，逐步实现巡查、办案和办公网络化。加强文化市场安全生产检查管理，确保文化市场全年无安全事故。

（四）着力推进文艺创作交流繁荣发展

一是扶持重点优秀文艺作品创作。精细打磨《不到长城非好汉》《岩石上的太阳》等重点剧目，争创舞台艺术精品工程"十大精品剧目"、中宣部精神文明建设"五个一工程"奖及"文华奖"等各类国家级艺术奖项。围绕庆祝新中国成立70周年，创排儿童剧《英雄王二小》，舞蹈《春耕》《绿意盎然》《长河流润》，相声《我这半辈子》《歪说三国》，杂技《网吊》《吊环立绳》《稠吊》等一批反映银川发展变化的接地气、高质量的杂技、曲艺、小品、舞蹈艺术作品。

二是加强文化交流合作。坚持"请进来，走出去"，组织舞剧《不到长城非好汉》作为庆祝建国70周年献礼剧目进京演出并开展全国巡演20场以上。组织舞剧《月上贺兰》赴美国进行对外文化交流演出。开展杂技剧《岩石上的太阳》驻场演出。引进芭蕾舞剧《天鹅湖》、话剧《窦娥》、北京管乐交响乐团演出、开心麻花话剧演出等国内外优秀舞台剧目30场,丰富银川的市民生活。积极组织参加文化部"大地情深·国家院团银川行""春雨工程·文化志愿边疆行""银川对话中德版画交流展"等活动,不断提升银川文化影响力。实施文化惠民工程,提升基层公共文化服务水平。

(五)推进文化人才体系建设,提高管理运行水平

一是改进完善文化人才管理机制。制定好文化人才工作政策,建立科学的决策、协调机制,形成上下联动、整体推进的运行机制,优化文化人才发展环境,着力解决制约文化人才工作发展和文化人才发挥作用的突出矛盾和问题,使越来越多的优秀人才脱颖而出,各展所长、发挥作用、体现价值。

二是强化人才工作保障机制。加大对文化人才的服务力度,加强与各类高层次文化人才的沟通互动,及时了解他们的工作生活情况,切实为他们排忧解难,既要为共性问题搞好服务,又要搞好个性化服务,努力营造尊才爱才、爱才惜才、识才用才的良好环境。搭建文化人才施展才华的舞台,积极谋划组织开展文化创意大爱、文化名家名作展示、精品力作征集等活动,吸引和推动各类文化人才大显身手。发挥好文化领军人物的引领作用,倡导和支持名家名师通过组建工作室、举办培训班等方式,加强对青年人才的培养和扶植,通过领军人物带动整个文化人才队伍建设。

2018年石嘴山市文化建设发展报告

葛建华 赵晋宁

2018年，石嘴山市文化建设紧紧围绕学习宣传贯彻习近平新时代中国特色社会主义思想和党的十九大精神这条主线，深入贯彻落实全国、全区宣传思想工作会议精神，聚焦"坚定文化自信、推动社会主义文化繁荣兴盛，不断满足人民群众对美好精神文化生活的新期待"，以"十大工程"为载体，着力抓好构建现代公共文化服务体系、庆祝改革开放40周年和自治区成立60周年系列文化活动等方面工作，全市文化建设实现了新突破，为石嘴山市实施"三大战略"，打造银川都市圈亮丽北翼，推动由全区工业的"摇篮"向科技创新的"摇篮"转变、由工矿时代向生态时代转变提供了强大精神动力和良好文化支撑。

一、2018年文化建设基本情况

（一）不断完善现代公共文化服务体系，服务民生需求

1. 推进文化建设助力乡村振兴

一是坚持将推进文化小康与实施脱贫富民和乡村振兴战略等重点工作紧密结合，石嘴山市委印发了《关于加快推进文化小康 助力脱贫富民和乡

作者简介　葛建华，石嘴山市委宣传部宣传科科长；赵晋宁，石嘴山市文化新闻出版广电局办公室主任。

村振兴战略的实施方案》《关于加强文化领域行业组织建设的实施方案》。制定了《文化助力特色田园小镇和美丽家园建设工作方案》及配套考核细则和工作台账，明确了全市文化系统各单位工作职责和要求。并组成5个督查组，对三县区和市直各部门扎实推进文化繁荣等重点工作进行了督查，根据督查情况对县区和市直各部门"一对一"下发了整改通知书，切实推动了工作落实。目前，共争取到中央、自治区资金157万元，各县（区）自筹资金223万元，用于全市5个特色田园小镇、10个美丽家园、18个基层综合文化服务中心建设。打造的20个集村情村史、崇德尚行、乡风文明、美好家园和农耕文化体验为一体的农村文化阵地已初步建成。二是开展了第二批全市特色文化示范社区（村）创建工作。按照"有特色、有场所、有队伍、有活动"的要求，通过以奖代补的方式对符合创建要求的第二批40个社区（村）给予资金支持。目前全市已确定文化示范社区（村）129个，共拨付创建资金64.5万元。三是推进全市公共图书馆总分馆建设。制定了《县（区）级文化馆图书馆总分馆制建设实施方案》，石嘴山市图书馆与大武口区建设总分馆，推进各县（区）图书馆与乡镇（街道）、社区建设总分馆，目前全市已建成图书分馆12家，城市主题公益书屋3家，方便读者就近在街道、乡镇借阅图书，满足了读者多元化的阅读需求。

2. 积极开展文化惠民系列活动

认真贯彻落实习近平总书记关于做新时代"红色文艺轻骑兵"的重要指示精神，出台《石嘴山市文学艺术界联合会改革实施方案》，深入开展形式多样的文化惠民活动。扎实开展"我们的节日"主题系列活动和"我们的中国梦"——文化进万家活动，举办全市新年音乐会、戏曲票友大赛、"星光灿烂、文艺惠民"成果展演、百姓春晚、元宵秧歌社火展演等大型文化活动30多项。举办"不忘初心、牢记使命"学习贯彻党的十九大精神文艺巡演等基层文艺演出活动100多场次。宣传推广第五批30首"中国梦"主题新创作歌曲和《槐秋》等石嘴山新创作歌曲的传播传唱，让群众在参与中受到鼓舞、受到教育。深化打造"舞动石嘴山——广场文化艺术节""我为乡亲送戏来""百姓健康舞"三大文化品牌活动。目前，全市共组织开展广场文化艺术节、朗读大赛等群众性文化活动500多场次；石嘴山市文化馆免费进行艺术培训 3200 人次；石嘴山市图书馆接待读者 11.3 万余人次，流通图书 273566 册次；石嘴山市博物馆成功申报国家三级馆，接待参观群众 13 万余人次；在农村、社区、广场免费放映电影 3755 场次，累计观影群众达 26 万人次。

3. 大力推进文艺精品、新品创作

落实石嘴山市委、市人民政府《关于进一步加强和改进文艺工作的意见》和市重点文艺项目扶持办法，投入 60 万元对《乡村物象》《帮我出个主意》《我爱朗诵》《传家宝》等 26 部质量较高的文艺项目予以扶持。编辑出版了大型宣传画册《美丽石嘴山》，歌曲《大武口》登上宁夏春晚舞台。在全区巡回放映我市拍摄的主旋律电影《槐秋》210 多场次，观影单位达 500 多个。舞蹈《串铃声声》入选国家艺术基金小型资助项目，黄镇的书法作品入选第二届"深入生活 扎根人民"文质兼美优秀基层书法家创作活动，分别受到自治区表彰。实施石嘴山市文化名家、名工作室评选，推荐上报了 5 名石嘴山市文化名家人选，扶持的张宇强新闻传媒工作室被评为自治区首批文化名家工作室。提升《贺兰山》和《石嘴子》等文学刊物办刊质量，在石嘴山日报开办文艺副刊，为文艺爱好者提供展示作品阵地。积极争取自治区党委宣传部、文化厅、财政厅、文联等厅局支持，对市"五鼓和韵"建筑中闲置的"小腰鼓"业务用房进行改造装修，面向全国、自治区书画名家征集和接受捐赠作品 100 多幅布展，建成石嘴山市美术馆免费向群众开放，为促进书画艺术展览、交流、研究、储藏、教育等搭建了新的重要平台，填补了石嘴山市没有美术馆的空白。

4. 扎实开展庆祝改革开放 40 周年和自治区成立 60 周年文化活动

及时下发《石嘴山市做好自治区 60 大庆宣传文化工作方案》《庆祝宁夏回族自治区成立 60 周年社会氛围营造工作实施方案》《庆祝改革开放 40 周年群众性主题宣传教育活动工作方案》等系列文件，广泛开展干部群众文化活动。开展"辉煌 60 年、见证新发展"第十九届舞动石嘴山广场文化艺术节、朗读大赛、演讲比赛、征文、社会主义核心价值主题微电影征集展评等群众性文化活动，有 6 部微电影在自治区获奖，市委宣传部荣获全区"辉煌 60 年、见证新发展"朗读演讲大赛优秀组织奖。在石嘴山市书画院举办"辉煌60年文化艺术成就展",征集全市优秀书画、摄影、"非遗"作品及我市公开发行的图书集中进行展出。举办了"颂歌唱宁夏 共筑中国梦"全市干部群众合唱比赛,产生了积极的社会影响,选送的参赛队伍在自治区比赛中获得一等奖,我市荣获优秀组织奖。从宁夏工业学校和理工学院抽调400多名学生组成表演方队,经过1个多月精心排练,安全、顺畅、精彩地完成了自治区成立60周年庆祝大会群众文艺表演任务。

5. 文化交流合作力度不断加大

成功承办了"中国梦 宁夏情"庆祝宁夏回族自治区成立60周年中国文联文艺志愿服务团走进石嘴山慰问演出和辅导培训活动,刘兰芳、殷秀梅等40多名知名艺术家、主持人参加演出培训活动,有1万多名观众观看演出,有近2000名文艺爱好者受到高质量专业培训,活动得到了中国文联和自治区党委宣传部的充分肯定。成功举办了2018"奇石山杯"国际标准舞全国邀请赛暨舞蹈大赛,比赛采用政府支持、社会力量参与的模式,吸引了来自全国各地近2000名选手参加。邀请北京市朝阳区及陕西省安康市开展了"春雨工程"文化志愿者走进石嘴山活动,举办了安康地方特色文艺节目展演、北京市朝阳区图书馆图书捐赠、中国民间配饰精品文物展、北京市读书形象大使专题讲座等活动。与河北省武强县年画博物馆等区内外文化机构合作,在石嘴山市博物馆举办了迎新春趣味年画鉴赏展、孝道文化展、"一带一路"张学智印象岩画巡回展等丰富多样的展览活动。

(二)加强文化产业发展基础建设,助力全市转型发展

1. 推进星海湖文化产业试验园区整改

出台《星海湖文艺产业试验园区整改方案》,按照"一园多区"的思路,将黄河国际数字电影小镇、石嘴山网络经济产业园、煤城记忆·汉唐九街文创园纳入园区进行整体规划。建立健全园区管理机构,成立了石嘴山市文化创意产业发展委员会和星海湖国家级文化产业试验园区管委会。制定了石嘴山市《文化产业园入园管理办法》《星海湖文化产业试验园区管理暂行办法》等文件及制度,建立了全市文创企业评审委员会工作机制,明确了园区组织机构、工作职责,提高了园区公共服务水平。加快推进华夏奇石山文化景区、平罗阳光特色文化街等项目建设,首次组织我市相关文化企业组团参加了第十四届中国（深圳）国际文博会，为推动我市文化走出去发挥了重要作用。

2. 加大文化产业项目和资金争取力度

协助黄河国际数字电影小镇运营企业办理了《网络文化经营许可证》《广播电视节目制作经营许可证》《信息网络传播视听节目许可证》。组织申报的黄河国际数字电影小镇建设项目成功列入国家新闻出版广电总局改革发展项目库。黄河国际数字电影小镇大数据服务中心项目被列入第二批自治区服务业引导发展资金项目。争取自治区党委宣传部、文化厅2018年重点文化产业资金100万元支持，对煤城记忆·汉唐九街文创园等5个项目予以扶持。

3. 进一步优化文化产业发展环境

做好文化企业统计监测。每季度跟踪统计文化园区企业入驻及发展情况，对数据及时监测、汇总、分析，做到应统尽统，不留死角，不缺漏项，为全市文化产业发展提供科学依据。出台扶持小微文化企业发展实施意见，开展了全市"文化名企"评选表彰工作。对奇石山文化旅游有限公司等6家全市首批命名的"文化名企"提供扶持资金44万元。

（三）推进优秀传统文化传承保护发展，打造地域文化品牌

1. 推进优秀传统文化进校园进基层

扎实开展戏曲、书法、绘画、篆刻等高雅艺术进校园进农村活动。精心组织戏曲社团和戏曲名家走进全市各学校和农村，通过经典曲目演出、戏曲知识讲座、建立兴趣小组等方式，激发群众对优秀传统文化的兴趣爱好。目前已完成戏曲进校园及进农村演出100多场，邀请宁夏演艺集团秦腔剧院在大武口举办了2018年首届秦腔文化艺术节。坚持送文化遗产知识到基层。通过在学校组织"文化遗产知识"主题班会，举办"记忆石嘴山"文化遗产摄影展、"流动图书馆"、"文化遗产日"集中宣传等活动，全面展示了石嘴山市近年来文化遗产保护成果，营造了全社会关注文化遗产保护工作的浓厚氛围。

2. 做好优秀传统文化挖掘整理保护

精心组织编纂完成了近150万字的《石嘴山文化概要》，分别从移民、山水、工业三大特色文化入手，抢救性地挖掘整理保护了我市特色文化资

源。完成了《石嘴山民间歌谣》《石嘴山民间故事》《石嘴山民间谚语》《石嘴山民间歇后语·歇后语故事》等"非遗"丛书的收集整理工作。争取国家发改委640万元项目资金，县区配套160万元，依托石嘴山国家级"非遗"传承人杨达吾德，建设了集传承、教育、旅游、培训、观摩、展出等功能为一体的国家级"非遗"项目回族乐器泥哇呜传承保护基地。

3. 全力推进文物保护项目实施

争取国家文物局项目资金，实施了红果子明长城抢险加固项目及兴民村段明长城维修工程，有效消除了长城本体安全隐患，改善了长城保护环境，目前红果子明长城抢险加固项目已经完工。制定的《省嵬城遗址保护规划》顺利通过国家文物局审核批复，为国家文物保护单位省嵬城遗址的保护、展示利用提供了科学依据。

（四）加强文化市场引导管理，切实促进规范发展

1. 全面推进文化市场"放管服"

严格落实文化市场"放管服"工作要求，将日常监管、专项检查、随机抽查相结合，在全市范围内先后开展了元旦、春节及两会期间文化市场、出版物市场、校园周边、广电市场、高考、中考期间文化市场等专项检查及不定期夜查行动。目前已经组织开展专项检查5次，日常检查50次，检查各类文化经营场所2190余家次，出动执法人员5800余人次，给予口头警告120余家次，责令改正9家次，排除安全隐患4家次，立案查处14家次，已结案11起。

2. 认真开展"扫黄打非"工作

召开4次"扫黄打非"培训及联席会议，组织文化、网信、公安、宗教、教育等部门开展联合检查6次，加大对"山寨类"文化社团清理工作，组织申报第二批全区"扫黄打非"进基层示范点11个。为营造浓厚工作氛围，开展了"扫黄打非"寒假护苗网络安全课、"绿书签"、全国文明城市创建、禁毒示范城市创建、"扫黑除恶"各类宣传活动，发放各类宣传资料6000余份。

3. 大力培育全民阅读服务品牌

围绕"全民阅读季、书香石嘴山"这一主题，积极组织二县区、各部门、各单位开展一系列形式多样的全民阅读活动，引领读书新风尚。在各县区及市直各部门开展了"图书漂流 爱心传递""悦读·伴您左右"等丰富多彩的系列活动。利用石嘴山市图书馆阵地，组织流动图书馆（室）深入基层开展"书香进基层"活动4次，免费捐赠图书800余册，结合世界读书日以及传统节日举办各类读书活动20余场次，参加读者2000余人次。

二、2019年文化建设思路

2019年，石嘴山市文化建设的总体要求是坚持以习近平新时代中国特色社会主义思想和党的十九大精神为指导，树牢"四个意识"、坚定"四个自信"、坚持内聚人心、外树形象、守正创新、提质增效，牢牢掌握意识形态工作领导权管理权话语权，自觉承担起举旗帜、聚民心、育新人、兴文化、展形象的使命任务，扎实推进繁荣发展兴文化工作，为实施"三大战略"，建设银川都市圈亮丽北翼，推动"两个转变"，实现经济繁荣、民族团结、环境优美、人民富裕，与全国同步建成全面小康社会，"建设美丽新宁夏、共圆伟大中国梦"提供坚实文化支撑。重点做好7个方面工作：

（一）着力完善公共文化服务体系

坚持以巩固提升国家公共文化服务体系示范区创建成果为抓手，下大力气解决好发展不充分、服务不平衡的问题。完成市矿山地质博物馆、国家级"非遗"项目泥哇呜传承保护基地、平罗县图书馆新馆等建设和投入使用。推进市、县、乡、村四级公共文化设施标准化全覆盖全达标建设和公共数字文化综合服务平台建设使用，按照"七个一"标准，完成15—20个农村基层综合文化服务中心建设，管好用好基层文化阵地，打通公共文化服务"最后一公里"。鼓励支持社会力量参与公共文化服务，加大基层文化帮扶，新增基层流动图书室2家。推进文化辅导员下基层"种文化"惠民服务活动，依托各级文化场馆、民间文艺团队，有重点地选派文化辅导员和文化志愿者深入特色田园小镇、美丽家园试点村以及红瑞村、海燕村等移民村开展文化指导培训活动，切实将文化助力脱贫富民和乡村振兴战略工作落到实处。

（二）着力推进群众性文化惠民活动

实施文化惠民工程，举办全市"振奋精神、兴市富民"文艺成果展演、百姓春晚、秧歌社火大赛、新年跨年盛典直播、社区市民文化艺术节、文化下基层暨"我为乡亲送戏来"等文化惠民演出活动。组织开展广场文化艺术节和"我为乡亲送戏来"演出活动400场次、"献花朵朵向太阳"百姓健康舞培训1500人次，完成戏曲进校园和进农村演出100场。开展"欢乐宁夏"群众文艺汇演、"清凉宁夏"广场文化展演、"激情广场·舞动塞上"广场舞大赛等自治区级文化赛事活动。承办"大地情深"和"春雨工程"文化交流活动，举办第五届国际标准舞友好城市邀请赛。对我市京剧、豫剧、秦腔等优秀传统剧目进行再创作加工，编排眉户小戏《农家乐乡愁》，举办全市民间优秀文艺节目展演，鼓励和调动广大人民群众积极参与。

（三）着力补齐文化产业发展短板

一是抓好文创园区建设。围绕银川都市圈文化产业发展核心和沿黄城市文化产业带总体布局，采取抓工业、抓工程、抓项目的方式，梳理和完善含金量高的文化产业扶持政策，按照"一园多区"的发展思路，加强星海湖国家级文化产业试验园区建设，让这一国家级园区的牌子发挥出应有作用。加快煤城记忆·汉唐九街文创街区、华夏奇石山文化景区、平罗县阳光特色文化街等重点项目建设。充分利用石嘴山市科技金融广场、农村电商产业园、网络经济产业园、文化创意产业园、农业科技园区等创新平台，提速发展文化新经济新业态新产业。二是做好"文化+"这篇大文章。实施"互联网+文化"行动，实行"文化+旅游""文化+大数据"，促进文化与生态、科技、旅游、网络、金融等深度融合发展。抓住文化和旅游部门合并的契机，依托贺兰山、黄河、沙湖、星海湖等自然禀赋条件和人文环境，统筹整合现有文化、旅游等各类资源，规划设计推出一批精品全域旅游线路，支持发展乡村旅游和特色文化产业。主动联合银川、吴忠、乌海等周边地市，围绕银川都市圈建设，举办2019元旦大型全媒体跨年合作直播，在大武口汉唐九街举办首届宁夏凉皮节。三是加强对传统工艺的传承保护和开发创新。以文化创意设计推动泥哇呜、葫芦烫画、剪纸、农民画、刺绣等"非遗"产品转化利用，提高产品附加值，形成品牌，带动就业，走进现代生活。

（四）着力推进优秀文艺作品创作生产

坚持以人民为中心的创作导向，围绕新中国成立70周年、建党100周年、石嘴山市成立60周年等重要节点，抓好市委、市人民政府《关于进一步加强和改进文艺工作的意见》和市重点文艺项目扶持办法等政策落实，大力实施中华优秀传统文化传承发展工程和文艺精品创作工程，集中优势资源和创作力量，推进深入生活、扎根人民主题实践活动，引导本土作家、艺术家深入基层吸收养分，深入群众汲取智慧，深入挖掘地域文化特色，加强对我市实施"三大战略"、推动"两个转变"、"建设美丽新宁夏、共圆伟大中国梦"等重大题材、现实题材、"三农"等题材的创作引领，用心用情抒写新时代、讴歌新时代。扶持推出大型电视纪录片《石嘴山史话》、戏剧《宁夏知府》、电影《煤城记事》、"辉煌60年石嘴山文学系列丛书"、"我爱阅读"等一批讴歌党、讴歌石嘴山、讴歌人民、讴歌英雄的文艺精品和项目。加强文艺队伍建设，扶持农村文化大院和民间文艺团队发展，让蕴藏于群众中的文艺创造活力竞相迸发。

（五）着力推进文化市场"放管服"

依托全国文化市场监管与服务平台、文化市场移动执法、"双随机一公开"执法检查等方式加强执法监管力度。规范文化市场诚信管理体系，开展信息共享、协同监管和联合惩戒，及时收集信用信息，在相关媒体上公示行政处罚信息和文化市场"红黑榜"名单。严厉打击文化市场违法违规行为，强化"一户一档"管理工作，提高文化市场安全管理效能。引导推动网吧等文化场所转型升级。落实好安全播出责任制，加大广告播出管理力度。加强和改进农村电影放映工作，使"一村一月一场"放映活动落到实处。推进"全民阅读"，做好政府机关推进软件正版化使用和监督工作，加强农家书屋管理，提高农家书屋利用率，满足农家书屋区域化个性化需求。

（六）着力加强文化遗产保护传承工作

一是定期开展文物安全检查，督促做好辖区各级文保单位的巡查工作，完善石嘴山市文物安全协调机制。二是开展文物保护单位的申报、认定、公布，指导县区申报第八批全国重点文物保护单位。完成第八批市级非物质文化遗产项目代表性传承人、传承基地的申报工作，配合完成第六批自治区级非物质文化遗产项目的申报工作。三是争取明长城保护性设施建设项目通过国家发改委审核，争取资金做好文物保护管理设施、文物保护围栏围墙、文物风貌改善设施及管理用房等其他基础设施建设。四是坚持建设美丽乡村与丰富文化内涵并重，组织专业人员深层次挖掘特色田园小镇和美丽家园试点村的文化元素，打造一批贴近群众的文化产品。深化"文化遗产知识"进课堂主题活动，扩大活动覆盖面。

（七）着力讲好石嘴山故事、展现石嘴山形象

一是充分挖掘整理石嘴山故事。围绕石嘴山建市60周年，成立专班深入挖掘整理出版我市工业、农业、移民、景点、人物、美食、遗迹等特色文化，围绕工业遗址、农垦活动以及明长城、西夏古城遗址省嵬城、贺兰山黑石峁和西峰沟等岩画群、西河桥古生物化石遗址、北武当寿佛寺、平罗县玉皇阁、鼓楼、田州塔等，石炭井、石嘴山一矿和二矿等遗址遗迹，黄渠桥镇、姚伏镇和龙泉村等历史文化名镇名村的珍贵遗产资源，收集文物、保护遗迹、整理文献、创作故事，分别汇编成册，把石嘴山元素、石嘴山印象、石嘴山名片叫得更响、传得更远。二是整合平台讲好石嘴山故事。加大文化活动交流合作，依托招商、科技、文化活动，主动参与国家、自治区组织的文艺精品、"非遗"项目、书法美术及文化产品展览、展示、传播等活动，组织参加深圳国际文博会等高水平展会，向外界全面展示美丽石嘴山。抓好重大节庆活动讲好石嘴山故事，通过全市百姓春晚、重阳节北武当旅游登山、石嘴山环星海湖自行车赛等活动，不断提高石嘴山的美誉度和知名度。注重在网上讲好石嘴山故事，创新网上宣传方式，在全社会共同传播好石嘴山声音。三是借船出海讲好石嘴山故事。加强与中央主流媒体、中央外宣媒体以及自治区媒体的对接合作，以更大声势、更高效率讲好石嘴山认真贯彻落实习近平新时代中国特色社会主义思想，讲好"建设美丽新宁夏、共圆伟大中国梦"的故事，讲好经济繁荣、民族团结、环境优美、人民富裕的故事，讲好实施"三大战略"、推动"两个转变"的故事，讲好保护母亲河黄河、父亲山贺兰山生态立市的故事，让更多的石嘴山故事走出宁夏、走向全国。

2018年吴忠市文化建设发展报告

石文芳

2018年，吴忠市以"文化筑魂行动"为统领，以改革开放40周年，自治区成立60周年为契机，文化建设工作紧紧围绕"举旗帜、聚民心、育新人、兴文化、展形象"的使命任务，不断完善公共文化设施，持续加强文化阵地管理使用，深入推进文化惠民工程，策划举办大庆系列活动，积极开展文化交流，精心创排文艺精品，持续擦亮微电影品牌，创新群众文化活动载体形式，深入推进文化体制改革。一年来，全市公共文化服务体系日臻完善，硬件设施不断提质扩量，综合环境持续改善，文化活动出新出彩，重点亮点工作有新突破，国家级公共文化服务体系示范区建设取得实质性进展。

一、2018年吴忠市文化建设的重点与亮点

（一）深入推进文化惠民工程，满足人民新期待

一年来，全市上下更加重视文化引领渗透和惠民为民作用，通过持续广泛开展主题活动、深入实施惠民品牌、加强文化阵地管理、探索创评文化大院、梳理文化人才资源等，不断满足人民的获得感和幸福感。一是国家级公共文化服务体系示范区建设取得实效，通过文化和旅游部考评组的

作者简介 石文芳，吴忠市委宣传部文化艺术科干部。

实地验收和答辩。63项指标中，有55项获得优秀，全市90%的乡镇建成单独设置的综合文化站，盐池、同心、红寺堡三县区村综合文化服务中心建设实现全覆盖。二是深入持续开展文化惠民工程，开展"我们的中国梦——文化进万家活动"及"送戏下乡""欢乐下基层"等送戏下乡演出531场，滨河百姓大舞台广场演出71场次，戏曲进校园100场次。多项品牌文化活动和原创节目受到群众欢迎和媒体关注，盐池《铁柱战舞盐州魂》千人子母鞭杆表演被央视等多家媒体报道。三是印发《吴忠市村（社区）综合文化服务中心管理办法》，持续管好用好基层文化阵地，全市基层文化阵地功能凸显，农村文化活动从"建起来、管起来"到逐渐"活起来、热起来"。开展非遗项目剪纸、刺绣、山花儿、武术、陶艺、传统礼仪等各类文化项目进校园、进社区、进军营等"文化六进"活动287场次，5300余人受益。四是加快推进市美术馆、青铜峡市文化馆、图书馆、吴忠文化云等项目建设完善，持续实施"三馆"开放，完善文化设施、美化周边环境，指导文管所对《董府》展陈方案进行论证审定，统筹协调文化馆、图书馆、美术馆等场馆服务形式推陈出新，服务数量不断增加，服务质量有较大提升。五是创建命名首批市级"文化大院"。制定《吴忠市示范性文化大院评选命名实施方案》，评选命名了利通区牛家坊等38个首批市级文化大院，组织召开文化大院建设推进会，进一步打通公共文化服务"最后一公里"。市县两级文化大院开展各类展陈、演出笔会、培训、接待等文化活动520余次。六是启动了首届市级文化名家工作室建设工作，遴选命名授予吴灵、任淑芳和马慧娟3人首届市级文化名家工作室，激发文化领衔人的"头雁"带头引领效应。编印《吴忠文化名录》《吴忠市非物质文化遗产项目及传承人名录》等，建立各类文化人才库，举办各类专题文化人才培训班，为文化建设储备人才资源。

（二）策划举办大庆系列活动，展现吴忠新作为

在改革开放浪潮的推动下，在自治区党委、政府的坚强领导和大力支持下，在全市各级干部和广大群众的艰苦奋斗中，经历了40年来深入改革发展和自治区成立60年来的全方位成长，吴忠市在政治、经济、文化、社会等诸多方面均发生了翻天覆地的变化。为了全面展现发展成就，深刻记

录发展征程，坚守初心使命，继续奋斗前行。通过组织宣传文化系统专题讨论和专家座谈会等多层级征集活动意见，制定大庆实施方案，协调各级各类新闻媒体，广泛宣传动员，为庆祝改革开放40周年、自治区成立60周年暨地级吴忠市成立20周年营造浓厚社会氛围。一是整理编印《美丽吴忠》《吴忠文学作品精品选（上下册）》《吴忠市特色景点、特色产业简介》等画册图书资料5套，全面梳理并展示了20年来吴忠市发展成就、获奖文学精品、历史文化脉络等。二是拍摄制作纪录片《盐州长歌》，编排音乐话剧《李进祯》、大型眉户剧《青铜峡》等文艺精品，组织在区、市、县进行巡演，社会反响强烈，实现了吴忠市纪录片和纪实性舞台剧的突破。三是圆满完成"我在黄河岸边等你"大型礼遇交流活动暨专题文艺晚会，倡导向上向善的职业道德，鼓励感恩有爱的家庭美德，营造崇文重教的良好氛围。四是协调做好自治区60周年大庆文艺演出系列活动，指导红寺堡区组织60余人参加中央电视台心连心演出，指导吴忠市文体新广局组织420人参加60大庆演出，得到中央电视台以及60周年大庆组委会的高度评价。五是积极协调配合并圆满完成2018黄河金岸国际马拉松、全国沙滩排球巡回赛等赛事工作，文化协助编排运动会和大型活动文艺节目，成就体育赛场别样文化风景线。

（三）积极开展文化交流活动，塑造吴忠新形象

今年全市宣传文化部门统筹规划，充分调动各类文化场馆、文艺团体以及文化企业、个体优秀文化人才的积极性，深入贯彻落实中宣部、自治区党委宣传部《中华优秀传统文化实施方案》，利用传统节庆和重要节点，丰富活动载体，策划开展了系列主题活动。一是开展"我们的节日"系列公益活动，精心策划春节联欢晚会、元宵节主题文艺晚会、"诗韵吴忠、绿意清明"植树踏青、"吴忠首届公益亲子陶艺比赛"、"九九重阳节，浓浓敬老情"文艺晚会等活动，2000余人参与活动，观众（包括网络观看点击量）达到20万人次。二是支持马晓燕在宁夏大剧院举办民歌花儿专题演唱会，举办吴忠本土青年歌手"圆梦舞台"音乐会，将20首经典声乐作品以音乐会的形式呈现，开展"中央音乐学院"全国青少年吴忠市市级展演，为音乐人才提供歌颂家乡美、展示好歌喉的平台，同时用民歌、花儿、现代唱法等多种形式歌颂吴忠好故事，唱出吴忠好声音。三是推动文联改革进度。审定《吴忠市文联深化改革方案》，提交市改革领导小组研究实施，成立吴忠市文艺评论家协会和文艺志愿者服务协会。指导办好《吴忠文学》。四是开展2018年"文化动车 丝路情"陕甘宁青津四省市文化交流活动，市文化馆组织文艺队赴陕西天津等地进行文化交流演出。2018年积极组织五县（市、区），参加中国（深圳）国际文化产业博览交易会，全方位宣传展示近年来吴忠优势特色农产品和特色文旅产品，提高吴忠在国际文博会上的美誉度和知名度。五是组织"清华美院书画邀请展"、全市广场舞大赛、"二十年的变迁"航拍吴忠摄影活动等文化活动。协助拍摄大型军旅战争题材献礼电视剧《战争零距离》。

（四）精心创排文艺精品力作，描绘时代新篇章

习近平总书记在文艺工作座谈会上发表重要讲话四年多来，吴忠市文艺工作者深入生活，扎根人民，不断挖掘吴忠文化资源，坚持文艺"二为"方向和"双百"方针，在文学、戏剧、书法、美术、音乐等方面创作了一批文艺佳作，市县两级宣传文化主管部门及文联、旅游、民政等单位从项目资金、场地、政策等方面给予支持和鼓励。一是持续开展"深入生活 扎根人民"主题系列活动，先后组织作家赴红寺堡区，市摄影工作者深入同心县预旺镇南关村，非遗传承人深入红寺堡区、吴忠市朝阳小学等地，开展采风创作并送"全家福"合照和口弦剪纸等非遗技艺到农村。二是先后出版《拂晓突袭》《希望的田野上》《光荣使命》等10部长篇小说、散文等精品力作，通过争取扶持资金、协调签约拍摄、开展签售首发仪式等措施给予鼓励支持。《箍缸》获第27届"东丽杯"散文类一等奖，《港菜》获自治区成立60周年"荣光杯"主题征文小说一等奖。《春光里的燕子》《罗山脚下黄花黄》《换亲》《女人·狗》等30余篇作品在《小说选刊》《朔方》等刊物发表。原创歌曲《塞上江南》入选自治区成立60周年宁夏精品歌曲60首。刺绣作品《源远流长》《枸杞熟了，日子红》《沙枣花开》入选参加宁夏60年大庆成果展。三是坚守文化扶贫、文化强市的历史使命和社会责任，历时几个月深入基层收集素材，多次走访编排，根据真人真事创排了四幕舞台剧《李进祯》，并在全市范围进行巡演。创排自治区成立

60周年大庆献礼剧——大型眉户剧《青铜峡》，央视新闻等重要媒体给予高度关注，获得多方好评。支持市美术家协会主席袁柏生完成百米美术长卷《壮美宁夏》并成功开展。

（五）持续擦亮"微电影品牌"，拓展宣传新模式

在全面总结提炼和推广的基础上，2018年吴忠市转变思路，注重在微电影大赛承办规格、宣传效果以及微电影作品和展评活动提质上下功夫。一是积极探索"文化+互联网"模式，持续运用"微电影"等新媒体传播手段，广泛弘扬社会主义核心价值观，大力推进精神文明建设、文化建设及民族团结创建等工作，鼓励各类企业人才开展微电影创作。全市今年共拍摄32部微电影并参加第三届全区微电影大赛，经过专家评审等环节，26部作品脱颖而出，仅吴忠市就有7部作品分获一二三等奖和优秀奖，其中《李进祯》荣获第六届亚洲微电影节金海棠最佳作品奖，《就恋这把土》荣获第六届亚洲微电影节金海棠优秀作品奖，本土演员璀璨微电影荧幕，成绩不菲。二是高规格承办全区第三届核心价值观微电影展评暨吴忠市第四届原创微电影大赛。经过前期广泛征集、全面宣传，通过三轮初选、复选、评审等环节，最终从135部作品中评出一等奖3名，二等奖5名，三等奖8名，优秀奖10名。精心策划展评环节，创意拍摄电影节宣传片，圆满筹办全区微电影展评颁奖晚会。

（六）稳步推进文化体制改革，释放发展新活力

改革开放40年的伟大实践，是吴忠文化发展最迅速、成果最丰硕的时期，特别是近年来，吴忠市委、市政府提出了建设文化强市的发展战略，明确提出"文化铸魂行动"，将文化建设作为"十三五"规划和"乡村振兴战略"的重要内容。在公共文化服务体系逐步完善、群众文化活动日益丰富、文化产业发展态势良好、品牌培育行动成效显著、遗产保护步入规范等成就面前，直面问题，排除阻力，试点稳步推进公共文化事业单位法人治理结构改革。2018年，吴忠市进一步加快改革步伐，持续用好资源和项目资金，开展新的尝试。一是制定出台了《吴忠市村级（社区）综合文化服务中心管理办法》，规范完善乡镇文化站管理机制，各县也相继推出基层文化阵地专项管理办法，从日常管理、活动开展、队伍建设等方面作出明确规定，推进了乡村综合文化服务中心规范化运行，提升了基层公共文化阵地的服务效能。二是进一步完善公共文化服务保障机制。建成市美术馆，建成红寺堡区文化馆并投入运营，青铜峡市文化馆、图书馆、盐池县图书馆完成了主体工程；在第六次全国图书馆评估定级中，吴忠市图书馆被评定为国家一级馆，红寺堡和同心图书馆评被定为县级一级馆。三是推进图书馆总分馆制建设。建成了以市图书馆为中心馆、利通区图书馆为分馆的图书馆总分馆制，统一业务系统、统一书目数据标准，实现文献资源共享和"互借互通互还"。四是探索建成涵盖市、县两级数字化"三馆"、网上书房、特色文化、新闻快递、政策信息、非遗展示等内容的"吴忠市文化云"，并已进行试运营。五是深化图书馆法人治理改革。积极探索"图书馆+社会团体"运行模式，先后与吴忠市昊善社会工作发展中心、宁夏大众生活合作开展全民阅读活动，吸引社会力量举办了第二届"恒业枫林湾"全市中小学生硬笔书法比赛；成立了吴忠市读者协会，探索开展了图书馆理事会理事轮值活动。六是积极配合市人大常委会起草《吴忠市红色文化遗址保护条例（草案）》并正式颁布实施，该条例成为吴忠市有立法权以来第一部立法文件，实现了地方立法零的突破。总结提炼出的红寺堡文化扶贫"宁夏样本"，受到文化和旅游部的高度肯定，并在全国文化馆年会上代表西部地区作了经验交流。七是文化执法工作取得新进展。软件正版化工作扎实推进，开展软件正版化宣传、执法检查和版权宣传"五进"活动，市政府机关软件正版化实现了100%全覆盖。实施"固边、护苗、净网、清源、秋风"五大专项行动，开展"扫黄打非"进基层示范点创建工作。城市影院健康发展，农村电影全年放映7417场次。

二、2018年吴忠市文化建设中存在的问题

一是村综合文化服务中心等基层文化阵地活动开展不均衡。盐池县、红寺堡区虽然开展活动频次较高、形式多样，但部分山区受固有风俗习惯、居住分散、自然交通等条件影响，文化活动场次和参与群众不多，文化阵地功能没有充分发挥。二是国家级公共文化服务体系示范区创建工作还存在短板，公共场馆数字化水平还需提升，公共文化资源共享共用方式还较

为单一，文化产业结构不合理，发展结合载体不多，GDP 占比仍然处于较低水平。三是全市文艺作品缺少高原和高峰，文艺作品扶持激励机制还不健全。基层文化人才缺乏没有得到根本改善，培育工作亟待加强。

三、对进一步推动文化建设发展的思路

2019 年是中华人民共和国成立 70 周年，我们将以党的十九大、自治区第十二次党代会精神为指引，按照全国全区宣传思想文化工作会议关于文化工作的新部署新要求，充分发挥文化活动以文化人、以文育人的能动作用，丰富形式、创新载体，用文化惠民、创建评选、专项赛事、集中展演、培训辅导、交流座谈等形式充分谋划好、践行好、发挥好"举旗帜、聚民心、育新人、兴文化、展形象"十五字使命任务，围绕市委、政府中心工作，统筹抓好文化事业和文化产业。在做好常规文化建设内容的同时，结合实际，创新载体形式。

一是持续丰富"吴忠文化惠民菜单"。继续开展"我们的中国梦——文化进万家""送欢乐下基层""广场文艺演出""戏曲进校园"等送戏下乡服务，进一步提供和推广菜单式文化服务，不断满足群众获得感幸福感。

二是打造示范区创建"吴忠样本"。巩固提升国家级公共文化服务体系示范区建设。指导推动"四级"公共文化场馆等各项指标体系达标建设。规范和加强 38 个文化大院建设，提质扩面，严格标准，积极创建评选第二批文化大院。加强对村综合文化中心等基层文化阵地使用管理。按照统一标准、统一要求，建好利通区、青铜峡 46 个村自治区川区综合文化服务中心功能提升项目，打造现代公共文化服务体系建设的"吴忠样本"，全力做好文化改革和机构改革整合等工作。

三是不断夯实文化领域人才基石。按照自治区党委宣传部托举人才工程、领军人才工程的要求，做好托举人才的培养和项目实施，做好"吴忠市文化名人工作室"命名挂牌工作，为充分发挥文化领衔人才的号召力、引领力和影响力，激发文化事业产业活力，市、县宣传文化部门要不断挖掘推荐扶持有潜力、能带队的优秀文化领衔人才。

四是巩固提升微电影宣传社会效应。争取承办全区第四届微电影展评，

继续打造吴忠微电影文化品牌。围绕核心价值观主题，开展吴忠市第五届原创微电影大赛，按照"征集评选一批，表彰奖励一批，宣传推出一批"要求，持续形成"小小微电影，发挥大能量"社会效应。

五是策划开展大型文体交流活动。举办"第二届我在黄河岸边等你"暨文化（旅游）产业论坛。结合全域旅游示范市创建工作，进一步推进文化（旅游）产业发展和文明礼遇活动。在建国70周年之际，为进一步繁荣发展中华优秀传统文化，推进书画摄影等优秀传统文化创作和交流，围绕歌颂党、歌颂祖国、歌颂人民、歌颂美好生活主题，与市文联联合承办"文化中国 翰墨宁夏"全区书画展和"俯瞰宁夏 大美塞上"航拍摄影展活动。指导协调办好全区第十五届运动会、黄河金岸国际马拉松比赛、全国沙滩排球比赛等重大赛事。

六是统筹辖区打造特色文化品牌。联合市教育局、市文体新广局、市广播电视台、市文联等单位开展吴忠首届古诗词朗诵比赛。全力打造"吃在吴忠"文化品牌。策划开展"新时代 新阅读"吴忠首届古诗词朗诵比赛。策划开展传统戏曲、传统礼仪进校园活动，推进传统文化进校园、进社区等"六进"活动。统筹协调红寺堡区办好全国书画展，青铜峡市办好"走，黄河岸边吼秦腔"，盐池县举办绿色中国行大型活动，同心县举办"中国诗歌之乡暨诗歌艺术节"。

2018年固原市文化建设发展报告

王永玮

2018年,固原市文化建设以习近平新时代中国特色社会主义思想和党的十九大精神为指导,深入贯彻自治区第十二次党代会和市委四届三次全会精神,围绕创新繁荣固原文化,打造文化固原高地为目标,以创建全国公共文化服务示范区为契机,以丰富群众精神文化生活和服务全市经济社会发展为核心,以实施文化惠民工程、完善公共文化服务体系、传承中华优秀传统文化、加强文艺精品创作、培育文化文艺人才为抓手,奋力推进全市文化建设再上新台阶。

一、2018年固原市文化建设基本情况

(一)广泛开展群众文化活动

一是举办品牌文化活动。2018年,举办了固原市春潮涌动六盘山春节电视联欢晚会、元宵节灯会、秦腔展演周、党的十九大精神宣传专场演出、第六届广场舞大赛、2018全区"新春乐"社火大赛、第十届"花儿漫六盘"青年歌手大赛、第十六届中国西部民歌(花儿)歌会选拔赛、陕甘宁秦腔大奖赛暨固原市第五届秦腔大赛,以及第二届文化大院文艺调演、第六届小戏小品大赛等文化活动。启动了文化科技卫生"三下乡"、2018年

作者简介 王永玮,宁夏固原市委宣传文化艺术科科长。

"清凉六盘美丽固原"全市广场文化演出活动;举办固原市2017年春节团拜会等文艺演出30多场。2018年"送戏下乡"惠民文艺演出活动共完成296场次,广场文艺演出223场次,农村放映电影9795场次。制定了《春节期间发挥农家书屋作用丰富农村文化生活的通知》和《全民阅读实施方案》。

二是精心编排60大庆参演文艺节目。全市组织专人对原创音乐舞蹈诗画《红旗漫卷六盘山》音乐进行改编制作,对剧目服装、舞美改进制作。改造提升后的剧目,被自治区党委宣传部、文化厅确定为60大庆"宁夏文化艺术节"原创精品展演剧目,在宁夏人民会堂的演出获得广泛好评。参加60大庆热场表演节目《牧童鞭》《踏脚》合成演出,突出了固原市地域特色的群众性文艺节目。

(二)完善公共文化服务体系

一是创建国家公共文化服务体系示范区。文化部、财政部已正式于2018年4月批复我市创建国家公共文化服务体系示范区。先后印发了《固原市创建国家公共文化服务体系示范区建设规(2018—2020年)》和《固原市创建国家公共文化服务体系示范区实施方案》。设计确定了创建国家公共文化服务体系示范区工作标志,建立了"固原公共文化"微信公众号。设立了固原市创文工作电子邮箱,向文化和旅游部公共文化司、自治区文化厅报送我市创文工作动态信息37期。固原市与新华社宁夏分社初步达成框架工作协议,加大示范区创建相关宣传工作,提高固原公共文化工作的影响力。

二是实施重点文化基础设施建设项目。固原市文化馆、图书馆、丝路文化展览馆项目(职工文化活动中心)项目进展顺利。固原市体育场项目已开工建设,完成前期地下管网建设。"丝绸之路"申报世界文化遗产项目稳步推进。

三是巩固提升市级文化大院。先后建设和发展各类文化大院134家,其中市级文化大院49家,共培育骨干成员2300多人,每年演出节目近1800场次,受益群众超过20万人次。为2017年度25家市级文化大院统一采购器材设备;按照我市文化大院创建规划,2018年全市筹措资金120万元,完成20个市级文化大院的创建工作,确定了17家文化大院为扶持对象。

(三) 培育提升"文学固原"品牌

一是开展文艺培训。深入培育和发掘提升本土作家创作水平，在打造"文学固原"品牌上持续发力。在《六盘山》上编辑刊发固原市女作家专号，鼓励我市青年作家、女作家文学创作，共为我市10名女作家刊发了小说、散文、诗歌等作品14篇。选派我市15名骨干作家赴鲁迅文学院参加第32期少数民族文学创作班（编辑班），参加鲁迅文学院第30期少数民族文学创作班等。举办了"2018年全市农民作家培训及写·编·改提升班"。固原市文联承办、举办了宁夏文学现象基层骨干作家专题培训班、"深入学习贯彻习近平新时代中国特色社会主义思想 宁夏文联第五期各文艺家协会会员（固原）培训班"等。

二是出版文艺作品。出版了杨风军个人小说集《杨风军短篇小说精选》，单永珍个人诗集《篝火人间》，马金莲个人中短篇小说集《头戴刺玫花的男人》、儿童长篇小说《小穆萨的飞翔》，高丽君个人长篇小说集《疼痛的课桌》。"记住乡愁·诗意周庄"获全球华语诗歌大赛优秀奖，马金莲的短篇小说《1987年的浆水和酸菜》荣获第七届鲁迅文学奖，单永珍获第三届《朔方》文学奖。

(四) 实施中华优秀传统文化传承发展工程

一是实施优秀传统文化研究阐释工程。借助社科、文化、党校和文史类人才等研究力量，围绕"四个讲清楚"，结合固原实际，确定研究专题，加强研究攻关，深入阐释中华文化的历史渊源、发展脉络、基本走向，系统梳理固原地域文化特点、特色，借助报纸、广播电视、各类新媒体等平台加强宣传。

二是实施"非遗"传承项目。积极配合文化厅开展全市非物质文化遗产摸底自查，组织传承人参加2018年宁夏自治区文化厅举办的"塞上工匠——宁夏传统工艺竞技精品展"；举办50多名花儿传承人参加固原市"非遗"项目——花儿传承人培训；在学校开展"戏曲进校园"活动50场次，进一步推进戏曲等中华优秀传统文化在广大学生中的传承和弘扬。

三是加强文物保护。完成隋唐文化园建业街西侧和富宁路南侧长1000

米、宽50米造林绿化工程；完成隋唐墓地核心区小马庄小学校园考古工程，新发现各个时期重要墓葬7座。对隋唐墓地核心区部分征收土地进行了拉网保护。编制了《固原北朝隋唐墓地保护条例》（草案），现正在征求意见；争取资金1500万元，开工建设须弥山石窟大佛楼广场和相国寺至喇嘛塔道路铺设等抢险加固工程；继续实施秦长城本体抢险加固工程。完成将台堡革命旧址798万元堡墙抢险加固工程；固原古城址二期保护维修工程开工建设。通过开展文物保护单位评定，2018年新增自治区级文物保护单位6处。

四是实施地域文化资源普查登记工程。实施固原文化资源普查项目，依托各级各类公共文化机构数字化平台，普查、征集并制作固原地域文化、戏剧戏曲、音乐舞蹈、历史地理等各类文化数字资源，实施固原古籍保护项目，建立健全古籍保护体系。全市有国家级文物保护单位8家，自治区文物保护单位37家，市级文物保护单位135家。

（五）培育发展文化产业

一是文化相关产业经营主体快速增长。截至2018年年底，全市共有文化相关产业经营单位423家。其中：原州区230家、西吉县85家、隆德县44家、泾源县16家、彭阳县48家。近年来，一些融合文化产业元素的经营主体不断出现，如宁夏新九龙文化旅游有限公司打造的九龙国际品牌已经成为固原市区文化旅游业的标志性场所；宁夏瑞丹苑油牡丹产业有限公司投资1.1亿元以牡丹文化为主线，以油用牡丹种植为基础，打造集休闲观光、户外运动、养生度假、农业种植等为一体的文化旅游休闲农业示范园，促进了文化及相关产业的融合发展。西吉县马兰回乡刺绣有限公司、固原古韵雕塑有限责任公司、宁夏秦长城文化艺术产业发展博览中心等3家企业被文化厅命名为自治区级文化产业示范基地，14家文化及相关产业经营单位被命名为自治区级文化产业示范户，隆德县老巷子被命名为特色文化村镇。文化部投资600万元支持建设宁夏隆德杨氏彩塑传承保护基地建设项目。

二是建立完善文化产业扶持机制。制定《关于加快推进文化产业发展的实施意见》和《固原市文化产业扶持发展专项资金管理办法（暂行）》，拟采取项目补贴、贷款贴息、奖励扶持、技能培训等方式，扶持我市文化产业快速发展。积极开展招商引资工作，同福建方面客商和宁夏广电网络集团联系，联合创办宁夏人人有礼文化创意发展有限公司，融资 500 万元，相关首批产品在我市 12 个旅游景点进行销售。截至目前，公司向外销售产品营业额近 20 万元。组织文化企业参加第十三届中国（莆田）海峡工艺品博览会和第十四届中国（深圳）国际文化产业博览交易会，推动文化产业"走出去"。

三是加强文化市场监管。推进使用正版软件工作，对 48 个市直部门（单位）使用正版软件整改情况进行抽查，提高了正版软件运用率。扎实开展"护苗""清源""固边""净网""秋风"五大专项行动，坚决、持续、严肃查处各类非法印刷、出版物和网络有害信息，有效维护了意识形态安全和政治安全，切实净化社会文化环境，共出动执法人员 5523 人次，检查各类文化经营场所 1457 余家次。开展了"绿书签"系列宣传活动，举办了"绿书签 2018"经典诵读和班队会活动。

（六）壮大文化文艺人才队伍

全市文化系统人员 901 人，基层文化大院骨干 1400 余人，农民作家 102 人，民间文艺院团 72 家 640 人，非物质文化遗产传承人共有 164 人。

一是文化能人领办文化大院。市委、政府制定《固原市文化大院创建实施意见》，明确目标任务、建设标准、扶持措施及实施步骤。由宣传部牵头，整合扶贫、发改、财政、文广等多部门资源，利用集体闲置房屋、文化能人自家庭院等场地，突出"一村一色""一院一品"，对有基础没大院的积极发展，对原有功能不完善、规模小但群众欢迎、活动效果好的改扩建，支持发展花儿大院、秦腔大院、"非遗"大院等十大类。制定《固原市文化大院考核管理细则》，将文化大院建设纳入市、县、乡年度效能目标管理考核，建立文化大院动态管理机制和考核激励机制，定期交流观摩，开展评星定级。对评定为市、县级的文化大院分别奖励 20 万元、10 万元，给予 2 万—3 万元、1 万—2 万元活动经费。指导有条件的农民文化大院走产业发展的路子，通过组建合作社、工作室、股份制公司等进行自创产品的包装、宣传和推介。将市、县主导的"非遗"传承品牌和民族文化特色品牌根植到贫困村文化大院，发展加工基地、生产基地，成为贫困村群众的致富新途径。根据各村文化特点、风俗习惯、村民喜好等开展各类文化活动。定期组织秦腔、花儿、书法、绘画比赛，节假日组织眉户戏、皮影戏、高台马社火等传统文化活动，使文化大院成为弘扬传统文化的沃土；举办剪纸、刺绣、抟土瓦塑、泥塑等民间工艺展示活动，使群众从"蹲在台下看"变为"站到台上演"，把文化大院作为农民展示特长的大舞台；开展"讲政策、跟党走、共谋小康新生活""政策直通车"等形势政策教育，发动群众自编自演贴近生活、乡土味浓的固原地方剧目，变灌输教育为春风化雨，弘扬和传播核心价值观。

二是农民作家受到外界关注。固原是中国文学的宝贵粮仓，文学也是这块土地上茁壮成长的庄稼，当地涌现的农民作家群就是最好的注解。全市农民作家102人，占全市作家的19.6%。市作协会员40人，自治区级会员18人。全市农民作家平均年龄40岁，首个中国文学之乡西吉县的农民作家36人。农民参训人数占全市作家20%。《六盘山》杂志刊发"三农"题材作品60余篇，占刊物稿件50%。

三是"非遗"艺人传承创新。固原历史悠久，文化底蕴深厚，民俗、民间文化丰富，有大量非物质文化遗产，如马社火、砖雕、农民书画、刺绣、剪纸、泥塑等，这些民间民俗文化通过民间艺人口传身授、潜心钻研，大胆创新，激活了民间传统文化基因。国家级非物质文化遗产项目的隆德县马社火是六盘山区民间艺术的"活化石"，目前展演艺人有200多人，同时马社火将传统民俗文化的传承与旅游很好地融合在了一起。原州区六盘山抟土瓦塑第四代传承人朱小平，专门从事六盘山文化旅游产品的生产制作，产品畅销区内外，成为"非遗"传承保护的良好途径。泾源县泾河源镇自治区级"非遗"剪纸传承人于福琴，以带学员的方法，培养农村文化能人，推动"非遗"文化传承发展。隆德魏氏砖雕艺术已被确定为国家级非物质文化遗产代表性项目。有120多年历史的魏氏砖雕第四代传承人卜文俊，在传统工艺的基础上，创作出了"纹龙脊兽""二龙戏珠""狮子滚绣球"等创新产品，产品装饰性和实用性兼具。

(七) 提升文化传播能力

一是打造品牌文化节目。充分利用现有资源，积极推进节目改版和栏目包装工作，拓展收视收听群体，打造精品栏目。对原有节目进行改版，除了保留《固原新闻联播》《我来说新闻》《交通红绿灯》《法治在线》《旅游美食通》等品牌栏目之外，开设音乐类节目《明星魔幻秀》、交通服务类《远域快车道》、讲评类节目《评书剧场》、生活类节目《生活E时代》、民生类栏目《民生视线》、少儿类节目《宝林叔叔讲故事》。固原市电视台制作开设《多彩六盘》《德行大原》《平安119》3个栏目，《多彩六盘》栏目主要围绕市委、政府中心工作和全市重点工程摄制专题片18部。为自治区60大庆摄制专题片4部，分别为《多彩固原 辉煌六十年》、《筑梦起航》（中职教育）、《魅力"五河"展新姿》和《热烈庆祝宁夏回族自治区成立60周年》。拍摄8集电视纪录片《六盘山》在央视10套播出。

二是加强文化传媒管理。加快广播电视设备的数字化建设，构建采、编、播、存、用一体化的数字技术新体系，探索推进新闻与专题、录播与直播、广播电视与新媒体融合播报的新路子，实现了网络和电台同步直播。对固原广播电视台综合广播（FM93.8）进行了改版升级，进一步完善三营转播台和古雁岭发射塔的安播和办公设施，进一步完善应急播出预案，制定重点时段播出计划。

二、2018年固原市文化建设中存在的问题

一是文化资源挖掘利用不足。文化资源的挖掘开发不足，文化发展扶持资金缺乏，对文化遗迹、历史名人的文化价值重视不够。如彭阳县小岔沟、乔家渠毛泽东长征宿营地、中共邴堡地下交通站等红色革命遗址等；隆德新石器时代页河子新石器遗址、德顺军古城遗址等；原州区的大营城遗址、秦长城遗址等；西吉的大石城遗址、火家集古城址、火石寨扫帚岭石窟等。同时一些馆藏文物由于条件有限，难以得到较好的保护。非物质文化遗产方面，民间手工艺、地方小戏、民风民俗、代表性传承人等大部分随着家族变化、社会变迁等原因处在传承断层状态，如西吉县的皮影、隆德县的马社火、泾源县的踏脚等。

二是文化产业发展滞后。文化产业的经营单位以民营个体经济为主，经营规模小，经营层次低，且受经营者能力水平限制，扩大再生产的后劲

不足。文化与旅游、生态农业等产业融合度不够，文化产业助推农民脱贫增收的动力很弱。市、县（区）两级普遍缺少骨干龙头企业，特别是缺少具有市场竞争力的文化品牌。

三是缺乏高层次、高水平文化人才。固原市乡土文化人才虽在各自领域有一技之长，但整体文化水平低，综合知识欠缺，思路眼界不宽，文化创新意识不强。在新兴文化产业发展、现代科技舞台表演、文艺创作等方面知识欠缺，缺乏与外界的交流学习，切磋互动。现有文艺专业人员老龄化严重，院团改革后人才流失严重，特别是音乐创作、舞台艺术、表演、编导等专业人才不足，难以支持文艺创作发展。

三、对进一步推动固原市文化建设发展的思路

（一）扎实推进文化惠民，促进文化事业发展

一是积极推进第四批国家公共文化服务体系示范区创建工作，深化公共文化服务改革创新，建立覆盖城乡、便捷高效的现代公共文化服务体系，完成年度创建任务。

二是广泛开展群众性文化活动。组织举办元宵灯会、秦腔展演周等元旦春节系列文化活动和重大节庆日专场文艺演出活动，满足全市群众精神文化需求。围绕庆祝建国七十周年，开展丰富多彩的文艺活动。

三是积极实施文化扶贫工程，完成文化脱贫任务，促进基层公共文化服务均衡化发展。积极发挥典型示范带动作用，选择一些刺绣基础较好的贫困村，聘请专业培训机构举办刺绣、串珠、编制等培训班，加强脱贫村文化设施建设，助推脱贫攻坚工作。将文化大院打造成人民群众的精神乐园，使之成为演出乡土节目的阵地、展示传统才艺的阵地、倡导文明乡风的阵地、传播科学知识的阵地。

（二）深入实施中华优秀传统文化传承工程

一是加强固原民间文学、民间音乐舞蹈戏曲、回族历史等的研究整理，对濒危技艺、珍贵实物资料进行抢救性保护。扶持书画社、工作室、小剧团、民间文化大院等民间文化社团组织发展，评选申报一批中国民间文化艺术之乡。深化"我们的节日"主题活动，推动春节、元宵节、端午节、

中秋节、重阳节等民间传统节日文化活动丰富开展，鼓励相关部门、各县（区）、乡（镇）举办民间民俗文化展演活动。建设传统表演艺术基本动作、传统乐器声学资源、传统文化特征色彩的数字化典藏。注重对地方文献、民俗器物和本土名家艺术精品的收藏和展览。实施传统工艺振兴计划。

二是强化社会文物保护意识，加强文物保护单位、大遗址、重要工业遗址、传统建筑、历史文化名村等珍贵遗产资源保护。加强革命文物保护工作，实施革命文物保护利用工程，做好革命遗址、遗迹、烈士纪念设施的保护和利用。加强非物质文化遗产保护，积极申报认定自治区级"非遗"代表性传承人。实施"非遗"濒危项目保护及代表性传承人抢救性记录工作。

（三）繁荣文艺创作，提升文化固原品牌

一是举办"听见固原"原创歌曲大型演唱会。在2018年"听见固原"原创歌曲征集活动的基础上，对所征集歌曲进行谱曲，并邀请全国知名演唱家进行MV制作，举办"听见固原"原创歌曲大型演唱会，同时，组织开展"听见固原"原创歌曲进党政机关、进校园、进企业、进厂矿、进基层、进社区、进公共服务场所及公交车等人群密集地，通过传唱活动宣传固原、推介固原，凝聚人心，振奋精神，增强自信，推动发展。

二是举办第二届《六盘山》文学奖评奖及颁奖大会。根据《〈六盘山〉文学奖奖励办法》，2019年将对2017年至2018年度在《六盘山》文学期刊刊发的原创性文学作品进行评奖，通过评奖来鼓励全市广大文学爱好者创作出更多的精品力作。

三是开展"固原作家"重走陕甘宁活动。为了使固原作家创作更接地气、更具本土特色，将组织我市骨干中青年作家开展一次重走陕甘宁大型采风体验活动，一方面加大与沿途地区的文学交流与对话，另一方面让"固原作家"走出去，真正更深地体会西部文学创作的定位与发展。举办"摆脱贫困"——固原市美术家采风活动暨创作作品展。

（四）加强培训，提升文化艺术人才素质

按照长期、中长期和短期的培训方式，每年选送一批文化文艺优秀人才在内地专业院校进行两年脱产学习；每年选送一批基层文化干部，针对

专业特长进行半年至一年的培训；每年对村综合文化服务中心文化骨干轮流开展为期一至三个月的短期强化培训。每年解决人才培训专项资金，举办新时代农民作家培训班，组织文化艺术专家和学者来固原，对基层文化工作者、（县乡镇村）文化专干、文艺骨干和文化经营户、产业经营者开展培训工作，学习业务知识，提升文化素质。以市、县（区）级文化大院文艺骨干为主，每年组织集中外出培训不少于2次，培养一批业务强、素质高的农村文艺骨干，形成基层文化骨干网络。以市、县（区）文化馆（群艺馆）和体育活动中心为龙头，派出专业人才对文化大院的骨干进行集中培训。

（五）发展培育特色文化产业

围绕地方泥塑、砖雕、剪纸、刺绣、书画、皮影等"非遗"民间技艺，融入地方文化元素开发文创产品，大力培育贫困人口易参与、受益快的民族手工艺品和高跷、高台马社火等民间演出及乡村文化旅游产品，促进特色文化产业发展与民族文化传承、群众就业增收、精准扶贫等融合。

2018年中卫市文化建设发展报告

王越宏　康娟娟

2018年，中卫市紧紧围绕学习宣传贯彻习近平新时代中国特色社会主义思想和党的十九大精神，充分挖掘特色文化资源、激发文化活力、打造文化品牌，公共文化服务体系进一步完善，群众精神文化生活进一步丰富，文化产业整体实力进一步增强，文化特色更加凸显，为中卫转型追赶、高质量发展提供了坚强思想保证和强大精神力量。

一、2018年中卫市文化建设基本情况

（一）立足弘扬践行，持续深化精神文明建设

1. 全面推进文明城市创建工作

以创建全国文明城市为统领，扎实开展群众性精神文明"五大创建"活动，成立了以党政一把手为总指挥的创城指挥部，统筹推进9个工作组三大版块200项任务落实。制定了《中卫市创建全国文明城市"十大行动"实施方案》，建立"1+9"工作模式，强化43个网格责任落实，精准推进创城工作，在中卫日报、中卫广播电视台开设了"文明城里话文明""创城曝光台""创城进行时""创城知识园地""创建文明城市　做文明有礼中

作者简介　王越宏，中卫市委宣传部副部长；康娟娟，中卫市委宣传部文化教育科负责人。

卫人"等栏目，群众文明素养、社会文明程度显著提升。

2. 积极推动核心价值观阵地扩面提质

结合创城，新打造主题广场10个、主题街道3条、宣传阵地31处，设置各类宣传造型、宣传牌（栏）4500个，市区独立办公场所单位实现宣传阵地全覆盖；设置社会主义核心价值观造型、橱窗、专栏、宣传牌（架）1052个，在主干道路、保洁车、环卫车、垃圾桶、灯箱设置宣传标语、公益广告3.8万条。修订未成年人基本文明礼仪规范，编印发放文明市民手册18万份、倡议书20万份，张贴公益广告8000余幅。开展"做文明有礼中卫人"主题教育实践活动，修订完善了市民文明行为规范、未成年人基本文明礼仪规范，将核心价值观融入市民生产生活每一角落。

3. 深化突出道德模范示范引领

命名市级文明村镇、单位、家庭、校园64个，3人入选"中国好人榜"，3人获评"自治区60年感动宁夏人物"，19人获评"自治区百孝之星"。深化志愿服务和未成年人思想道德建设，注册志愿者10万余人，创新开展"有困难找雷锋"志愿服务活动，打造文明旅游志愿服务驿站5个、自治区文明旅游景区1个，"春晖"关爱移民留守儿童项目入选全国"最佳志愿服务项目"，新建乡村学校少年宫3所。

（二）立足厚植厚培，着力推动文化繁荣发展

1. 突出基础性、均衡性，大力推进公共文化设施建设

完成了"两县一区"全民健身中心项目主体工程；建成了中央广播电视节目无线数字化覆盖发射站项目，覆盖方圆18公里约8200户群众，可接收12套中央电视节目；制定了"中卫历史文物（岩画）陈列"展陈大纲；建成投用"五馆一中心"周边市民健身步道近2400米；出台了《中卫市体育竞技人才培养办法》，圆满完成了全民健身季系列活动；"民办公助"民族艺术团服务示范项目顺利通过了文化部的验收。

2. 突出主体性自发性，着力打造节庆文化活动品牌

号召广大文艺工作者争当"红色文艺轻骑兵"，元旦、春节期间深入基层开展了红色收藏品展览、军民联欢晚会、社火展演、舞龙舞狮大赛等14项文化体育活动，参与群众达92.25万人次。充分利用清明节、端午节、

中秋节、七一建党节、八一建军节等重大节日和重要时间节点，通过组织知识竞赛、文艺演出、专题讲座、演讲比赛等活动，广泛进行传统美德教育和爱国主义教育。各县（区）依托特色产品资源，开展了首届农民丰收节庆祝活动，中宁县首届中国农民丰收节宁夏·中卫分会场活动集农产品展销、黄羊钱鞭等传统技艺展示为一体，吸引了群众广泛参与。

3. 突出群众性广泛性，掀起60大庆文艺宣传高潮

60大庆承接活动高效圆满。高标准完成了60大庆主会场群众文艺表演，充分展示了中卫形象特色和城市精神风貌；高规格开展了中国文联"送欢乐 下基层"来中卫慰问演出及培训；高效保障了心连心艺术团"亲如一家塞上情"小分队赴中卫采访拍摄任务。60大庆自办活动喜庆热烈。开展"拥抱新时代 开启新征程"广场文化艺术节演出150余场、"文化惠民工程"演出900余场，完成农村电影放映7200余场次；举办了"欢乐中卫""欢乐宁夏"文艺汇演、"颂歌唱中卫·共筑中国梦"群众合唱比赛、广场舞大赛、优秀书画摄影作品展、首届全市中小学师生书法大赛、花儿传唱大赛及花儿歌会等一系列群众文化活动，营造了隆重热烈、喜庆祥和的大庆氛围。

4. 突出功能性惠民性，提高农村公共文化服务水平

持续深化改革，提升农村公共文化服务效能。在总结试点经验基础上，研究制定了《中卫市乡镇综合文化站"公建民营公助"实施方案》，出台了《中卫市乡镇综合文化站"公建民营公助"评星定级管理办法》《中卫市乡镇综合文化站"公建民营公助"工作量化标准》，扎实推进乡镇综合文化站"公建民营公助"模式推广，对已建成的33个乡镇综合文化站实现了"公建民营公助"全覆盖；推行文化馆议事会、图书馆理事会运行机制，实现了公共文化"菜单式"服务；成功创建了"民办公助"国家公共文化示范项目，有力支持了专业、业余团队更好开展惠民下乡等活动。积极发动群众，丰富农民精神文化生活。各县（区）依托乡镇综合文化站、村级综合文化服务中心，充分发挥文化大院、文化能人的作用，开展了健身操比赛、农民篮球赛、秦腔演出、花儿演唱、乡村大舞台、移风易俗助力脱贫攻坚文艺展演等20余项文化活动，参与群众达35万余人次。

5. 突出导向性创新性，大力实施文艺精品创作工程

依托特色文化资源，加强创新转化。创排的国内第一台大型魔幻情景剧《沙坡头盛典》受到各类媒体及国内外游客的高度关注和赞誉；复排了花儿剧《丝路情》；创作了反映海原人民负重拼搏、决胜全面建成小康社会的花儿情景剧《花香新时代》，并依托乡镇综合文化站展开了巡演；编辑出版了《中卫民间故事》《印象中卫》地方历史文化书籍，创作了60大庆献礼作品《中共十九大报告全录》册页书法和"中卫新十景"系列美术作品。聚焦中心工作，加大创作力度。打造的60大庆献礼电视剧《我拿什么奉献给你》以高收视水平登录江苏城市频道、山东齐鲁电视台、辽宁沈阳电视台；中卫籍作家彭家勇的散文集《石不语》入围第七届鲁迅文学奖参评名单，周芳的国画作品《彝族女歌手》入展首届深圳国际水彩画双年展，农民摄影家马德的摄影作品《降服沙魔》入围第八届全国农民摄影大展，青年书法家张迪被吸收为中国书法家协会会员，范学灵等4名同志获评首届"中卫文化名家"。

6. 突出传承性发展性，深入开展文化传承与"非遗"保护

大力实施非遗保护工程。印发了《中卫市实施中华优秀传统文化传承发展工程方案》《中卫市沙坡头区北山岩画保护利用方案》，大力实施北山岩画保护工程；组织开展了"文化和自然遗产日"、戏曲进校园等活动；有效发挥传承人作用，鼓励花儿、秦腔、皮影戏、剪纸刺绣等传统技艺走进校园，为青少年搭建了传承优秀传统文化的平台；加强了对长城、下河沿瓷窑遗址、明长城下河沿段及上滩段的管护及姚滩段长城的修缮；组织"非遗"传承人参加了第十四届中国深圳文博会和西北五省"非遗"文化旅游博览会，花儿传承人马汉东入选国家级第五批"非遗"代表性传承人，宁夏艺轩古建筑传承基地等3家单位获批自治区级"非遗"保护优秀传承基地。积极打造"花儿""书香中卫"名片。深度挖掘花儿文化资源要素，将"花儿"传唱和"书香中卫"打造作为传承和弘扬中华优秀传统文化的突破口，通过举办培训班、学术研讨会、传唱大赛、实施花儿慕课资源建设项目、创排精品花儿剧目以及举办"书香中卫大讲堂""书香中卫·朗读有你""全市中小学师生书法大赛"等打造中卫文化名片，传承发展本土

文化。歌手妥燕获得了第十六届中国西部民歌（花儿）歌会民歌传唱特别贡献奖，海原女孩黄亚一曲"花儿"惊艳亮相央视《越战越勇》舞台，引起了广泛关注。

7. 突出规范性全面性，扎实开展文化市场专项检查

加强市场管理与执法。组织开展市场巡查4000余家次、巡查网吧监控平台600余家次、专项行动6次、联合检查4次；立案查处10起、办结案件10件、上报国家文物局参评案件1件，确保了全市文化市场健康有序发展。扎实开展"扫黄打非"专项集中整治行动。及时召开全市"扫黄打非"工作会议，集中开展"扫黄打非"专项行动10次，检查文化市场、娱乐市场、出版物市场、快递企业等200余家次。严格印刷企业和出版物发行单位监管。对28家印刷企业和40家出版物经营商进行了年检，促进了文化市场有序发展。

（三）立足挖掘提升，全面推进文化旅游融合

1. 大力实施文化产业发展工程

编辑出版了《中卫民俗文化》《中卫新十景》《中卫民间故事》等历史文化书籍，建立了沙坡头羊皮筏、手工地毯、剪纸、刺绣、雕塑等一批非物质文化遗产传承基地，创作生产了手工剪纸、刺绣等手工艺品，推出了黄河奇石、书画艺术、砖雕泥塑、木雕、沙雕、沙画等一批具有浓郁地方特色的文化旅游产品。组织我市11家企业、30余种产品亮相第十四届深圳文博会，开展了招商引资推介及项目洽谈，中卫蒿子面和泥塑技艺受到广泛关注与青睐。

2. 文化旅游融合打开新局面

《沙坡头盛典》丰富了我市旅游产品体系，填补了区内大型室内旅游商业演艺空白。童家园子提质改造工程顺利完成，驼铃声声客栈项目投入运营，南北长滩梨花节、中宁石空镇杞菊红田园综合体观光旅游节、海原首届乡村文化旅游节等乡村旅游项目顺利开展，乡村旅游发展活力进一步激活。宁夏微元素文化传播有限公司、江南好枸杞产业集团公司等企业被确定为自治区旅游商品研发基地，宁夏丝路艺达文化创意有限公司成功组建；举办了中卫市第二届文创旅游商品大赛，推荐作品在中国特色旅游商品大

赛中获得了三银两铜的好成绩；伟大探险夏令营、沙漠徒步挑战、沙画体验、西夏瓷制陶等一批富有特色的旅游研学产品强力推出，推动了文化产业多元发展。

3. 大型赛事节事展示国际形象

环青海湖国际公路自行车赛、"沙坡头杯"全国大漠健身运动大赛、丝绸之路大漠黄河国际旅游节、国际女子沙滩排球世界巡回赛中卫公开赛、宁夏沙坡头国际沙漠牵手节、"大漠风尚 璀璨中卫"环球旅游小姐世界总决赛等大型节事赛事活动落户中卫，展示了中卫现代化休闲旅游城市形象和区域经济发展优势，为我市文化和旅游融合发展提供了较高平台和国际化视野。

二、2018年中卫市文化建设中存在的主要问题

（一）公共文化服务投入不足，多元化文化服务体系尚未形成

公共文化基础设施仍然薄弱，社会化资金投入较少，激励政策不足。政府的有限资金主要集中于公共文化服务基础设施建设，用于公共文化服务、组织开展群众活动的经费与广大群众精神文化需求的满足之间还有一定差距。

（二）特色精品力作偏少，市场开发成效不大

文艺创作和精品生产方面，还存在力作不多、品牌不精的突出问题，尚缺乏能够强烈反映时代精神、把握时代脉搏、大力弘扬社会主义核心价值观，能代表地区文化形象、关照中卫本土特色的经典之作，尤其是描绘中卫波澜壮阔建设、发展现实题材的优秀作品较少。

（三）文化产业总量小，集约化水平低，市场影响力较弱

对本土文化资源的保护与开发处于较低水平，城市品牌影响力不强；文化产业经济总量较小，整体实力和竞争力较弱；产业发展战略不清晰，集约化水平不高；文化资源转化为产业发展优势的能力不足，缺乏有重大影响力的文化大品牌和文化产业精英人才。

三、对进一步推动中卫市文化建设的基本思路

2019年，中卫市将以习近平新时代中国特色社会主义思想为指导，全面贯彻全国、全区宣传思想工作会议精神，增强"四个意识"、坚定"四个

自信",坚持守正创新,自觉承担起"举旗帜、聚民心、育新人、兴文化、展形象"的使命任务,在建设具有强大凝聚力和引领力的社会主义意识形态上抓落实见成效,在培养担当民族复兴大任的时代新人上抓落实见成效,在更好满足人民精神文化生活新期待上抓落实见成效,在讲好讲新中卫故事上抓落实见成效,为中卫"转型追赶、高质量发展"提供坚强思想保障和强大精神力量。

(一)筑牢文体公共服务基础,提高公共文化服务能力

一是加大公共文化投入。建成环新区 2000 米健身步道,启动建设市体育场及 5 个标准乡镇综合文化站,完成图书馆数字文化体验区、阅读服务云、市图书馆分馆、北山岩画无线网络高清监控系统安装、明长城姚滩段修缮保护工程续建等项目。二是健全多元文化投入体系。加强对民办文化机构和团体的支持力度,打破体制界限,对民办文化机构在资金扶持、队伍培训、行业评估等方面予以政策倾斜,努力形成多元互补、广泛参与公共文化服务体系建设的发展格局。三是满足群众精神文化生活。围绕纪念新中国成立 70 周年,开展元旦春节系列文化活动、广场文艺演出、文化惠民演出、"欢乐中卫"与"欢乐宁夏"群众文艺汇演、农村电影放映等品牌活动。提升乡镇综合文化站、村级文化服务中心功能,加快"乡村大舞台"建设。

(二)深挖特色文化资源,推进现实题材文艺精品创作

一是牢牢掌握意识形态领导权,严格落实意识形态工作责任制,加强对新闻出版、社科舆论、文艺创作、文化阵地的管理。二是牢牢把握以人民为中心的创作导向,引导广大文艺工作者自觉用习近平新时代中国特色社会主义思想武装头脑、指导实践,落实贴近实际、贴近生活、贴近群众的原则,加快现实题材精品创作,推动文艺创作持续繁荣。三是加强现实题材创作的引导,围绕新时代主旋律,服务于云天中卫、全域旅游、乡村振兴战略的实施,深入生活、扎根基层,提升文艺原创力,推出一批现实题材力作。

(三)坚持"文化+"工作理念,加快文化产业高质量发展

一是将文化产业作为新常态下地方经济转型发展的重要抓手,摸清家底、巧做设计、精准评估、快速落地，绘好文化资源和文化产业"两张图"，做到科学规划、合理布局。二是出台《中卫市文化创意和设计服务相关产业扶持办法》，培育壮大我市文化创意和设计服务相关产业，鼓励扶持大麦地阳光文化产业园等文化产业示范基地。三是开展文创旅游商品大赛等活动，挖掘培育剪纸、刺绣、沙画等特色文化旅游产品；以"花儿""书香中卫"为突破口，立足文化资源，打造文化品牌；充分利用深圳文博会、"春雨工程"等平台，不断加强与周边地市、中东部发达地区文化交流合作。四是打造大漠黄河国际旅游节、环球旅游小姐大赛等外宣活动品牌，办好媒体联盟会议和首都媒体中卫行等活动，讲好讲新中卫故事，全面立体展示中卫形象，打造国际化交流和发展平台。五是科学制订文艺人才引进与培养规划，突破人才选用的"体制壁垒"，积极构建文化产业发展人才高地。

附 录
FULU

2018年宁夏文化发展大事记

贾 峰

1月

1日 由旅顺博物馆与宁夏博物馆联合承办的《丝绸之路上的神秘王国——西夏文物精品展》在大连开展。此次展览主要集中了宁夏自新中国成立以来考古发掘的西夏文物精品95件。

15日 自治区文学艺术界联合会第八次代表大会在银川开幕。自治区党委书记石泰峰出席开幕会并讲话，中国文联党组成员、副主席、书记处书记赵实到会祝贺并致辞。

18日 在第四届全国微电影春晚暨第二届中国金风筝国际微电影大赛上，由宁夏微电影协会与宁夏职业技术学院联合出品的微电影《暖冬行动》荣获优秀作品奖，魏军荣获十佳出品人奖，导演赵君安荣获十佳导演奖，演员赵国佳携主演作品《山海迷情》在本次颁奖盛典上荣获十佳新星奖，演员陶祉凝携主演作品《我是消防兵》在本次颁奖盛典上荣获十佳童星奖。

2月

5日 中卫市首届红色收藏展览会在沙坡头水镇中卫奇石博物馆开展。

作者简介 贾峰，宁夏社会科学院文化研究所助理研究员。

13日 应法国巴黎大皇宫邀请，由中央文史研究馆书画院、中国岩画学会和宁夏文史研究馆共同主办的"远古的呼唤：张学智印象岩画银川、北京、巴黎'一带一路'巡回展（巴黎展）"在法国巴黎大皇宫开展。展览在法国各界引起巨大反响，应法国总统马克龙邀请，张学智作为中国艺术家代表，在法国总统府爱丽舍宫受到热情招待。作品《勇者胜》被法国国家美术馆收藏，《贺兰山远古印痕》荣获第50届法国巴黎大皇宫泰勒艺术大奖，为中国赢得了殊荣。

19日 由自治区文化厅、宁夏演艺集团主办，宁夏秦腔剧院承办的"中国梦 塞上情"第三届梅花贺新春——秦腔名家演出活动在宁夏大剧院拉开帷幕。

3月

2日 "新春乐"第十四届宁夏社火大赛暨元宵节主场巡演活动在银川市人民广场启动，来自全区的22支特色社火代表队的2000多名社火演员欢天喜地闹元宵。

8日 在2018年度国家舞台艺术精品创作扶持工程评选中，宁夏演艺集团秦腔剧院创作的秦腔现代戏《王贵与李香香》从全国报送的170余部优秀作品中脱颖而出，上榜"十大重点扶持剧目"。

14日 由宁夏话剧艺术发展有限公司创排的话剧《闽宁镇移民之歌》在福建省漳州市上演。

19日 国家艺术基金2017年度大型舞台剧和作品资助项目、自治区成立60周年献礼剧目、我区首部大型原创音乐剧《花儿与号手》在宁夏大剧院首演。

27日 由宁夏演艺集团歌舞剧院创作的大型舞剧《花儿》在湖南大剧院精彩亮相。

28日 中国金鸡百花电影节第三届国际微电影展映盛典在海南省海口市举办，由宁夏国税局报送的微电影《守望》荣获优秀作品奖。

4月

10日 "2017年度全国十大考古新发现"揭晓，彭阳姚河塬商周遗址榜上有名。姚河塬商周遗址被评价为"五个最西北"，即最西北的西周早期封国都邑城址、最西北的西周早期诸侯级墓葬、最西北的甲骨文发现地、最西北的原始瓷器出土地、最西北的铸铜作坊遗址。姚河塬遗址为研究西周国家的政治格局、周王朝与西北边陲地区的关系提供了珍贵的新资料，西周王朝对西部疆域的管理与东方地区一样，采用的也是"分封诸侯，藩屏王室"的模式，清楚地表明了西周文化传播的路线，颠覆了学界"周人文化未过陇山"的论断。

是日 我区青年版画家朱华、刘林格创作的版画《生如夏花》《嗨！你还好么》入选"第三届中国版画大展"。

13日 "神奇西北100景"揭晓，宁夏的沙湖旅游景区、沙坡头旅游景区、镇北堡西部影城等17个景区入围。

24日 《中国区域地质志·宁夏志》正式公开出版，成为我区基础地质领域的标志性文献。

5月

9日 作为自治区成立60周年大庆的献礼片——4集纪录片《走进宁夏》在央视科教频道《地理中国》栏目播出。

是日 宁夏首部公益纪录片《求学》首映式暨爱奇艺电影频道上线仪式在北京电影学院举行，来自全国各地的影视精英、知名媒体人、作家诗人、北京电影学院摄影系继续教育班50余名师生等参加首映式。

16日 中国文艺评论家协会2018年度工作会议在宁夏开幕。会议围绕"文艺评论家协会如何在团结凝聚新文艺群体方面创新平台和抓手"等议题展开讨论。

23日 4集纪录片《揭秘西夏陵》在央视纪录频道播出。该片从学术的角度出发，深度解密西夏陵，探讨关于西夏陵考古的最新研究成果。

6月

9日 第二届中国旧石器文化节暨水洞沟研学游产品发布会在水洞沟景区举办。本次活动以"走近旧石器，探秘水洞沟"为主题，邀请多位专家学者及公众共同参与考古挖掘、学术研讨等系列活动。

10日 "从沙漠出发——边界上的生态学"第二届银川双年展在银川当代美术馆拉开帷幕。

18日 在第21届上海国际电影节上,推出了改革开放"40年40部"年度影片,宁夏电影集团出品的电影《画皮》荣获2008年度影片。

28日 由全域旅游联盟主办的第二届"我的景区我代言"寻找中国优质人气旅游目的地及最美代言人(西北赛区)活动暨全域旅游创新发展论坛在宁夏沙湖旅游景区举行。此间,青铜峡黄河大峡谷景区荣获"西北优质人气山水景区"和"全域旅游品牌推进单位"两项殊荣。

30日 历时4个月的宁夏文化艺术节启幕,活动覆盖全区各市、县(区),紧紧围绕"走过六十年·走进新时代"的主题,通过专业文艺展演、群众文化文艺活动、文化产品展销、文化遗产展示4大版块16项活动,集中展示党的十八大以来我区文化建设取得的巨大成就。

7月

1日 电视剧《灵与肉》专家研讨会在北京召开,李准、仲呈祥等十几位专家学者及主创人员参加了研讨会。

5日 由自治区党委宣传部、文化厅、新闻出版广电局、文联共同主办,宁夏演艺集团承办的"喜迎自治区成立60周年——走进新时代"主题文艺演出在宁夏人民剧院举行。

16日 《大河文丛》由宁夏人民出版社正式出版发行。该文丛共有6本,为近年活跃在宁夏文坛的青铜峡作家作品集。其中包括鲁兴华、董永红、袁鸣谷的短篇小说集《旅途》《等你长了头发》《炎阳下》,包作军、孙海翔的散文集《稻花香里》《褐色精灵》,秦兵的诗歌集《山光水晕》。

18日 宁夏演艺集团秦腔剧院新创工业题材大型秦腔现代剧《擎天一柱》在银川首演。

21日 自治区文联、宁夏摄影家协会举办的"空中看宁夏"摄影作品展开幕。此次展览征集了来自全区各市、县约200名作者的1500余幅稿件,经过评委评选,100幅作品成功入围展出,通过立体视角、空中视野展现全区各族人民在自治区党委、政府的领导下共同奋进新时代的新画卷。

24日 作为"喜迎自治区成立60周年——宁夏文化艺术节·区外文艺院团来宁祝贺演出"系列活动之一，由山东省吕剧院创排的大型革命历史题材吕剧《大河开凌》在宁夏人民剧院上演。

25日 第十四届中国国际合唱节暨国际合唱联盟合唱教育大会在北京闭幕，应邀参加比赛的宁夏"花儿"童声合唱团被评为童声组C级合唱团。

30日 作为"喜迎自治区成立60周年——宁夏文化艺术节"系列活动之一的第十六届中国西部民歌（花儿）歌会在宁夏人民会堂开幕。

8月

1日 由中国侨联主办，中国华侨摄影学会、自治区侨联等单位承办的"亲情中华·走进宁夏——第三届世界华侨华人摄影展宁夏巡展"在宁夏博物馆开展。

8日 为迎接自治区成立60周年，由中国文联、自治区党委宣传部、中国文艺志愿者协会共同主办的"中国梦 宁夏情"慰问演出在石嘴山市举行。次日，该慰问演出走进中卫市。

是日 宁夏"在正道上行——纪念中共中央'五一口号'发布70周年、改革开放40周年暨庆祝自治区成立60周年书画展"在宁夏图书馆举行。

9日 "朔地恋歌——宁夏岩画特展"在北京民族文化宫开展。本次展览以宁夏岩画为主线，包括宁夏岩画概况、中国岩画分类体系及岩画的制作方法和艺术风格、宁夏岩画与世界岩画组图对比等单元，共展出93幅岩画拓片、6件岩画实物和36幅岩画原址照片，展示了宁夏地区先民所创造的远古文明。

11日 第七届鲁迅文学奖揭晓，宁夏女作家马金莲的短篇小说《1987年的浆水和酸菜》获奖。

15日 全区精神文明建设工作表彰大会在银川召开。自治区党委书记、人大常委会主任石泰峰，自治区党委副书记、自治区主席咸辉，接见了受表彰的先进典型代表。

是日 "2018中国·银川第二届黄河艺术节"在银川市兴庆区凤凰花

溪谷生态园开幕。

16日 宁夏固原第四批启动国家公共文化服务体系示范区创建工作。固原市5个下辖县（区）代表分别作了表态发言，并签订了《固原市创建国家公共文化服务体系示范区目标责任书》。固原将统筹规划、全力推进，力争以创建国家公共文化服务体系示范区为契机，到2020年年底基本建成覆盖城乡、设施完善、运行有效的公共文化服务体系，形成公共文化服务持续发展的有效保障机制，使人民群众对公共文化服务的满意度显著提高，探索一条经济欠发达地区创建国家公共文化服务体系示范区之路。

17日 由宁夏演艺集团秦腔剧院创作的秦腔现代戏《王贵与李香香》在宁夏人民剧院上演。

20日 自治区文联召开马金莲荣获"鲁迅文学奖"座谈会。

23日 由中国诗歌学会、北京大学中国诗歌研究院、宁夏作协等主办的同心县诗歌文化建设讲座和改稿会在同心县举行。

25日 作为"喜迎自治区成立60周年宁夏文化艺术节"系列活动的重要内容，由自治区文化厅和中国动漫集团联合主办的首届"艺术宁夏"艺术品博览会在银川美术馆开幕。

28日 由宁夏文史研究馆主办，14个省区市文史研究馆联合举办的"塞上翰墨情"书画联展在宁夏文化馆开幕。

是日 作为"喜迎自治区成立60周年——宁夏文化艺术节·区外文艺院团来宁祝贺演出"系列活动之一，由云南话剧院创排的大型原创主旋律话剧《独龙天路》在宁夏人民剧院上演。

是月 由海原县政协历时一年编写完成的《海原——红色记忆》一书出版发行。该书对海原县红色文化进行了全面深入的挖掘，客观反映了海原县红色文化的全貌。

是月 由国家广电总局电视剧司主办的2018年全国电视剧最新好剧选介活动在北京举行，当代史诗电视剧《灵与肉》入围，将由国家广电总局电视剧司向全国各电视台及广大观众进行推介。

9月

4日 从罗马到银川——中国·意大利艺术家对话在银川国际版画创研中心举行,中意两国版画艺术家结合自己的作品纵论版画创作之道,在引领版画艺术贴近生活、走近公众的同时,积极探索实践版画产业传承繁荣之路以及良性的国际化交流发展。

5日 为期4天的第四届全国大漠健身运动大赛在中卫沙坡头景区拉开帷幕,来自全国各省、市、自治区的1100多名运动员参加了比赛。

7日 2018第二届中国·银川文化艺术创意节在银川建发大阅城开幕。本次创意节以"文化创意,让生活更美好"为主题。

16日 由自治区党委宣传部和自治区文联主办,宁夏美术家协会、宁夏摄影家协会和宁夏书法家协会共同承办的"辉煌六十年 走进新时代——庆祝自治区成立60周年"全区美术摄影书法作品展在银川美术馆开幕。

17日 由自治区党委宣传部和宁夏社会科学院共同组织编写的《辉煌六十年》座谈会暨首发式在银川举行。《辉煌六十年》以客观翔实的事实和资料,系统回顾了宁夏60年波澜壮阔的历史进程,真实记录了党领导宁夏各族人民的奋斗史、创业史、改革开放史,大跨度、多领域地反映了自治区成立60年来,历届自治区党委、政府团结带领全区各族人民进行社会主义革命、建设和改革取得的历史性变化、历史性成就和历史性进步。

是日 自治区政协举行《亲历宁夏回族自治区成立记》首发式。该书精选了宁夏发展史上具有里程碑意义的史料,浓缩性地展示了新中国怀抱中的宁夏面貌。

是日 由国家统计局宁夏调查总队编纂的《宁夏60年民生巨变》出版。该书用"数字"述说宁夏60年城乡变迁,用"图表"展现宁夏60年民生改善,用"文字"记载了宁夏60年民生发展轨迹。

是日 在第27届"东丽杯"全国孙犁散文奖评选中,我区作家马悦的作品《箍缸》获单篇散文一等奖,李兴民的《长城嵌城,或者城中长城》获单篇散文二等奖,高丽君的《1982年的水和书》、刘乐牛的《献血者》获单篇散义三等奖。

19日 中央代表团向宁夏赠送了习近平总书记"建设美丽新宁夏 共圆伟大中国梦"题词贺匾。当日，中共中央政治局常委、全国政协主席、中央代表团团长汪洋率全体成员到银川国际会展中心，参观了《建设美丽新宁夏 共圆伟大中国梦——宁夏回族自治区成立60周年大型成就展》，并于当晚和全区各族各界干部群众等共约1400人一同观看了在宁夏人民剧院演出的庆祝宁夏回族自治区成立60周年文艺晚会《绽放新时代》。

是日 "第20届宁夏文化艺术论文研讨会"获奖论文名单公布，本届共评出一等奖4篇、二等奖9篇、三等奖13篇，入选论文10篇。

20日 宁夏回族自治区成立60周年庆祝大会在贺兰山体育场举行。中共中央、全国人大常委会、国务院、全国政协、中央军委发来贺电。中共中央政治局常委、全国政协主席、中央代表团团长汪洋出席庆祝大会并讲话。

23日 由宁夏书画院、宁夏美术家协会主办的"宁夏川 好地方——2018宁夏书画院、宁夏大地山水画研究院山水画作品展"在宁夏文化馆开展。展览共展出我区33位画家的60余幅山水画作品。

27日 "墨彩华章·魅力银川——全国书画名家银川行"作品展在银川市美术馆开幕，共展出国内16位著名书画家的96件作品。

是日 由中国舞蹈家协会、宁夏文学艺术界联合会共同主办的"送欢乐下基层"文艺志愿服务在固原市人民广场成功举办。

28日 银川滨河数字化图书馆面向大众正式开馆。

10月

2—14日 银川艺术剧院演出团一行30人，受文化和旅游部委派，赴非洲尼日尔、加纳、喀麦隆三地，进行为期13天的访问演出。此次访问演出旨在支持国内城市与驻外使馆开展对口合作，加强中非文化互鉴交流。演出节目主要以舞蹈、武术表演、乐器演奏、杂技、舞剧等形式，向非洲人民展现银川文化艺术发展成果。

9日 由国家图书馆（国家古籍保护中心）、自治区文化厅主办，宁夏图书馆承办的"册府千华——宁夏回族自治区珍贵古籍特展"在银川开幕。

13日 2018年第二届中国银川互联网电影节在银川剧院开幕，来自全国各地的550部作品参与了3个单元奖项的角逐,最终65部作品成功入围,13项金杞大奖揭晓。

15日 2018年度第16届国际摄影奖(International Photography Awards,简称IPA)获奖者名单出炉,宁夏摄影师季正的四幅作品获荣誉奖。

19日 宁夏地方文献整理标志性成果《宁夏珍稀方志丛刊》第二批8册由上海古籍出版社出版。至此,历时6年,宁夏完成了全部传世旧志的点校整理出版工作。

22日 第二届中国考古学大会在成都开幕,中国考古学会田野考古奖在会上揭晓。宁夏文物考古研究所、中国科学院古脊椎动物与古人类研究所承担的宁夏青铜峡鸽子山遗址考古研究项目获得中国考古学会田野考古奖一等奖,宁夏文物考古研究所承担的宁夏彭阳姚河塬遗址获得二等奖。

24日 由自治区党委宣传部、文化和旅游厅主办,宁夏艺术职业学院、宁夏演艺集团承办的"庆祝自治区成立60周年——颂歌唱宁夏"新创歌曲音乐会在宁夏人民剧院举行。

29日 2018美丽乡村国际微电影艺术节西北赛区颁奖盛典暨宁夏首届高校微电影艺术节开幕式在北方民族大学举行。

11月

1日 在"2018西安·舞动中国梦"六省(区)青年舞蹈精英展演中,我区选送的舞蹈获1金1银1铜。

是日 花儿歌舞剧《王洛宾的花儿情》在宁夏人民剧院进行了首场演出。

7日 在云南省临沧市举办的第六届亚洲微电影艺术节上,由盐池籍导演赵君安自编自导的公益微电影《就恋这把土》获得优秀作品奖。

8日 "2018第二届宁夏青年戏剧节"在银川开幕。本届宁夏青年戏剧节共设立"新女性""新生命""新语境"3个单元,邀请了《涂红》《谬小姐》《花罅》《一个男人一生中的10小时》4部当代知名女性导演的作品和《幽灵爷爷和米拉》《灰姑娘》2部儿童剧等在银川演出。

9日 由甘肃文化出版社出版的《西夏学文库》第一辑20册正式出版发行。

14日 按照自治区党委、政府统一安排,新组建的宁夏回族自治区文化和旅游厅举行挂牌仪式。根据《宁夏回族自治区机构改革方案》，将自治区文化厅、自治区旅游发展委员会的职责整合，组建自治区文化和旅游厅，作为自治区政府组成部门，保留自治区文物局牌子。不再保留自治区文化厅、自治区旅游发展委员会。自治区文化和旅游厅的挂牌，标志着自治区文化和旅游厅对外开始履行新职能，文化旅游发展进入新阶段。

是日 由宁夏演艺集团秦腔剧院创排的大型秦腔现代剧《王贵与李香香》在第二十届中国上海国际艺术节上精彩亮相。

17日 全区第六届中小学生艺术展演展示暨艺术实践工作坊开馆仪式启动。

28日 中国文联"崇德尚艺，做有信仰、有情怀、有担当的新时代文艺工作者巡回宣讲活动"在银川举行。居杨、吴元新、何沐阳3位艺术家分别作了题为《弘扬真善美 传递正能量 用镜头讲好中国故事》《从染坊学徒到国家级传承人——我的蓝印花布传承之路》《把握时代语境 唱响时代之声》的宣讲报告。

12月

6日 由自治区党委宣传部主办，自治区广播电视局等单位承办的电影《闽宁镇》首映式在北京人民大会堂举行。

20日 由中国作家协会、自治区党委宣传部共同主办的"中国文学的宁夏现象"研讨会在北京举行。

24日 "一带一路"白俄罗斯国家歌舞团丝路之旅·银川站演出在宁夏人民剧院举行。

28日 由自治区党委宣传部、自治区文化和旅游厅主办，宁夏演艺集团承办的"梨园传新韵 启航新时代"首届宁夏新年戏曲晚会在宁夏人民剧院隆重上演。陈巧茹、林为林、曾昭娟、陈明矿、陈飞等19位中国戏剧"梅花奖"获得者齐聚塞上，联袂演出。

注：本大事记内容根据《宁夏日报》《学习与宣传》和宁夏新闻网、宁夏文明网、宁夏博物馆网站、宁夏文化和旅游厅网站等相关报道整理而成。